MICROÉCONOMIE

Cours et exercices résolus

ALAIN LUZI
Maître de conférences des Universités
à l'Institut d'études politiques de Paris

hachette
SUPÉRIEUR

Les Fondamentaux

La bibliothèque de l'étudiant

Collection créée par Caroline Benoist-Lucy

Dans la même collection :

43 quai de Grenelle, 75905 Paris Cedex 15

www.hachette-education.com

I.S.B.N. 978-2-01-14-5803-2

Sommaire

Avant-propos

Afin de faciliter le travail de l'étudiant :

– La formalisation mathématique est délibérément limitée au minimum indispensable et l'accent est mis davantage sur le raisonnement économique.

– Tous les chapitres, à l'exception du chapitre préliminaire, proposent, à l'appui du cours, des exercices corrigés de manière détaillée.

A. L.

Introduction

L'analyse microéconomique a pour objet l'étude des décisions des agents économiques individuels (le consommateur, le producteur, ...) et des relations que ces agents doivent nécessairement établir entre eux sur les marchés.

Une décision individuelle est prise dans un univers où les besoins à satisfaire sont illimités et les ressources rares. La décision rationnelle doit permettre à l'agent individuel de maximiser sa satisfaction (l'utilité pour le consommateur, le profit pour l'entrepreneur), compte tenu des informations dont il dispose et des contraintes qu'il subit.

Sur le marché d'un produit, comme sur le marché d'un facteur de production (ex. le travail), les différents acteurs individuels concernés se rencontrent. La confrontation de l'offre et de la demande permet la détermination du prix de vente et de la quantité échangée.

Les marchés d'une économie sont interdépendants. La théorie de l'équilibre partiel analyse le fonctionnement des différents marchés pris individuellement; la théorie de l'équilibre général, au contraire, analyse le fonctionnement simultané de tous les marchés en tenant compte de leur interdépendance.

Le présent ouvrage propose une introduction à l'analyse microéconomique.

Un chapitre préliminaire est consacré à un bref rappel des ***notions élémentaires de mathématiques*** nécessaires à la compréhension du cours et à la résolution des exercices.

Les chapitres suivants présentent les bases de l'analyse microéconomique à partir des ***analyses du consommateur, du producteur*** et de ***celle du marché*** (théorie de l'équilibre partiel). Plusieurs formes de marché du produit sont étudiées : la concurrence pure et parfaite, le monopole, la concurrence monopolistique et l'oligopole. Une dernière analyse est consacrée au ***marché du travail en situation de concurrence pure et parfaite***.

Le plan de l'ouvrage est donc le suivant :

Chapitre préliminaire : Rappels essentiels de mathématiques
Chapitre 1 : Les choix du consommateur et la demande d'un bien
Chapitre 2 : La production et les coûts de l'entreprise
Chapitre 3 : La concurrence pure et parfaite
Chapitre 4 : Le monopole
Chapitre 5 : La concurrence monopolistique et l'oligopole
Chapitre 6 : Le marché du travail en régime de concurrence pure et parfaite

Chapitre préliminaire

Rappels essentiels de mathématiques

1. Relation entre deux variables

Considérons deux variables x et y, telles que x détermine y. Il peut s'agir du prix (x) d'un bien qui détermine la quantité demandée (y) de ce bien sur le marché, ou encore du nombre d'unités produites (x) d'un bien qui détermine le coût total (y) supporté par une entreprise.

La relation peut être connue pour quelques valeurs de x ou pour toutes les valeurs de x. Dans le premier cas, la variable x prend des valeurs discrètes, dans le second cas la variable x prend toutes les valeurs d'un intervalle de variation.

A. La variable *x* prend des valeurs discrètes

La relation n'est alors définie que pour certaines valeurs de la variable x.

Par exemple : si $x = 0 : y = 4$;
si $x = 1 : y = 6$;
si $x = 2 : y = 8$;
si $x = 3 : y = 10$.

Ces informations peuvent être présentées dans un tableau :

Relation entre *x* et *y*				
x	0	1	2	3
y	4	6	8	10

Figure 1

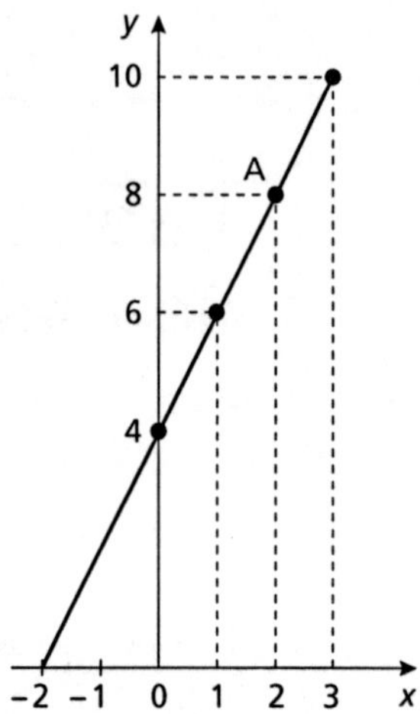

Elles peuvent aussi être représentées graphiquement (figure 1) : traçons un repère formé de deux axes perpendiculaires et choisissons une même unité de mesure sur chacun de ces axes (les unités de mesure choisies sur chacun des axes peuvent être différentes si les variables x et y sont de nature différente). Les valeurs x sont portées sur l'axe horizontal (axe des abscisses) et les valeurs y sur l'axe vertical (axe des ordonnées). Chaque couple (x, y) est représenté par un point. Le point A, par exemple, est défini par son abscisse $x = 2$ et son ordonnée $y = 8$, soit A(2, 8).

Remarque :
Une relation discontinue entre deux variables est représentée graphiquement par un ensemble de points. Cependant, si l'on dispose d'un assez grand nombre de points et que ces points ne sont pas trop distants les uns des autres, on peut relier les points successifs par des segments de droite afin de suggérer l'allure de la courbe à laquelle ils pourraient appartenir. Sur la figure 1, les points représentés sont peu nombreux mais semblent alignés, comme le montrent les segments de droite qui les relient.

B. La variable *x* prend toutes les valeurs d'un intervalle de variation

On considère cette fois les valeurs prises par la variable y, pour l'ensemble des valeurs prises par la variable x à l'intérieur d'un intervalle de variation $[a, b]$.

Soit par exemple la relation $y = f(x) = 2x + 4$, lorsque x varie de -2 à $+3$ (soit : $-2 \leq x \leq 3$).

La variable x détermine la variable y. On dit que y est fonction de x, ce qui est noté $y = f(x)$.

x est la ***variable explicative*** (ou la variable indépendante ou l'argument). À chaque valeur prise par x, à l'intérieur de l'intervalle de variation $[-2, 3]$, correspond une valeur de y (la ***variable expliquée*** ou dépendante).

La fonction $y = 2x + 4$ est une fonction affine (« fonction linéaire »), dont la forme générale est $y = ax + b$. Elle est représentée graphiquement par une droite.

Une droite pouvant être construite à partir de deux de ses points, choisissons arbitrairement deux points dont les coordonnées respectives sont calculées comme suit :

$$\text{si } x = 1 \Rightarrow y = (2 \times 1) + 4 = 6\,;$$
$$\text{si } x = 3 \Rightarrow y = (2 \times 3) + 4 = 10.$$

La droite d'équation $y = 2x + 4$, passant par ces deux points, est représentée sur la figure 1.

Remarque :
Une fonction de la forme $y = ax$ est aussi représentée par une droite, mais cette droite passe par l'origine (0, 0). Pour $x = 0 \Rightarrow y = 0$.

2. Pente d'une droite

A. Définition

La valeur de la pente d'une droite d'équation $y = ax + b$ est égale à :

$$a = \frac{\Delta y}{\Delta x}.$$

Considérons deux points A (x_1, y_1) et B (x_2, y_2) de la droite d'équation $y = ax + b$, représentée sur la figure 2.

Afin de se déplacer sur la droite, du point A au point B, faisons subir à x un accroissement $\Delta x = x_2 - x_1$, à partir du point A; l'accroissement considéré de x doit entraîner un accroissement $\Delta y = y_2 - y_1$.

Le rapport des accroissements finis $\Delta y / \Delta x$, qui mesure le taux de variation de y pour une variation donnée de x, est appelé ***pente de la droite*** AB (ou coefficient angulaire, ou coefficient directeur).

Figure 2

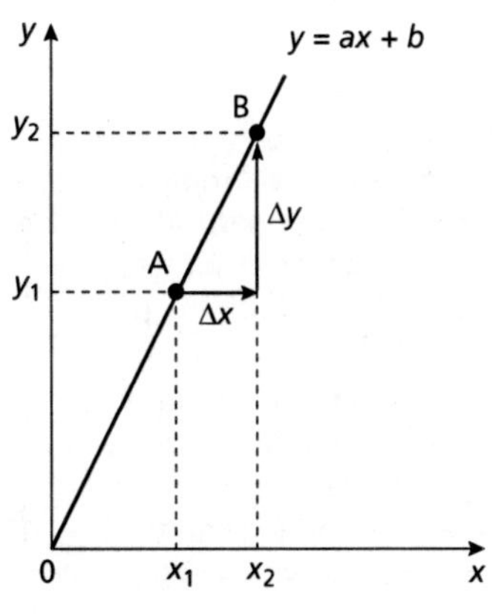

La valeur de la pente de la droite AB est égale à :

$$\frac{\Delta y}{\Delta x} = \frac{y_2 - y_1}{x_2 - x_1} = \frac{(ax_2 + b) - (ax_1 + b)}{x_2 - x_1} = a.$$

La valeur de la pente est constante et égale au coefficient a, quels que soient les points de la droite entre lesquels elle est mesurée.

B. Interprétation du signe de la pente d'une droite

Le signe de la pente a d'une droite d'équation $y = ax + b$ nous renseigne sur le sens de la variation de y par rapport à la variation de x :

- si $a > 0$: y est une fonction croissante de x ;
- si $a < 0$: y est une fonction décroissante de x ;
- si $a = 0$: y = constante ;
- si la pente a est infinie : x = constante.

En effet :

• Si la pente de la droite est ***positive*** ($\Delta y/\Delta x > 0$), x et y varient dans le même sens, comme l'illustre la figure 3 (a).

• Si la pente de la droite est ***négative*** ($\Delta y/\Delta x < 0$), x et y varient en sens inverse, comme l'illustre la figure 3 (b).

• Si la pente de la droite est ***nulle***, y ne varie pas avec x et la droite est parallèle à l'axe des x. Pour toute valeur de x, y prend une valeur donnée [figure 3 (c)].

• Si la pente de la droite est ***infinie***, la droite est parallèle à l'axe des y et admet pour équation x = constante [figure 3 (d)].

Figure 3

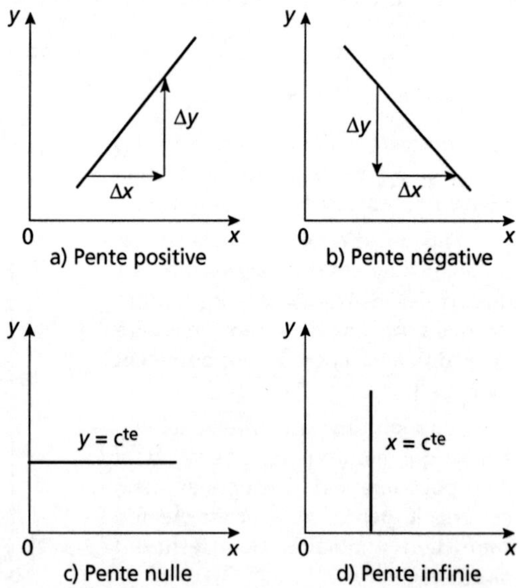

3. Dérivée d'une fonction

A. Définition

Une fonction $y = f(x)$ admet pour dérivée, quand elle existe, la limite vers laquelle tend le rapport entre l'accroissement de la fonction (Δy) et l'accroissement de la variable (Δx) lorsque Δx tend vers zéro. La fonction dérivée est notée :

$$y' = f'(x) = \frac{dy}{dx}.$$

Considérons la fonction curviligne $y = f(x)$ représentée sur la figure 4 et choisissons deux points quelconques T (x, y) et A (x_1, y_1) de la courbe.

Imprimons à x un petit accroissement Δx à partir du point T; l'accroissement correspondant de y (le déplacement de T en A sur la courbe) est égal à Δy (avec $\Delta x = x_1 - x$ et $\Delta y = y_1 - y$).

Figure 4

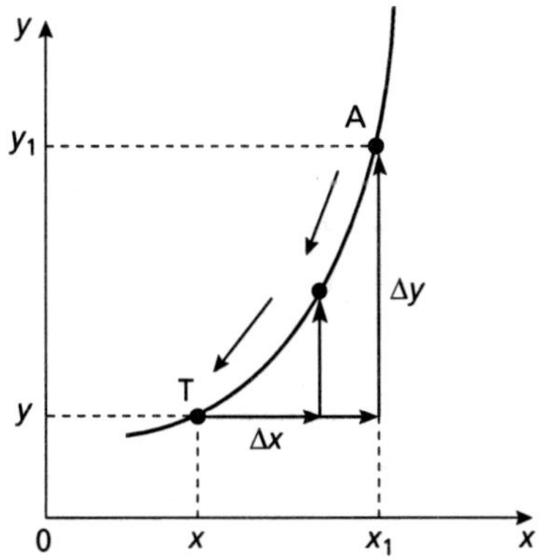

Comme on peut l'observer sur la figure 4, en rapprochant le point A du point T ou, ce qui revient au même, en faisant tendre Δx vers zéro, on fait varier la valeur du rapport $\frac{\Delta y}{\Delta x}$.

Quand Δx tend vers zéro, $\frac{\Delta y}{\Delta x}$ tend vers une limite notée $y' = \frac{dy}{dx}$.

La valeur limite du rapport $\Delta y / \Delta x$ est la valeur prise par la fonction dérivée de la fonction $y = f(x)$, au point T (x, y), pour la valeur x de la variable.

Soulignons que les fonctions continues ne sont pas toujours dérivables en tout point.

Remarque :

La dérivée $f'(x)$ d'une fonction curviligne $y = f(x)$ prend une valeur particulière pour chaque valeur de la variable x, mais la dérivée d'une fonction linéaire est une constante qui est égale à la pente de la droite représentative de la fonction linéaire considérée.

Le tableau suivant présente les fonctions dérivées de quelques fonctions usuelles :

Dérivées		Exemples numériques	
Fonctions	Dérivées	Fonctions	Dérivées
$y = c^{te}$	$y' = 0$	$y = 5$	$y' = 0$
$y = x$	$y' = 1$	$y = 3x$	$y' = 3$
$y = ax + b$	$y' = a$	$y = 8x + 7$	$y' = 8$
$y = ax^n$	$y' = nax^{n-1}$	$y = -4x^3$	$y' = 3(-4)x^{3-1} = -12x^2$
$y = \dfrac{a}{x}$	$y' = -\dfrac{a}{x^2}$	$y = \dfrac{3}{x}$	$y' = -\dfrac{3}{x^2}$
$y = a\sqrt{x} = ax^{1/2}$	$y' = \dfrac{a}{2\sqrt{x}}$	$y = 4\sqrt{x}$	$y' = \dfrac{4}{2\sqrt{x}} = \dfrac{2}{\sqrt{x}}$

B. Interprétation graphique de la dérivée

On démontre que la valeur de la dérivée d'une fonction $y = f(x)$, pour une valeur x_0 de la variable x, est égale à la pente de la tangente à la courbe représentative de la fonction au point de coordonnées (x_0, y_0).

Considérons les points T (x_0, y_0) et A (x_1, y_1), sur la courbe représentée sur la figure 5.

Le passage du point T au point A illustre les accroissements finis suivants de x et de y : $\Delta x = x_1 - x_0$ et $\Delta y = y_1 - y_0$.

Le rapport $\Delta y / \Delta x$ mesure la pente de la sécante TA à la courbe.

Faisons glisser le point A vers le point T, le long de la courbe. Le déplacement du point A entraîne le déplacement de la sécante TA, qui pivote autour du point T et finit par occuper la position TT', quand le point A a rejoint le point T.

La droite TT', tangente à la courbe au point T, est la position limite occupée par la sécante TA quand le point A se

Figure 5

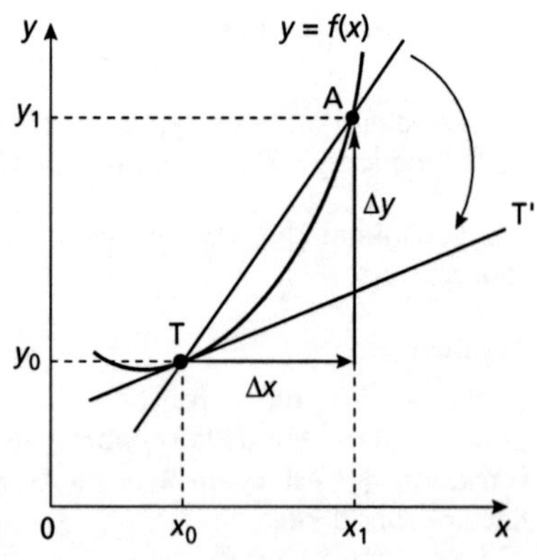

rapproche du point T, ou — ce qui revient au même — quand l'accroissement Δx tend vers zéro.

Quand Δx tend vers zéro :

– le rapport $\Delta y / \Delta x$ tend vers une limite : $y' = f'(x) = \mathrm{d}y / \mathrm{d}x$;

– la sécante TA (pente $\Delta y / \Delta x$) tend vers sa position limite, la tangente TT′ à la courbe au point T, dont la pente est égale à la limite $\mathrm{d}y / \mathrm{d}x$ vers laquelle tend la pente $\Delta y / \Delta x$ de la sécante TA.

C. Interprétation du signe de la dérivée en un point d'une courbe

Soit la représentation graphique C d'une fonction curviligne $y = f(x)$ qui admet pour dérivée première $f'(x)$.

On sait que la pente de la tangente à la courbe C en un point quelconque H (x_0, y_0) est égale à la valeur de la dérivée de la fonction $f(x)$ pour $x = x_0$, soit $f'(x_0)$.

Figure 6

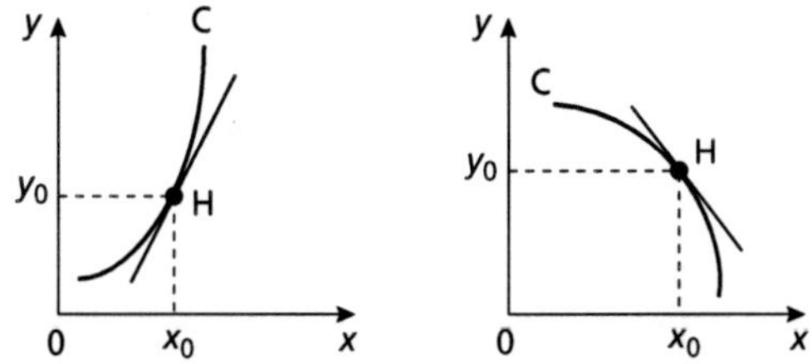

a) Courbe croissante au point H

b) Courbe décroissante au point H

On retiendra que :

• Si $f'(x_0) > 0$ [figure 6 (a)], la fonction $f(x)$ est ***croissante*** au point H (y croît quand x croît).

• Si $f'(x_0) < 0$ [figure 6 (b)], la fonction $f(x)$ est ***décroissante*** au point H (y décroît quand x croît).

4. Dérivée seconde d'une fonction

A. Définition

Une fonction $y = f(x)$ admet une dérivée $y' = f'(x)$ qui est la limite vers laquelle tend le rapport des accroissements finis $\frac{\Delta y}{\Delta x}$ quand Δx tend vers zéro.

La fonction dérivée $y' = f'(x)$ peut aussi être dérivée par rapport à x. Elle admet une dérivée notée $y'' = f''(x)$ qui est la limite vers laquelle tend le rapport des accroissements finis $\frac{\Delta y'}{\Delta x}$ quand Δx tend vers zéro.

La fonction $y'' = f''(x)$ est la dérivée seconde de la fonction $y = f(x)$.

Remarque :
La dérivée seconde d'une fonction $y = f(x)$ est aussi notée :

$$y'' = \frac{d^2y}{dx^2}$$

B. Convexité et concavité d'une courbe

La courbe représentative d'une fonction peut être ***convexe*** ou ***concave*** comme l'illustre la figure 7.

Figure 7

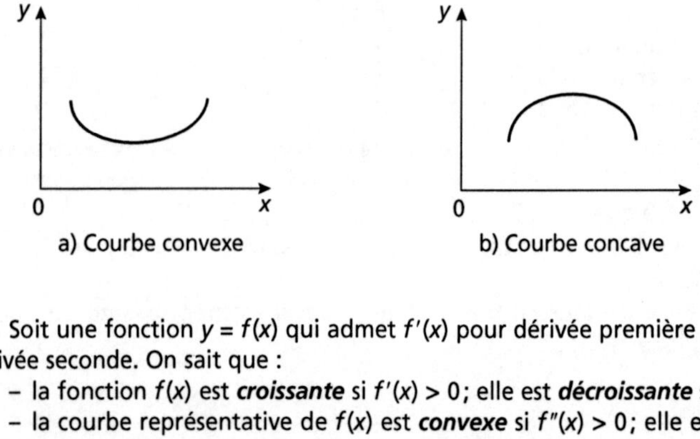

a) Courbe convexe b) Courbe concave

Soit une fonction $y = f(x)$ qui admet $f'(x)$ pour dérivée première et $f''(x)$ pour dérivée seconde. On sait que :

– la fonction $f(x)$ est ***croissante*** si $f'(x) > 0$; elle est ***décroissante*** si $f'(x) < 0$;

– la courbe représentative de $f(x)$ est ***convexe*** si $f''(x) > 0$; elle est ***concave*** si $f''(x) < 0$.

La figure 8 présente une illustration des principaux cas de figure.

Considérons une fonction $y = f(x)$ et sa courbe représentative.

Le signe de la dérivée seconde $f''(x)$, qui est aussi la dérivée première de la fonction $f'(x)$, nous indique comment $f'(x)$ varie par rapport à x :

• Si $f''(x) > 0$: $f'(x)$ augmente avec x. Cela signifie que lorsque x augmente, la valeur de la pente de la tangente à la courbe augmente aussi.

• Si $f''(x) < 0$: $f'(x)$ diminue quand x augmente. Cela signifie que lorsque x augmente, la valeur de la pente de la tangente à la courbe diminue.

Figure 8

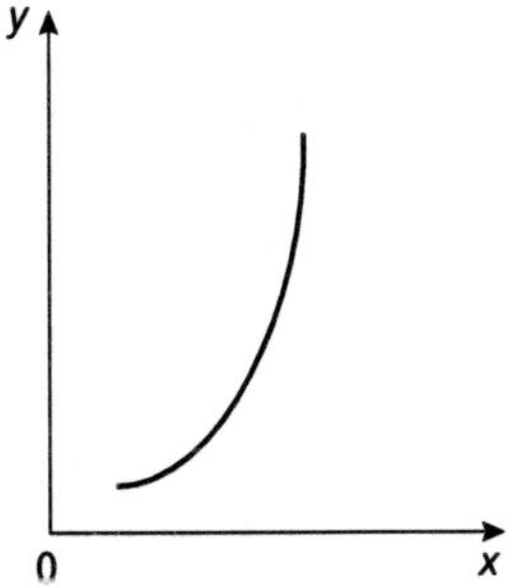

a) Courbe croissante et convexe
$f'(x) > 0$ et $f''(x) > 0$

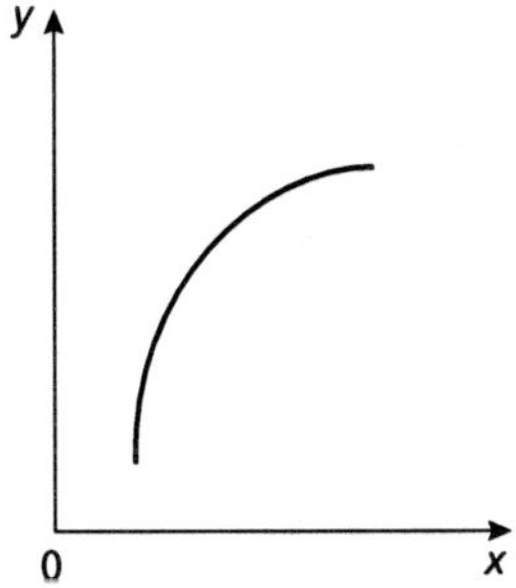

b) Courbe croissante et concave
$f'(x) > 0$ et $f''(x) < 0$

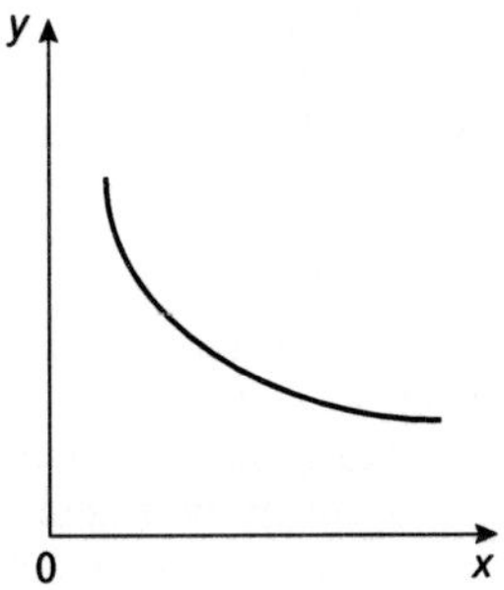

c) Courbe décroissante et convexe
$f'(x) < 0$ et $f''(x) > 0$

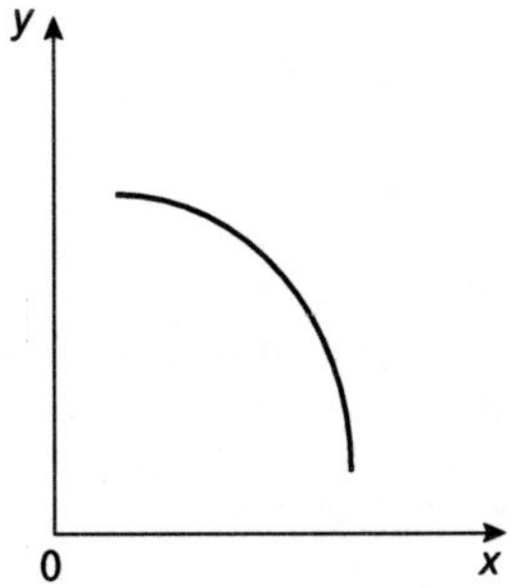

d) Courbe décroissante et concave
$f'(x) < 0$ et $f''(x) < 0$

C. Point d'inflexion d'une courbe

Certaines courbes peuvent présenter un ou plusieurs changements de courbure. Un changement de courbure intervient en un point appelé ***point d'inflexion de la courbe*** [point I sur la courbe C, figures 9(a) ou (b) page suivante].

La courbe représentative d'une fonction $y = f(x)$ passe par un point d'inflexion I (x_0, y_0) si, pour $x = x_0$, la dérivée seconde s'annule [$f''(x_0) = 0$] et la dérivée première $f'(x)$ ne change pas de signe.

Figure 9

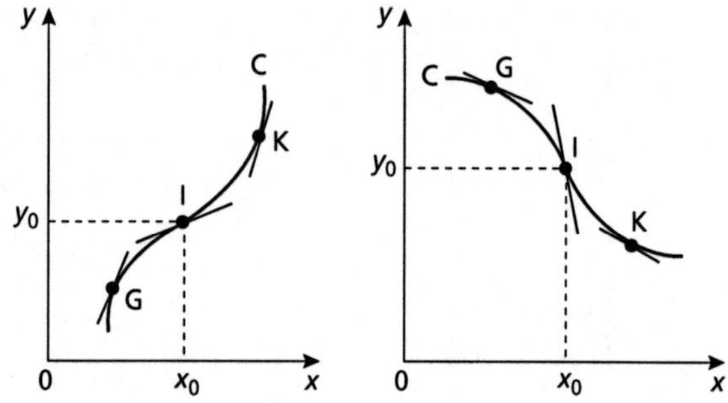

a) Courbe croissante (concave puis convexe)

b) Courbe décroissante (concave puis convexe)

La courbe C représentative de la fonction $y = f(x)$ [figure 9 (a)] passe par un point d'inflexion I. On observe que la fonction $y = f(x)$ est croissante. La pente positive de la tangente à la courbe C diminue quand le point de tangence se déplace de G à I et augmente quand il se déplace de I à K. La pente de la tangente à la courbe C en chacun de ses points étant égale à la dérivée première de la fonction $y = f(x)$:

– pour des valeurs de x inférieures à x_0 : $f'(x) > 0$ et $f''(x) < 0 \Rightarrow f(x)$ est ***croissante et concave*** ;

– pour des valeurs de x supérieures à x_0 : $f'(x) > 0$ et $f''(x) > 0 \Rightarrow f(x)$ est ***croissante et convexe*** ;

– $f''(x)$ passe du négatif, pour $x < x_0$, au positif, pour $x > x_0$; pour $x = x_0$ (abscisse du ***point d'inflexion I***), $f''(x) = 0$ et $f'(x)$ demeure positive.

La courbe C [figure 9(b)] est décroissante et concave pour $x < x_0$; elle est décroissante et convexe pour $x > x_0$. Elle passe par un point d'inflexion I d'abscisse x_0.

5. Recherche de l'existence du maximum ou du minimum d'une fonction $y = f(x)$

A. Définition

L'existence d'un extremum est liée à l'annulation de la dérivée première de la fonction (condition du premier ordre).

Pour déterminer si l'extremum est un maximum ou un minimum, il faut étudier le signe de la dérivée seconde de la fonction (condition du second ordre) :

– si $f''(x) < 0$, la fonction $f(x)$ atteint un ***maximum***,

– si $f''(x) > 0$, la fonction $f(x)$ atteint un ***minimum***.

B. Exemple numérique

Considérons la fonction $y = -x^2 + 6x$, définie pour un intervalle de variation de x, choisi arbitrairement, égal à [0, 6].

• ***L'existence d'un extremum*** est liée à l'annulation de la dérivée première $y' = f'(x)$.

La fonction considérée admet pour dérivée : $y' = -2x + 6$.

$$y' = 0 \Rightarrow -2x + 6 = 0$$
$$\Rightarrow 2x = 6$$
$$\Rightarrow x = 3.$$

Il existe donc un extremum pour $x = 3$.

• Afin de ***déterminer s'il s'agit d'un maximum ou d'un minimum***, calculons la dérivée seconde de la fonction $y = -x^2 + 6x$. Elle est égale à la dérivée première de y', soit $y'' = -2$.

Figure 10

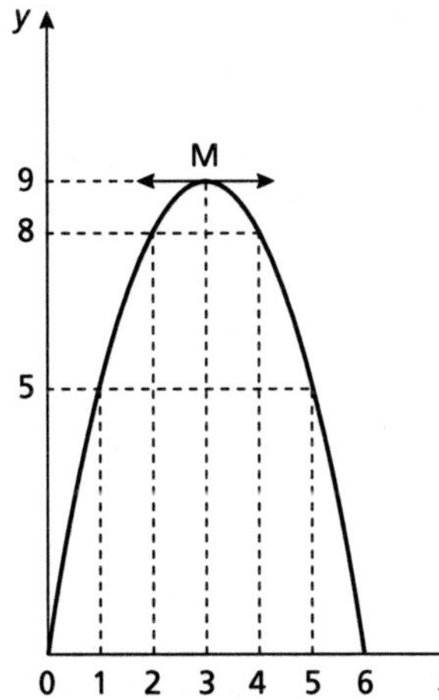

La dérivée seconde étant toujours négative, il s'agit d'un maximum. Pour $x = 3$, la valeur correspondante de y est égale à 9 (le maximum).

On observe sur la figure 10 que la courbe représentative de la fonction $y = -x^2 + 6x$ passe par un ***maximum*** au point M (3, 9).

Remarques :

– Jusqu'au point M, pour $0 \leq x < 3$, la courbe est croissante et la dérivée première y' est positive. À partir du point M, pour $3 < x \leq 6$, la courbe est décroissante et y' est négative. y', qui passe du positif au négatif, est nulle pour $x = 3$ (abscisse du point M). Au point M, la pente de la tangente à la courbe est nulle (droite parallèle à l'axe des x).

– La courbe considérée est concave. La pente de la tangente à la courbe décroît quand x croît : la dérivée seconde de la fonction est négative [$f''(x) < 0$].

6. Fonctions de plusieurs variables

A. Définition

Une variable peut être déterminée par ***plusieurs variables indépendantes***. Par exemple, la demande d'un consommateur dépend du prix du bien demandé, du prix des autres biens disponibles sur le marché et du revenu du consommateur ; la production d'une entreprise dépend à la fois du travail humain et du capital technique (machines).

Soit $z = f(x, y)$ une fonction de deux variables. Chaque couple de valeurs (x, y) détermine une valeur de la variable z.

Exemple : La demande Q*x* d'un bien X dépend du prix P*x* de ce bien, du prix P*y* d'un bien Y, et du revenu R du consommateur considéré, soit :

$$Qx = f(Px, Py, R) = -0{,}80\ Px + 0{,}25\ Py + 0{,}20\ R + 50.$$

Pour P*x* = 30, P*y* = 20 et R = 1 000, la quantité demandée par le consommateur est égale à :

$$Qx = (-0{,}80 \times 30) + (0{,}25 \times 20) + (0{,}20 \times 1\,000) + 50\,;$$
$$= -24 + 5 + 200 + 50 = 231.$$

B. Dérivées partielles

Soit une fonction $z = f(x, y)$. Une variation Δz de la variable z peut être déterminée soit par la variation Δx de la variable x, soit par la variation Δy de la variable y, soit par les variations Δx et Δy de x et de y.

On peut mettre en évidence la variation Δz de z provoquée par une petite variation Δx de x, en éliminant l'influence du facteur y sur z, c'est-à-dire en considérant y comme une constante.

Le rapport des accroissements finis $\Delta z / \Delta x$ tend vers une limite, notée $f'_x(x, y)$, quand Δx tend vers zéro.

$f'_x(x, y) = \dfrac{\partial z}{\partial x}$ est la dérivée partielle de la fonction $f(x, y)$ par rapport à la variable x.

De la même manière, il est possible de calculer la dérivée partielle de la fonction $f(x, y)$ par rapport à la variable y. Elle est notée :

$$f'_y(x, y) = \frac{\partial z}{\partial y}.$$

Dans ce cas, l'influence de la variable x sur z est éliminée, x étant considérée comme une constante.

Exemple : Soit la fonction $z = f(x, y) = 2x^2 + 3xy + y^2 + 10$, ainsi que les valeurs suivantes des deux variables : $x = 2$ et $y = 6$.

• ***Dérivée partielle de la fonction $z = f(x, y)$ par rapport à x***

Dans la fonction $z = f(x, y) = 2x^2 + 3xy + y^2 + 10$, la variable y est considérée comme une constante. La dérivée partielle par rapport à x est donc égale à :

$$f'_x(x, y) = \frac{\partial z}{\partial x} = 4x + 3y.$$

Pour les valeurs retenues de x et de y, on peut écrire :

$$f'_x(x, y) = (4 \times 2) + (3 \times 6) = 26.$$

- ***Dérivée partielle de la fonction $z = f(x, y)$ par rapport à y***

Dans la fonction $z = f(x, y) = 2x^2 + 3xy + y^2 + 10$, la variable x est considérée comme une constante. La dérivée partielle par rapport à y est donc égale à :

$$f'_y(x, y) = \frac{\partial z}{\partial y} = 3x + 2y.$$

Pour les valeurs retenues de x et de y, on peut écrire :

$$f'_y(x, y) = (3 \times 2) + (2 \times 6) = 18.$$

7. Rappels d'algèbre

A. L'opposé et l'inverse d'un nombre et d'un rapport

- Soit un nombre a. Son ***opposé*** est : $-a$ et son ***inverse*** : $\frac{1}{a}$.
- Soit le rapport $\frac{a}{b}$. Son ***opposé*** est : $-\frac{a}{b}$ et son ***inverse*** : $\frac{b}{a}$.

B. Identités remarquables

- $(a + b)^2 = a^2 + 2ab + b^2$.
- $(a - b)^2 = a^2 - 2ab + b^2$.
- $a^2 - b^2 = (a + b)(a - b)$.

C. Inéquations

Si l'on ***multiplie*** les deux membres d'une inéquation par un ***nombre négatif***, on doit ***changer le sens de l'inéquation***.

Ainsi : $a > b \Rightarrow -5a < -5b$.

D. Fractions, puissances et radicaux

- $$\frac{\frac{a}{b}}{\frac{c}{d}} = \frac{a}{b} \cdot \frac{d}{c} = \frac{ad}{bc}.$$

- $a^4 = a \,.\, a \,.\, a \,.\, a.$
- $(a^3)^2 = a^3 \,.\, a^3;$
  $= (a \,.\, a \,.\, a)\,(a \,.\, a \,.\, a);$
  $= a^{3\,.\,2};$
  $= a^6.$
- $a^{-2} = \dfrac{1}{a^2}.$
- $\dfrac{a^4}{a^2} = a^{4-2} = a^2.$
- $a^{-1/2} = \dfrac{1}{\sqrt{a}}.$
- $\sqrt{a} \,.\, \sqrt{b} = \sqrt{a \,.\, b}.$
- $(\sqrt{a})^2 = a.$
- $\sqrt{\dfrac{a}{b}} = \dfrac{\sqrt{a}}{\sqrt{b}}.$

E. Résolution d'une équation du deuxième degré

Soit : $ax^2 + bx + c = 0.$
Le discriminant est égal à : $\Delta = b^2 - 4ac.$

1°) $\Delta > 0 \Rightarrow$ 2 racines :

$$x_1 = \frac{-b + \sqrt{\Delta}}{2a}$$

et $$x_2 = \frac{-b - \sqrt{\Delta}}{2a}.$$

Si le terme b de l'équation est pair, soit $b = 2b'$, le discriminant devient égal à $\Delta' = b'^2 - ac$ et les deux racines sont égales à :

$$x_1 = \frac{-b' + \sqrt{\Delta'}}{a}$$

et $$x_2 = \frac{-b' - \sqrt{\Delta'}}{a}.$$

2°) $\Delta = 0 \Rightarrow$ une racine double égale à :

$$x = -\frac{b}{2a}.$$

3°) $\Delta < 0 \Rightarrow$ pas de racines réelles.

1

Les choix du consommateur et la demande d'un bien

Le consommateur est un ***agent rationnel*** qui recherche le maximum de satisfaction. Étant rationnel, il est capable de définir ses préférences en matière de consommation et de les respecter en prenant ses décisions. Recherchant la satisfaction maximale, il choisit ses consommations au cours d'une période donnée, en fonction de ses goûts (préférences), sous la contrainte de son revenu et compte tenu du prix des biens soumis à son choix. Au terme de cette démarche, il prend la décision optimale et atteint son « ***équilibre*** ».

Les biens considérés peuvent être, à des degrés divers, ***divisibles*** (l'unité consommable d'un bien parfaitement divisible est infiniment petite), ***substituables*** ou, au contraire, ***complémentaires***.

L'***utilité*** est une mesure subjective de la satisfaction que l'individu retire de la consommation des biens qu'il choisit d'acquérir. Deux analyses du comportement du consommateur sont possibles, selon que l'on considère l'utilité ***cardinale*** (Menger, Jevons, Walras) ou l'utilité ***ordinale***, qui traduit un ordre de préférence du consommateur (Pareto).

La ***demande individuelle d'un bien*** est mise en évidence à partir de l'analyse de l'évolution de l'équilibre du consommateur induite par la variation de l'un de ses facteurs explicatifs. Si la variable explicative choisie est le prix du bien, on met en évidence la demande individuelle du bien en fonction de son prix ; si la variable explicative choisie est le revenu, on met en évidence la demande individuelle du bien en fonction du revenu du consommateur. Dans chacune de ces analyses, en rendant active une variable explicative et en fixant les autres à un niveau donné, on raisonne « toutes choses égales par ailleurs » (ou « *cæteris paribus* »).

La demande d'un bien est plus ou moins sensible aux variations du prix du bien considéré, aux variations du prix des biens substituables, ou encore, aux variations du revenu du consommateur. Des ***coefficients d'élasticité*** mesurent ces capacités de réaction de la demande.

Nous analyserons donc dans ce chapitre :
- l'utilité cardinale et l'équilibre du consommateur,
- l'utilité ordinale et l'équilibre du consommateur,
- la demande individuelle d'un bien,
- l'élasticité de la demande.

1. L'utilité cardinale et l'équilibre du consommateur

A. La loi de l'utilité marginale décroissante

L'utilité totale d'un bien X, $Ux = f(x)$, varie en fonction de la quantité x consommée du bien, comme l'illustre la figure 1.1. Elle commence par croître avec la quantité consommée, puis finit par décroître à partir de $x = x_1$.

L'utilité marginale de X, Umx, mesure la variation de l'utilité totale entraînée par la consommation d'une unité supplémentaire du bien X :

$$Umx = \frac{\Delta Ux}{\Delta x}.$$

Quand Δx tend vers 0 (bien parfaitement divisible), elle est égale à la dérivée de la fonction d'utilité totale, soit :

$$Umx = \frac{dUx}{dx}.$$

Figure 1.1
L'utilité totale et l'utilité marginale

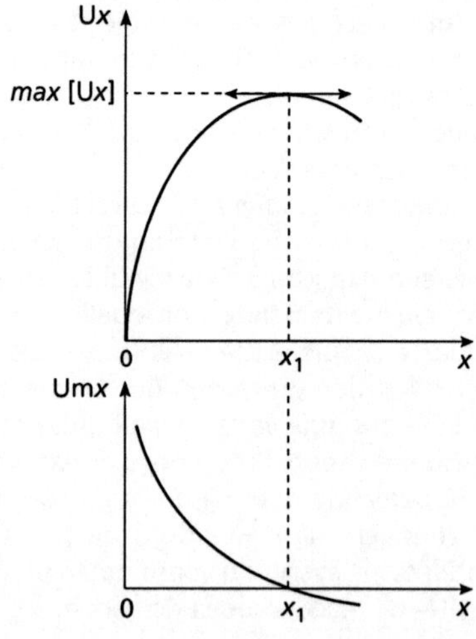

Sur la figure 1.1, on observe que :

• pour les ***valeurs de x inférieures à x_1***, l'utilité marginale est positive et décroissante : l'utilité totale croît à taux décroissant;

• pour les ***valeurs de x supérieures à x_1***, l'utilité marginale est négative : l'utilité totale décroît;

• pour $x = x_1$:

$Umx = \frac{dUx}{dx} = 0 \Rightarrow max\ [Ux]$: le consommateur atteint son niveau de satiété.

B. Les choix du consommateur

Le consommateur affecte la totalité de son revenu à l'achat de deux biens X et Y, parfaitement divisibles.

Les utilités des biens étant indépendantes, la satisfaction U*xy* que le consommateur retire de l'acquisition des deux biens est égale à la somme des utilités totales de chacun des biens, soit :

$$Uxy = Ux + Uy.$$

Pour déterminer la combinaison de quantités (*x*, *y*) des biens X et Y qui maximise sa satisfaction (solution d'équilibre), le consommateur raisonne « à la marge ».

Il arbitre entre les biens en comparant leur utilité marginale pondérée par leur prix (Um*x* / P*x*, pour le bien X, est comparé à Um*y* / P*y*, pour le bien Y). Tant que son revenu n'est pas épuisé, le consommateur choisit l'unité supplémentaire du bien dont l'utilité marginale par unité monétaire dépensée est la plus élevée.

L'équilibre est atteint quand la dernière unité monétaire de revenu à affecter induit un gain de satisfaction aussi élevé si elle est affectée à X que si elle est affectée à Y.

On peut donc écrire : *max* [U*xy* = U*x* + U*y*] pour (*x*, *y*) réalisant l'égalité :

$$\frac{Umx}{Px} = \frac{Umy}{Py}.$$

Remarque :

À l'équilibre, le rapport des utilités marginales des biens est égal au rapport de leur prix. En effet, l'égalité Um*x* / P*x* = Um*y* / P*y* peut être mise sous la forme :

$$\frac{Umx}{Umy} = \frac{Px}{Py}.$$

2. L'utilité ordinale et l'équilibre du consommateur

A. La carte d'indifférence du consommateur

Considérons deux biens X et Y divisibles et partiellement substituables et appelons *x* et *y* les quantités respectives de ces deux biens. Le consommateur compose des groupes de combinaisons (*x*, *y*) et affecte à chacun de ces groupes un indice d'utilité U_1, U_2, ... À l'intérieur d'un groupe, les différentes combinaisons (*x*, *y*) sont équivalentes (elles procurent un même niveau de satisfaction), mais pour $U_2 > U_1$, le consommateur préfère n'importe quelle combinaison du groupe 2 à chacune des combinaisons du groupe 1.

LES COURBES D'INDIFFÉRENCE

Graphiquement, les préférences du consommateur sont représentées par un ensemble de courbes d'indifférence (figure 1.2 page suivante) qui constitue la ***carte d'indifférence du consommateur.***

Une courbe d'indifférence est le lieu géométrique des points représentant les combinaisons (*x*, *y*) de quantités de X et de Y correspondant à un même niveau de satisfaction.

Les courbes d'indifférence (figure 1.2) présentent les caractéristiques suivantes :

• ***Plus une courbe est éloignée de l'origine, plus le niveau de satisfaction qu'elle traduit est élevé*** : $U_3 > U_2 > U_1$. Le niveau de saturation étant supposé n'être jamais atteint par le consommateur rationnel, toute augmentation de la consommation des deux biens se traduit par une augmentation de la satisfaction.

• Les courbes ***ne peuvent pas se couper*** : deux courbes représentent deux ensembles de combinaisons (*x*, *y*) et deux niveaux de satisfaction. Si deux courbes se coupaient, deux niveaux différents d'utilité correspondraient à une même combinaison, ce qui est impossible.

• Les courbes d'indifférence sont ***décroissantes et convexes*** :

– Par hypothèse, le niveau de saturation n'est jamais atteint (l'utilité marginale de chacun des deux biens est positive). Le long d'une courbe d'indifférence, à niveau de satisfaction constant, on ne peut augmenter la consommation d'un bien sans diminuer celle de l'autre. Les quantités *x* et *y* varient nécessairement en sens inverse et la courbe d'indifférence est décroissante.

– Les courbes d'indifférence sont convexes parce que l'utilité marginale de chacun des deux biens est décroissante.

Remarquons que des courbes d'indifférence convexes correspondent à des biens partiellement substituables.

LE TAUX MARGINAL DE SUBSTITUTION

Le taux marginal de substitution de *x* à *y* (TMS_{xy}) mesure la quantité de Y que le consommateur est prêt à céder contre une unité supplémentaire de X, tout en conservant le même niveau de satisfaction.

En un point d'une courbe d'indifférence continue qui représente graphiquement la fonction $y = f(x)$, le TMS_{xy} est égal à l'opposé de la pente de la tangente à la courbe en ce point :

$$TMS_{xy} = -\frac{dy}{dx}.$$

Si les biens X et Y ne sont pas parfaitement divisibles, on mesure le TMS entre deux points d'une courbe d'indifférence. Entre les points A (x_1, y_1) et B (x_2, y_2) de la courbe U_1 (figure 1.2), on obtient :

$$TMS_{xy} = -\frac{y_2 - y_1}{x_2 - x_1} = -\frac{\Delta y}{\Delta x}.$$

Remarque :
Par convention, le TMS_{xy} est rendu positif en multipliant le rapport $\Delta y / \Delta x$ par – 1.

Figure 1.2
L'équilibre du consommateur

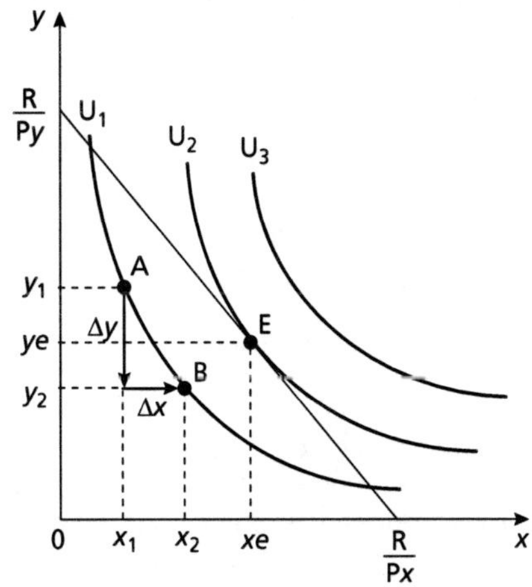

Le TMS_{xy} décroît à mesure que x est substitué à y (déplacement de haut en bas le long d'une courbe d'indifférence), la courbe d'indifférence est donc convexe : à satisfaction égale, le consommateur accepte de plus en plus difficilement de se séparer d'un bien qui se raréfie (Y) au profit d'un bien qui devient de plus en plus abondant (X).

x étant substitué à y le long d'une courbe d'indifférence :
- la perte de Δy unités de Y fait diminuer l'utilité totale de : $\Delta y \cdot Umy$,
- le gain de Δx unités de X fait augmenter l'utilité totale de : $\Delta x \cdot Umx$.

Ces deux variations de l'utilité totale se compensant, on peut écrire :

$$\Delta x \cdot Umx + \Delta y \cdot Umy = 0,$$

ou :

$$\Delta x \cdot Umx = -\Delta y \cdot Umy,$$

soit :

$$-\frac{\Delta y}{\Delta x} = \frac{Umx}{Umy} = TMS_{xy}. \quad (1)$$

En vertu de la loi de l'utilité marginale décroissante, Umx diminue quand x augmente et Umy augmente quand y diminue; le TMS_{xy} décroît donc à mesure que x est substitué à y.

B. L'équilibre du consommateur

LA CONTRAINTE BUDGÉTAIRE DU CONSOMMATEUR

Le consommateur affecte la totalité de son revenu nominal R à l'achat des biens X et Y qui ont respectivement pour prix Px et Py.

La contrainte budgétaire du consommateur, traduite algébriquement par l'égalité $R = x \cdot Px + y \cdot Py$ ou $y = -\frac{Px}{Py}x + \frac{R}{Py}$, est représentée graphiquement par une droite dont la pente $(-Px/Py)$ est égale à l'opposé du rapport des prix des biens.

Deux points de cette droite ont pour coordonnées :

$$x = 0 \rightarrow y = R/Py$$

$$\text{et} \quad y = 0 \rightarrow x = R/Px$$ (figure 1.2, p. 31).

LA COMBINAISON OPTIMALE

Afin de maximiser sa satisfaction en respectant sa contrainte budgétaire, le consommateur doit se situer sur la droite de contrainte budgétaire et sur la courbe d'indifférence la plus éloignée possible de l'origine. La seule solution possible correspond au point E (*xe*, *ye*) de tangence entre la droite de budget et la courbe U_2 (figure 1.2). Le point d'équilibre E indique la combinaison optimale de quantités des deux biens choisie par le consommateur.

Au point d'équilibre, le taux marginal de substitution est égal au rapport des prix des biens. En effet, au point E, la pente de la droite de contrainte budgétaire et la pente de la tangente à la courbe d'indifférence ont la même valeur.

Soit :

$$-\frac{Px}{Py} = \frac{dy}{dx};$$

ou encore :

$$\frac{Px}{Py} = -\frac{dy}{dx} = TMS_{xy}. \quad (2)$$

LE PRINCIPE DE L'ÉGALISATION DES UTILITÉS MARGINALES PONDÉRÉES

Les résultats précédents sont compatibles avec les résultats de la théorie de l'utilité cardinale. En particulier, on démontre qu'au point d'équilibre les utilités marginales pondérées des biens sont égales.

En effet, à l'équilibre, on peut écrire à partir des relations (1) et (2) :

$$\frac{Umx}{Umy} = \frac{Px}{Py}$$

$$\text{ou} \quad \frac{Umx}{Px} = \frac{Umy}{Py}.$$

3. La demande individuelle d'un bien

La demande individuelle d'un bien dépend de plusieurs facteurs : le prix du bien, le prix des biens substituables, le revenu du consommateur, ses goûts, etc.

Il est cependant possible de mettre en évidence le principe de sa construction, à partir de l'équilibre du consommateur, en ne retenant l'influence que d'une seule variable active à la fois.

A. La demande individuelle d'un bien en fonction de son prix

LA COURBE DE CONSOMMATION-PRIX

Le consommateur dispose d'un revenu nominal R; les quantités et les prix des biens soumis à son choix sont respectivement représentés par *x* et Px_1 pour le bien X, et, *y* et P*y* pour le bien Y. La droite B_1 de budget admet pour équation :

$$y = -\frac{Px_1}{Py}x + \frac{R}{Py}$$ (figure 1.3, p. 34).

Soit l'équilibre du consommateur au point E_1 (x_1, y_1). Une baisse du prix de X de Px_1 à Px_2, toutes choses égales par ailleurs, modifie la pente de la droite de budget qui augmente et devient égale à $(-Px_2/Py)$.

La nouvelle droite de contrainte B_2, d'équation :

$$y = -\frac{Px_2}{Py}x + \frac{R}{Py},$$

résulte d'un déplacement de la droite B_1 qui a pivoté autour de l'ordonnée à l'origine (R / P*y*), dans le sens inverse des aiguilles d'une montre.

Le consommateur, tenant compte du nouveau prix de X, maximise sa satisfaction en choisissant la combinaison E_2 (x_2, y_2).

Si le prix de X continue à baisser en prenant successivement les valeurs Px_3 et Px_4, l'équilibre du consommateur évolue en étant respectivement représenté par les points E_3 (x_3, y_3) et E_4 (x_4, y_4).

Le lieu géométrique des points d'équilibre successifs E_1, E_2, E_3 et E_4 est appelé ***courbe de consommation-prix***. Il indique les combinaisons (*x*, *y*) qui permettent au consommateur d'atteindre le maximum de satisfaction, quand le prix du bien X diminue, *cæteris paribus*.

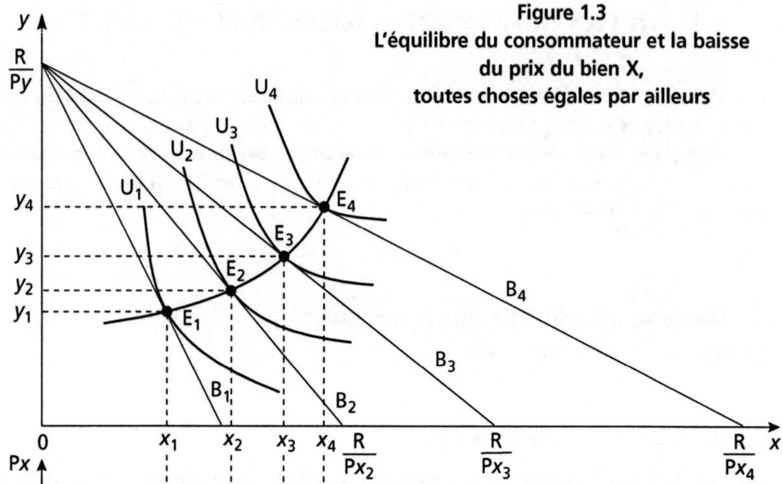

Figure 1.3
L'équilibre du consommateur et la baisse du prix du bien X, toutes choses égales par ailleurs

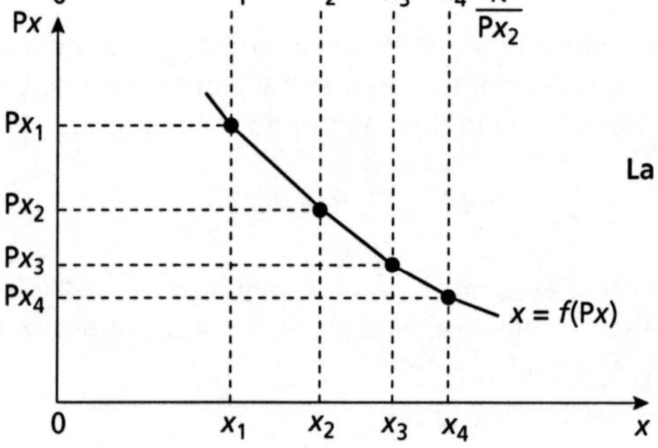

Figure 1.4
La demande individuelle en fonction du prix

LA COURBE DE DEMANDE INDIVIDUELLE

La courbe de consommation-prix indique, pour chaque valeur de P*x*, la quantité *x* de X que le consommateur choisit, parce que cette quantité de X, associée à la quantité *y* de Y, lui procure le ***maximum de satisfaction***.

On obtient donc la relation suivante de demande du bien X en fonction de son prix, *cæteris paribus* :

- pour $Px = Px_1 \Rightarrow$ demande de x_1 unités de X ;
- pour $Px = Px_2 \Rightarrow$ demande de x_2 unités de X, etc.

La courbe de demande du bien X est représentée sur la figure 1.4, disposée sous la figure 1.3.

On observe que la demande d'un bien est généralement une ***fonction décroissante de son prix***.

B. L'effet de substitution et l'effet de revenu

Soit l'équilibre du consommateur au point E_1 (x_1, y_1), sur la figure 1.5 (page suivante). Toutes choses égales par ailleurs, une baisse du prix de X de Px_1 à Px_2 modifie la solution d'équilibre qui est alors représentée par le point E_2 (x_2, y_2).

Le passage du point E_1 au point E_2 peut être décomposé en deux étapes : l'***effet de substitution*** et l'***effet de revenu***. On dispose pour cela de ***deux méthodes*** : celle de ***J.R. Hicks*** et celle de ***E. Slutsky***.

LA MÉTHODE DE J.R. HICKS

■ L'effet de substitution ou l'effet prix

Le bien X devenant relativement moins cher (le prix relatif de X par rapport à Y diminue), le consommateur est incité, dans une certaine mesure, à le substituer à Y.

Afin d'isoler l'effet prix, supposons que la substitution entre les biens s'opère à satisfaction constante. Le consommateur passe donc du point E_1 au point E' (x', y') de tangence entre la droite de contrainte budgétaire B_2' et la courbe U_1. En effet :

• les points E' et E_1 appartiennent à la même courbe U_1 : le niveau de satisfaction n'est pas modifié;

• E' est un point de la droite de contrainte budgétaire B_2', qui a la même pente que la droite B_2 (nouvelle contrainte budgétaire); le point d'équilibre intermédiaire E' résulte donc de la prise en compte du nouveau rapport des prix (Px_2 / Py).

La modification du rapport des prix a provoqué, à satisfaction égale (U_1), la substitution de $(x' - x_1)$ unités de X à $|y' - y_1|$ unités de Y (figure 1.5, p. 36).

■ L'effet de revenu

Le prix de X ayant baissé, le consommateur peut, avec un même revenu nominal, acquérir une plus grande quantité de biens. Son revenu réel (pouvoir d'achat) ayant augmenté, le consommateur peut acquérir des quantités plus importantes de biens et ainsi accroître sa satisfaction.

Au point E', le consommateur conserve une satisfaction U_1 et ne profite pas de l'augmentation de son revenu réel. La dépense nécessaire à l'achat de la combinaison (x', y'), égale à $(x' . Px_2 + y' . P_y)$, est inférieure au montant R du revenu nominal. En se déplaçant du point E' au point E_2, conformément à ses préférences et en respectant sa contrainte budgétaire (droite B_2), le consommateur utilise la part non dépensée de son revenu $[R - (x' . Px_2 + y' . P_y)]$ pour acquérir $(y_2 - y')$ unités de Y, $(x_2 - x')$ unités de X et passer du niveau de satisfaction U_1 au niveau de satisfaction U_2.

Figure 1.5
L'effet de substitution (S) et l'effet de revenu (R)

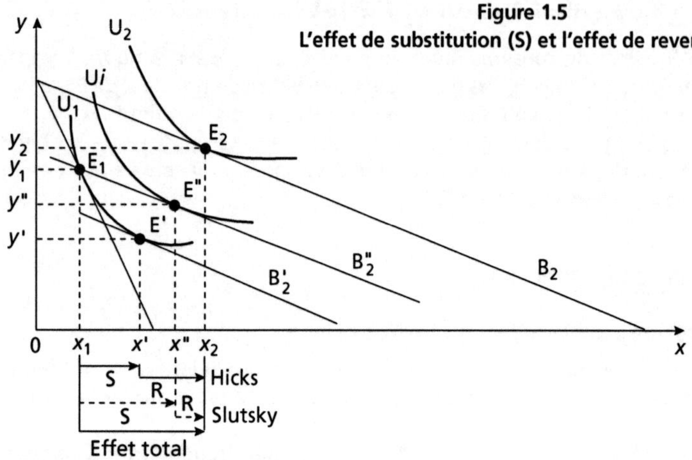

LA MÉTHODE DE E. SLUTSKY

La décomposition de l'effet total d'une baisse du prix peut être analysée différemment en considérant que l'effet de substitution ne se produit pas à satisfaction constante, mais à pouvoir d'achat constant. Comme l'illustre la figure 1.5, le respect de cette hypothèse impose le choix d'un point d'équilibre intermédiaire E″ situé sur une droite de budget B_2'' qui doit à la fois :

– être parallèle à la droite B_2 dont la pente ($- Px_2 / Py$) est égale à l'opposé du nouveau rapport des prix;

– passer par le point d'équilibre initial E_1 : la combinaison initiale (x_1, y_1) peut être acquise malgré le nouveau prix de X, ce qui signifie que le pouvoir d'achat est inchangé.

On distingue alors :

■ L'effet de substitution

L'équilibre intermédiaire du consommateur est trouvé au point E″ de tangence entre la droite B_2'' et la courbe U*i*. Le nouveau rapport des prix incite le consommateur à substituer ($x'' - x_1$) unités de X à $|y'' - y_1|$ unités de Y, en conservant le même pouvoir d'achat mais en augmentant sa satisfaction ($Ui > U_1$).

■ L'effet de revenu

En respectant ses préférences et sa contrainte budgétaire (droite B_2), le consommateur qui utilise son pouvoir d'achat supplémentaire choisit ($x_2 - x''$) unités supplémentaires de X, ($y_2 - y''$) unités supplémentaires de Y, et augmente son niveau de satisfaction ($U_2 > Ui$).

LA FORME DE LA COURBE DE DEMANDE INDIVIDUELLE

La forme de la courbe de demande dépend de la façon dont les effets de substitution et de revenu se combinent. Considérons le cas d'une baisse du prix du bien X, *cæteris paribus* :

– ***l'effet de substitution est négatif :*** la baisse du prix de X, *cæteris paribus*, provoque toujours une augmentation de la quantité demandée de X par le consommateur;

– ***l'effet de revenu peut être positif ou négatif :*** si la baisse du prix de X entraîne toujours une augmentation du revenu réel du consommateur, selon les biens considérés, le gain de revenu réel conduit le consommateur à demander une plus grande quantité du bien X (effet positif) ou le conduit, au contraire, à diminuer sa demande (effet négatif).

Le bien X appartient à la catégorie des ***« biens normaux »*** lorsque les effets de substitution et de revenu jouent tous les deux dans le sens d'une augmentation de la quantité demandée (figure 1.5).

Le bien X appartient à la catégorie des ***« biens inférieurs »*** lorsque les effets de substitution et de revenu jouent en sens inverse sur la demande du bien X. Précisons que deux cas peuvent théoriquement se présenter :

• ***Cas général des biens inférieurs :*** si l'effet de substitution est supérieur, en valeur absolue, à l'effet de revenu, l'effet total se traduit par une augmentation de la quantité demandée de X [figure 1.6 (a)].

Figure 1.6 (a)
L'effet de substitution et l'effet de revenu (méthode de J.R. Hicks)
X : bien inférieur

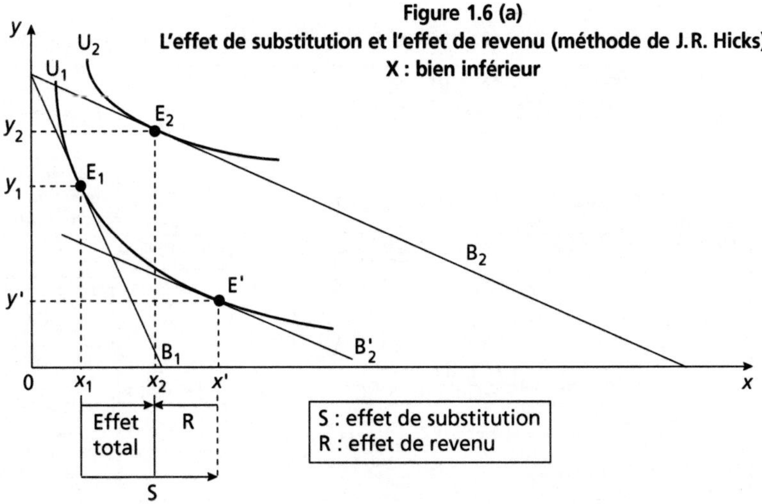

• *« Paradoxe de Giffen » :* si l'effet de substitution est inférieur, en valeur absolue, à l'effet de revenu, l'effet total se traduit par une baisse de la quantité demandée de X [figure 1.6 (b)].

Figure 1.6 (b)
L'effet de substitution et l'effet de revenu (méthode de J.R. Hicks)
X : bien inférieur – paradoxe de Giffen

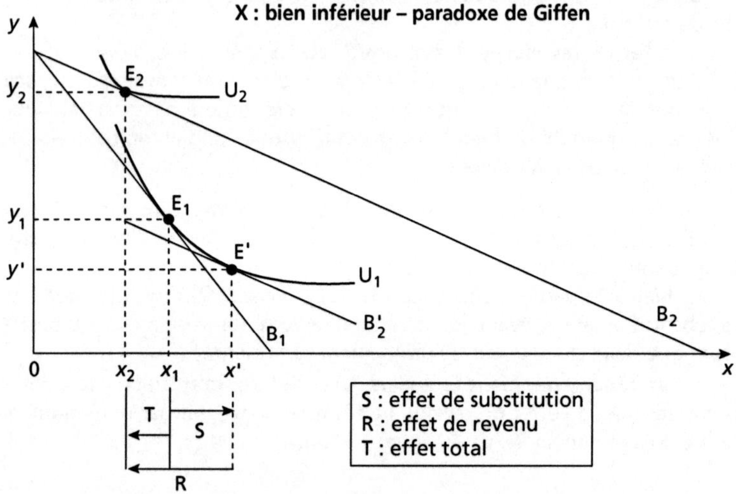

Effet de substitution, effet de revenu et demande d'un bien en fonction de son prix

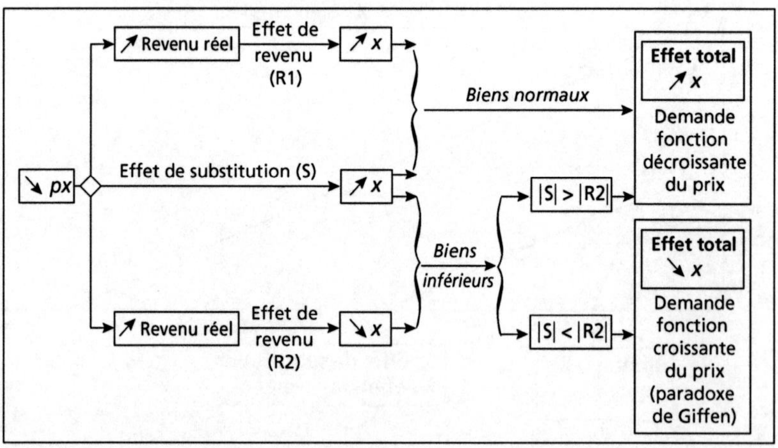

C. La demande individuelle d'un bien en fonction du revenu du consommateur

LA COURBE DE CONSOMMATION-REVENU

Le consommateur dispose d'un revenu nominal R_1 ; les quantités et les prix des biens soumis à son choix sont respectivement représentés par x et Px pour le bien X, et y et Py pour le bien Y.

La droite B_1 de budget admet pour équation :

$$y = -\frac{Px}{Py}x + \frac{R_1}{Py} \quad \text{(figure 1.7).}$$

Soit le point d'équilibre initial $E_1 (x_1, y_1)$. Une augmentation du revenu nominal du consommateur de R_1 à R_2, toutes choses égales par ailleurs, déplace la droite de contrainte budgétaire, parallèlement à elle-même, de la position B_1 à la position B_2 (la pente, égale à $- Px / Py$, n'est pas modifiée, mais l'ordonnée à l'origine augmente et devient égale à R_2 / Py).

Le desserrement de la contrainte budgétaire permet au consommateur de choisir une plus grande quantité de biens et d'augmenter sa satisfaction. Le nouvel équilibre est en effet atteint au point $E_2 (x_2, y_2)$, pour un niveau de satisfaction U_2.

Toute augmentation du revenu nominal induit une modification de l'équilibre du consommateur; pour $R_3 > R_2$ et pour $R_4 > R_3$, les solutions d'équilibre correspondent respectivement aux points $E_3 (x_3, y_3)$ et $E_4 (x_4, y_4)$, comme l'illustre la figure 1.7.

Figure 1.7
L'équilibre du consommateur et l'augmentation du revenu nominal, toutes choses égales par ailleurs

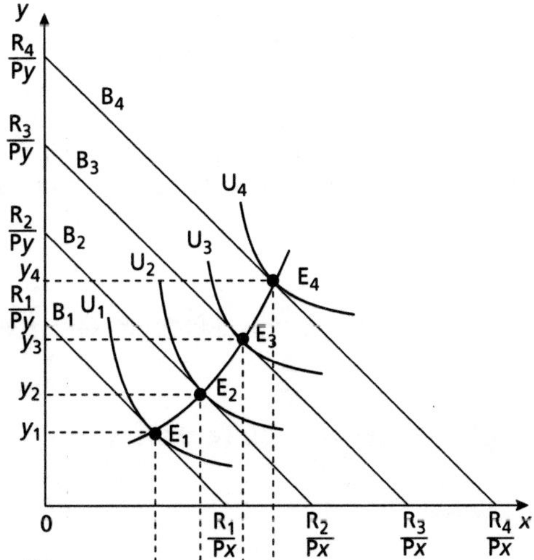

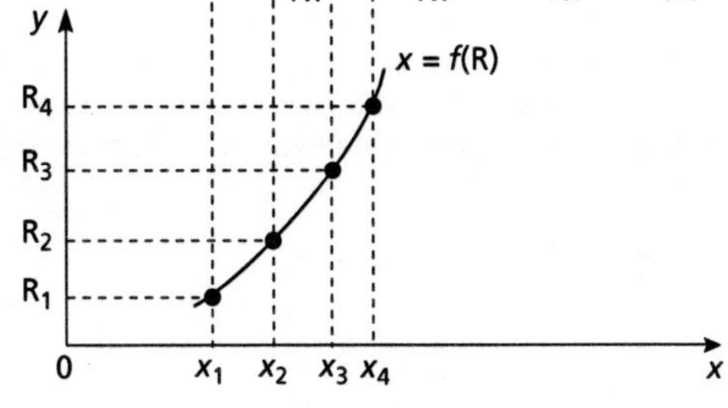

Figure 1.8
La demande individuelle en fonction du revenu (courbe d'Engel)

Le lieu géométrique des points d'équilibre successifs E_1, E_2, E_3 et E_4 est appelé ***courbe de consommation-revenu.*** Il indique, pour des valeurs croissantes du revenu nominal, *cæteris paribus*, les combinaisons (*x*, *y*) correspondantes qui permettent au consommateur de maximiser sa satisfaction.

LA COURBE DE DEMANDE INDIVIDUELLE (COURBE D'ENGEL)

La courbe de consommation-revenu indique, pour chaque valeur du revenu nominal, la quantité *x* de X que le consommateur choisit, parce que cette quantité de X, associée à la quantité *y* de Y, lui permet de maximiser sa satisfaction.

On obtient donc la relation suivante de demande de X en fonction du revenu, *cæteris paribus* :

- pour $R = R_1 \Rightarrow$ demande de x_1 unités de X;
- pour $R = R_2 \Rightarrow$ demande de x_2 unités de X, etc.

La courbe de demande de X est représentée sur la figure 1.8, disposée sous la figure 1.7, page précédente.

La demande peut croître plus ou moins fortement avec le revenu du consommateur, ou au contraire décroître (voir *infra*, l'élasticité-revenu de la demande).

4. L'élasticité de la demande

A. L'élasticité-prix de la demande

DÉFINITION

L'élasticité-prix de la demande d'un bien mesure le degré de réaction de la demande du consommateur à la variation du prix de ce bien.

Entre deux points d'une courbe de demande, l'élasticité-prix de la demande est égale au rapport de la variation relative de la demande à la variation relative du prix, soit :

$$ep = \frac{\frac{\Delta x}{x}}{\frac{\Delta Px}{Px}}$$

ou encore :

$$ep = \frac{\Delta x}{\Delta Px} \cdot \frac{Px}{x}.$$

La demande étant généralement une fonction décroissante du prix, la valeur calculée de l'élasticité-prix est négative.

Remarques :

• La formule de l'élasticité-prix est parfois présentée, comme suit, en multipliant le rapport des variations relatives par – 1 ;

soit : $$ep = -\frac{\frac{\Delta x}{x}}{\frac{\Delta Px}{Px}}.$$

Le coefficient d'élasticité ainsi calculé est normalement positif et n'indique pas le sens de la réaction de la demande à la variation du prix du bien.

• La mesure de l'élasticité entre deux points A (Px_1, x_1) et B (Px_2, x_2) d'une courbe de demande n'a de valeur que si les points sont peu éloignés l'un de l'autre.

Le coefficient ep est différent selon que l'on considère la réponse de la demande à une baisse du prix de Px_1 à Px_2 ou au contraire à une augmentation du prix de Px_2 à Px_1. Afin de pallier cette difficulté de mesure, on peut calculer l'élasticité au milieu du segment AB (élasticité d'arc), soit :

$$ep = \frac{\Delta x}{\Delta Px} \cdot \frac{\frac{Px_1 + Px_2}{2}}{\frac{x_1 + x_2}{2}} = \frac{\Delta x}{\Delta Px} \cdot \frac{Px_1 + Px_2}{x_1 + x_2}.$$

• Pour des accroissements infinitésimaux du prix du bien (ΔPx tend vers 0), le rapport $\frac{\Delta x}{\Delta Px}$ tend vers une limite $f'(Px) = \frac{dx}{dPx}$, égale à la dérivée de la fonction de demande $x = f(Px)$.

L'élasticité-prix calculée en un point de la courbe de demande (élasticité point) est donc égale à : $ep = \frac{dx}{dPx} \cdot \frac{Px}{x} = f'(Px) \cdot \frac{Px}{x}$.

Une élasticité-prix ep = – a (avec $a > 0$) signifie qu'une variation du prix de 1 % provoque une variation en sens inverse de la demande de a %.

VALEURS PARTICULIÈRES DE L'ÉLASTICITÉ-PRIX DE LA DEMANDE ep

ep → – ∞	: la demande du bien par rapport au prix est parfaitement élastique.
– ∞ < ep < – 1	: la demande est élastique.
ep = – 1	: la demande est d'élasticité unitaire.
– 1 < ep < 0	: la demande est inélastique.
ep = 0	: la demande est rigide.

Certaines courbes de demande (figure 1.9) sont caractérisées par une élasticité-prix constante (courbes iso-élastiques).

Figure 1.9
Demandes iso-élastiques

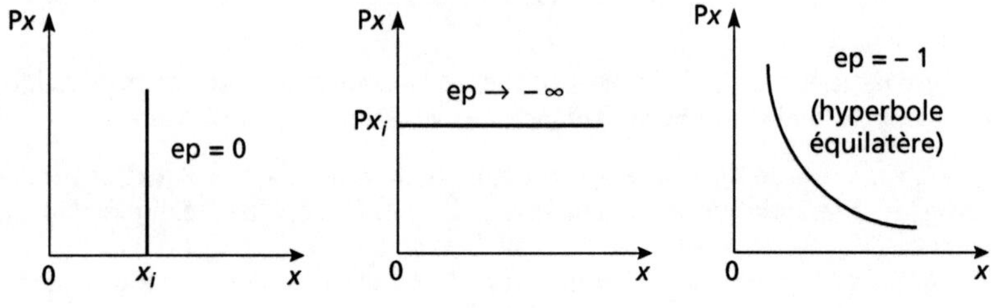

Demande rigide, égale à x_i, quel que soit le prix Px — Demande parfaitement élastique pour le prix Px_i — Élasticité constante le long de la courbe de demande

B. L'élasticité croisée de la demande

DÉFINITION

La demande d'un bien *x* dépend des goûts du consommateur (préférences), de son revenu (R), du prix P*x* du bien considéré et du prix P*y* d'un autre bien (Y); soit la fonction de demande $x = x(Px, Py, R)$.

On peut cependant exprimer la demande du bien X en fonction du prix du bien Y, toutes choses égales par ailleurs (P*x* et R étant chacun fixé à un niveau donné); soit la fonction de demande $x = g(Py)$.

L'élasticité croisée de la demande du bien X mesure le degré de réaction de la demande de X à la variation du prix de Y. Elle est égale au rapport des variations relatives suivant :

$$ec = \frac{\frac{\Delta x}{x}}{\frac{\Delta Py}{Py}} \quad \text{ou} \quad ec = \frac{\Delta x}{\Delta Py} \cdot \frac{Py}{x}.$$

Valable pour de petits accroissements de P*y* (élasticité mesurée entre deux points de la courbe de demande), la formule devient, quand ΔP*y* tend vers 0 (élasticité point) :

$$ec = \frac{dx}{dPy} \cdot \frac{Py}{x},$$

où $\frac{dx}{dPy} = g'(Py)$ est la dérivée de la fonction de demande $g(Py)$.

Remarque :

Si l'on considère la fonction de demande $x = x(Px, Py, R)$, l'élasticité croisée de la demande de x par rapport au prix de Y est :

$$ec = \frac{\delta x}{\delta Py} \cdot \frac{Py}{x},$$

où $\frac{\delta x}{\delta Py}$ est la dérivée partielle de la fonction de demande par rapport à Py.

VALEURS DE L'ÉLASTICITÉ CROISÉE DE LA DEMANDE ET TYPOLOGIE DES BIENS

- **ec > 0** ⇒ la variation du prix de Y entraîne une variation ***de même sens*** de la demande de X : les deux biens sont ***substituables***.

- **ec < 0** ⇒ la variation du prix de Y entraîne une variation ***de sens contraire*** de la demande de X : les deux biens sont ***complémentaires***.

C. L'élasticité-revenu de la demande

DÉFINITION

La demande x du bien X peut être exprimée en fonction du revenu (R) du consommateur, toutes choses égales par ailleurs; soit : $x = G(R)$.

L'élasticité-revenu de la demande mesure le degré de réaction de la demande à la variation du revenu.

- ***Entre deux points d'une courbe de demande***, l'élasticité-revenu est égale au rapport de la variation relative de la demande à la variation relative du revenu,

soit :

$$er = \frac{\frac{\Delta x}{x}}{\frac{\Delta R}{R}} \quad \text{ou} \quad er = \frac{\Delta x}{\Delta R} \cdot \frac{R}{x}.$$

- ***En un point de la courbe de demande***, la formule de l'élasticité-revenu est :

$$er = \frac{dx}{dR} \cdot \frac{R}{x},$$

où $\frac{dx}{dR} = G'(R)$ est la dérivée de la fonction de demande par rapport au revenu.

VALEURS DE L'ÉLASTICITÉ-REVENU DE LA DEMANDE ET TYPOLOGIE DES BIENS

0 < er < 1 : la quantité demandée du bien augmente proportionnellement moins que le revenu. Le bien considéré appartient à la catégorie des « ***biens normaux*** »;

er > 1 : la quantité demandée du bien augmente proportionnellement plus que le revenu. Le bien considéré appartient à la catégorie des « ***biens supérieurs*** »;

er < 0 : la quantité demandée du bien diminue quand le revenu augmente. Le bien considéré appartient à la catégorie des « ***biens inférieurs*** ».

5. Exercices

Exercice n° 1 L'utilité cardinale et les choix du consommateur

Un consommateur mesure la satisfaction que lui procure la consommation séparée de deux biens X et Y. Le tableau suivant indique, pour chacun des deux biens, la valeur de l'utilité totale en fonction de la quantité consommée, avec :

x et *y* : respectivement, nombres d'unités des biens X et Y ;

U*x* et U*y* : respectivement, utilité totale de X et utilité totale de Y.

x	0	1	2	3	4	5	6
U*x*	0	10	18	24	28	30	30
y	0	1	2	3	4	5	6
U*y*	0	12	23	32	39	43	43

a) À partir du tableau précédent, définir, calculer et représenter sur un même graphique les utilités totales et marginales des biens X et Y.

b) L'individu, qui affecte la totalité de son revenu nominal R à l'achat des biens X et Y, veut maximiser sa satisfaction. Sachant que les biens X et Y ont le même prix unitaire, égal à 2 € (P*x* = P*y* = 2 €), et que R_1 = 18 €, quelle combinaison de quantités des deux biens le consommateur doit-il choisir ?

c) Déterminer les choix optimaux du consommateur, sachant que P*x* = 2 €, P*y* = 3 €, et que le revenu nominal est successivement égal à 15 € et 9 €.

CORRIGÉ

a) L'utilité totale mesure la satisfaction que l'individu considéré pense éprouver en consommant un bien. Les utilités totales des biens X et Y sont représentées sur la figure 1, pour des quantités variant de 1 à 6 unités.

L'utilité marginale d'un bien mesure la variation de l'utilité totale qui résulte de la consommation d'une unité supplémentaire du bien.

Considérons le bien X : pour $x = 1 \Rightarrow Ux = 10$ et pour $x = 2 \Rightarrow Ux = 18$.

Quand la quantité augmente d'une unité à partir de $x = 1$, l'unité totale de X augmente d'une valeur $Umx = \dfrac{\Delta Ux}{\Delta x} = \dfrac{18 - 10}{2 - 1} = 8$.

Le tableau suivant regroupe les valeurs des utilités marginales des deux biens, calculées comme précédemment pour le bien X entre $x = 1$ et $x = 2$.

x	0	1	2	3	4	5	6
U*x*	0	10	18	24	28	30	30
Umx	0	10	8	6	4	2	0
y	**0**	**1**	**2**	**3**	**4**	**5**	**6**
U*y*	0	12	23	32	39	43	43
Um*y*	0	12	11	9	7	4	0

Les utilités marginales des deux biens sont représentées sur la figure 1.

Remarque : la « **loi de l'utilité marginale décroissante** » est vérifiée pour chacun des deux biens : Um*x* et Um*y* diminuent quand, respectivement, *x* et *y* augmentent (pour le consommateur et pour chacun des biens, le gain de satisfaction induit est de moins en moins important au fur et à mesure que la quantité augmente).

Les utilités marginales finissent par devenir nulles : Um*x* = 0 pour *x* = 6 et Um*y* = 0 pour *y* = 6.

Figure 1
Les utilités totales et marginales

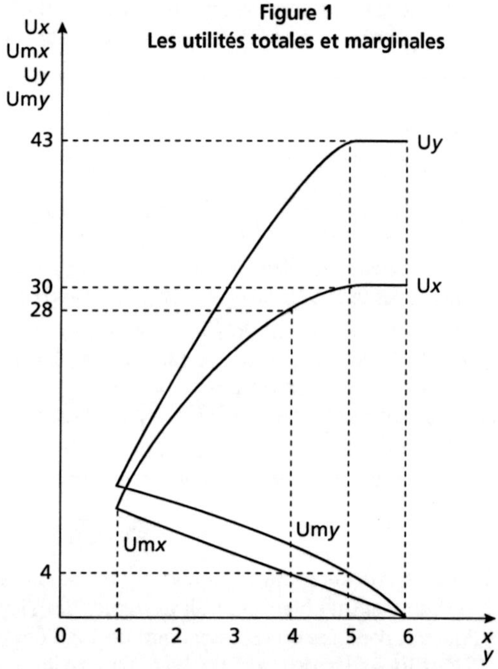

L'annulation de l'utilité marginale de X, pour *x* = 6, signifie que le consommateur éprouve la même satisfaction (U*x* = 30) en considérant la cinquième et la sixième unité de X : le passage de la cinquième à la sixième unité de X n'entraînant pas de gain de satisfaction, l'utilité totale plafonne et le consommateur atteint son niveau de satiété (figure 1 : la courbe d'utilité totale passe par un maximum U*x* = 30 pour 5 < *x* < 6, en admettant la divisibilité).

Il en va de même pour Y entre les valeurs *y* = 5 et *y* = 6.

b) *Remarque préliminaire* : les utilités des biens X et Y étant indépendantes, la satisfaction Uxy que le consommateur associe à la combinaison (x, y) consommée est égale à la somme des utilités totales Ux et Uy, soit : Uxy = Ux + Uy.

Les biens X et Y ayant le même prix (Px = Py = 2 €), 2 € de revenu permettent d'acquérir aussi bien une unité de X qu'une unité de Y, chacune de ces unités se différenciant de l'autre par l'utilité que leur reconnaît le consommateur.

Afin de choisir la combinaison (x, y) lui assurant **le maximum d'utilité totale U*xy***, le consommateur raisonne « à la marge », en comparant le gain de satisfaction attaché à chaque unité supplémentaire de chacun des deux biens. En d'autres termes, le consommateur compare les utilités marginales de X et de Y, soit respectivement Umx et Umy.

La première unité de bien choisie est une première unité de Y à laquelle est associée une utilité marginale (Umy = 12) supérieure à celle qui est associée à une première unité de X (Umx = 10).

La deuxième unité choisie est encore une unité de Y ; l'utilité marginale d'une deuxième unité de Y (Umy = 11) est en effet supérieure à celle d'une première unité de X (Umx = 10).

Tant que son revenu n'est pas totalement dépensé, le consommateur poursuit sa comparaison des utilités marginales associées aux unités supplémentaires successives des deux biens et choisit celles qui présentent l'utilité marginale la plus élevée. **La satisfaction totale est maximale quand Um*x* = Um*y*.**

$x = 4 \Rightarrow$ Umx = 4 = Um$y \Leftarrow y = 5$, pour une dépense de : 2(4 + 5) = 18 €.

La satisfaction totale Uxy ne peut qu'être maximale dans la mesure où elle est égale à la somme des utilités marginales des unités successives choisies des biens. Comme l'indique le tableau suivant, la combinaison (x = 4, y = 5) rapporte au consommateur une utilité totale maximale Uxy = 71 (en effet, on note que Uxy = Ux + Uy = ΣUmx + ΣUmy = 28 + 43 = 71).

Unités successives de biens choisies par le consommateur

x	Um*x*	*y*	Um*y*
1re	10	1re	12
2e	8	2e	11
3e	6	3e	9
4e	4	4e	7
		5e	4
ΣUm*x* = 28		ΣUm*y* = 43	
U*xy* = ΣUm*x* + ΣUm*y* = 28 + 43 = 71			

c) Les prix des biens étant différents, le consommateur doit comparer l'utilité marginale du bien X pondérée par son prix $\left(\frac{Umx}{Px}\right)$ à l'utilité marginale du bien Y, pondérée par son prix $\left(\frac{Umy}{Py}\right)$.

La satisfaction est maximale lorsque l'utilité marginale de l'euro dépensé pour le bien X est équivalente à l'utilité marginale de l'euro dépensé pour Y, c'est-à-dire quand on égalise les utilités marginales pondérées par les prix, soit :

$$\frac{Umx}{Px} = \frac{Umy}{Py}.$$

Le tableau ci-dessous présente les valeurs des utilités marginales pondérées par les prix, pour les valeurs retenues de *x* et de *y* comprises entre 0 et 6 unités.

x	**0**	**1**	**2**	**3**	**4**	**5**	**6**
Um*x*	0	10	8	6	4	2	0
$\frac{Umx}{2}$	0	5	4	3	2	1	0
y	**0**	**1**	**2**	**3**	**4**	**5**	**6**
Um*y*	0	12	11	9	7	4	0
$\frac{Umy}{3}$	0	4	3,67	3	2,33	1,33	0

L'individu doit tenir compte de sa contrainte budgétaire. Il ne peut effectuer son choix que parmi l'ensemble des combinaisons qui épuisent son revenu de 15 € puis de 9 €. Le tableau ci-dessous présente l'ensemble de ces combinaisons possibles.

R = 15 €		**R = 9 €**	
x	***y***	***x***	***y***
0	5	0	3
3	3	3	1
6	1	–	–

• ***Le revenu est égal à 15 €***

Le consommateur choisit la combinaison de trois unités de X et de trois unités de Y puisque, pour *x* = *y* = 3, les utilités marginales pondérées des deux biens sont égales :

$$\frac{Umx}{Px} = \frac{Umy}{Py} = 3.$$

L'utilité totale correspondant à la combinaison ($x = 3$, $y = 3$) est égale à la somme des utilités marginales des unités successivement choisies des biens, soit :

$$10 + 8 + 6 + 12 + 11 + 9 = 56.$$

• ***Le revenu est égal à 9 €***

À l'équilibre, lorsque les quantités des biens considérés prennent des valeurs discrètes, l'égalité des utilités marginales pondérées n'est pas toujours vérifiée. Pour un revenu égal à 9 €, la combinaison précédente qui égalisait les utilités marginales pondérées n'est plus possible.

Le consommateur peut envisager l'achat des combinaisons ($x = 0$, $y = 3$) et ($x = 3$, $y = 1$).

– L'utilité totale de trois unités de Y est égale à la somme des utilités marginales pondérées des trois premières unités de Y, soit : 12 + 11 + 9 = 32.

– L'utilité totale de la combinaison de trois unités de X et d'une unité de Y est égale à la somme suivante des utilités marginales : 10 + 8 + 6 + 12 = 36.

Le consommateur choisit donc la combinaison ($x = 3$, $y = 1$), qui lui procure l'utilité totale la plus grande.

Exercice n° 2 L'utilité ordinale, l'équilibre du consommateur et la demande individuelle d'un bien en fonction du prix

On dispose d'une partie de la carte d'indifférence d'un consommateur relative à deux biens X et Y, partiellement substituables et parfaitement divisibles. Les coordonnées de quelques-uns des points de ces courbes d'indifférence sont présentées dans le tableau suivant, où U_1, U_2 et U_3 correspondent à trois niveaux de l'utilité totale et *x* et *y* représentent respectivement le nombre d'unités des biens X et Y.

U_1	*x*	7	12	25	40	70	120
	y	145	98	60	40	21	18
U_2	*x*	18	20	30	50	70	120
	y	140	115	85	60	44	38
U_3	*x*	39	45	65	90	120	140
	y	141	103	75	63	57	56

a) Représenter la carte d'indifférence du consommateur.

b) Définir le taux marginal de substitution de *x* à *y* et expliquer sa décroissance à mesure que *x* est substitué à *y* le long d'une courbe d'indifférence.

c) Le consommateur dispose d'un revenu nominal égal à 280 € qu'il affecte en totalité à l'achat de X et de Y. Le prix unitaire de vente du bien X étant égal à 7 € et celui du bien Y étant égal à 2 € :

1°) Définir la notion de droite de contrainte budgétaire du consommateur. Déterminer l'équation de cette droite et utiliser le graphique de la question **a)** pour la représenter.

2°) Déterminer graphiquement l'équilibre du consommateur (point E_1 sur le graphique) et donner la signification économique de ce résultat.

d) Si, *cæteris paribus*, le prix unitaire du bien X baisse et devient égal à celui du bien Y :

1°) Déterminer le nouvel équilibre du consommateur (point E_2).

2°) Analyser le passage du point d'équilibre E_1 au point d'équilibre E_2 en mettant en évidence l'effet de revenu et l'effet de substitution qui l'expliquent. Utiliser la méthode de J.R. Hicks et celle de E. Slutsky.

3°) À quelle catégorie de biens appartient le bien X ?

e) À partir des informations disponibles, construire la courbe de demande individuelle du bien X en fonction de son prix.

CORRIGÉ

a) La partie considérée de la **carte d'indifférence du consommateur** est représentée sur la figure 1 page ci-contre. Elle est composée des trois courbes d'indifférence U_1, U_2 et U_3 qui illustrent les goûts du consommateur pour les biens X et Y.

b) Le **taux marginal de substitution de *x* à *y* (TMS_{xy})** mesure la quantité de Y que le consommateur est prêt à céder contre une unité supplémentaire de X, tout en conservant le même niveau de satisfaction.

Soit : $$TMS_{xy} = -\frac{\Delta y}{\Delta x}.$$

Par convention, le TMS_{xy} est positif puisque le rapport $\Delta y / \Delta x$, qui est négatif ($\Delta y < 0$: quantité cédée de Y), est multiplié par – 1.

À titre d'illustration, on calcule comme suit le TMS de *x* à *y* entre les deux points suivants de la courbe U_3 : A ($x = 39$, $y = 141$) et B ($x = 45$, $y = 103$).

À partir du point A, pour conserver une satisfaction U_3, le consommateur accepte de céder 38 unités de Y contre 6 unités de X, soit :

$$\Delta y = 103 - 141 = -38$$

et $$\Delta x = 45 - 39 = 6,$$

donc entre A et B : $$TMS_{xy} = -\frac{-38}{6} = 6{,}33.$$

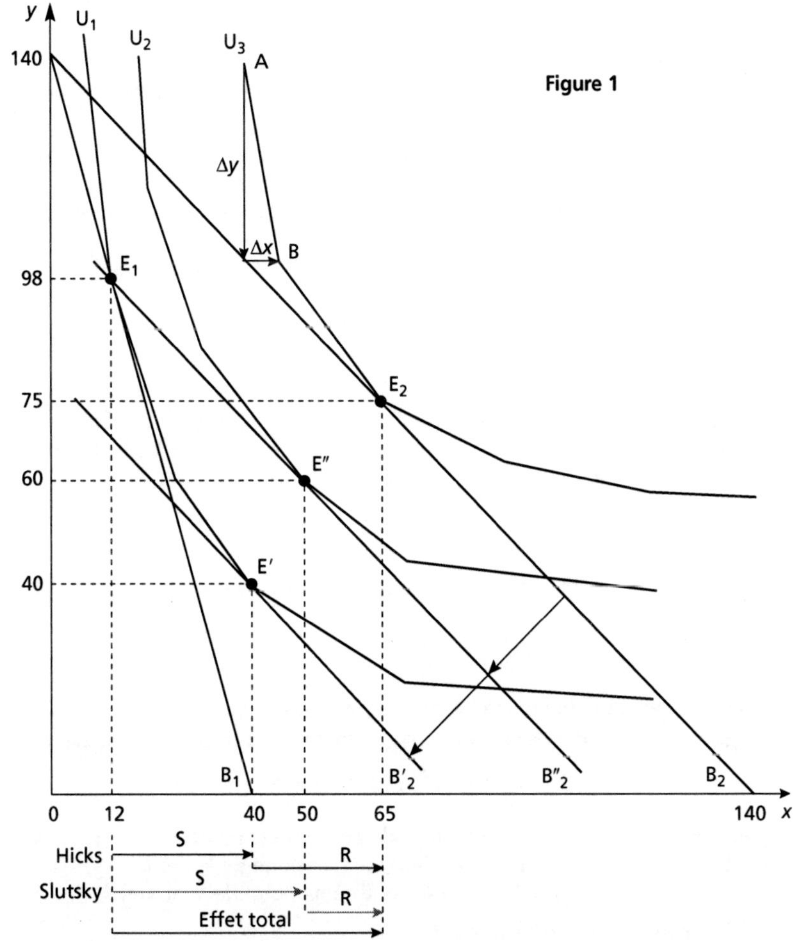

Le TMS_{xy} mesuré le long d'une courbe d'indifférence est **décroissant**, ce qui traduit une réaction normale du consommateur. En effet, à mesure que X est substitué à Y, le nombre d'unités de Y diminue dans la combinaison de biens et celui des unités de X augmente ; le consommateur, pour conserver une satisfaction constante, accepte de céder des quantités de plus en plus petites de Y par unité supplémentaire de X.

Si Δy diminue et Δx est constant, le taux marginal de substitution $\left(TMS_{xy} = -\frac{\Delta y}{\Delta x}\right)$ décroît.

c) La contrainte budgétaire et l'équilibre du consommateur

1°) *La droite de contrainte budgétaire*

Selon l'hypothèse retenue, le consommateur dispose d'un revenu nominal, R = 280 €, affecté en totalité à l'achat des deux biens X et Y.

– La dépense en X est égale au nombre d'unités de X acquises multiplié par le prix unitaire de X, soit : $x \,.\, Px$.

– La dépense en Y est égale au nombre d'unités de Y acquises multiplié par le prix unitaire de Y, soit : $y \,.\, Py$.

La dépense totale devant être égale au revenu, on peut écrire :

$$R = x \,.\, Px + y \,.\, Py.$$

Cette égalité exprime la contrainte budgétaire du consommateur.

Pour R, Px et Py fixés, la contrainte est respectée pour toutes les combinaisons (x, y) qui, pour être acquises, nécessitent une dépense égale au budget dont dispose le consommateur.

On peut écrire : $R = x \,.\, Px + y \,.\, Py$

$$R - x \,.\, Px = y \,.\, Py$$

$$\frac{R - x \,.\, Px}{Py} = y,$$

soit :

$$y = -\frac{Px}{Py}x + \frac{R}{Py}.$$

Il s'agit de l'équation d'une droite (forme $y = ax + b$).

L'équation de la droite de contrainte budgétaire du consommateur est donc :

$$y = -\frac{7}{2}x + \frac{280}{2}, \text{ soit : } y = -\frac{7}{2}x + 140.$$

Représentation de la droite à partir de deux de ses points (droite B_1 sur la figure 1) : Si $x = 0 \Rightarrow y = 140$ (premier point de la droite).
Si $y = 0 \Rightarrow x = 40$ (deuxième point de la droite).

2°) *L'équilibre du consommateur*

Le consommateur cherche à atteindre le maximum de satisfaction sous la contrainte de son revenu nominal, compte tenu de ses préférences et du prix des deux biens.

La réalisation de cet objectif impose au consommateur de se situer, à la fois :

– sur la droite de contrainte budgétaire pour respecter l'hypothèse d'affectation du budget. Il peut choisir l'une des combinaisons (x, y) qui « épuisent » le revenu et qui sont donc des solutions de l'équation de contrainte budgétaire (figure 1 : tous les points de la droite B_1 peuvent être choisis) ;

– sur la courbe d'indifférence la plus éloignée possible de l'origine, c'est-à-dire celle qui correspond au niveau de satisfaction le plus élevé possible.

Ces deux conditions ne sont respectées qu'au point E_1 ($x = 12$, $y = 98$) de « tangence » entre la droite de contrainte B_1 et la courbe d'indifférence U_1. (La courbe d'indifférence [figure 1] étant polygonale, le point d'équilibre n'est pas exactement un point de tangence entre la droite et la courbe d'indifférence. Il est le point de contact entre la droite B_1 et la courbe U_1 quand la droite B_1 est en contact avec la courbe U_1 en un seul de ses points.)

Les points des courbes U_2 et U_3 correspondent tous à des choix (x, y) qui entraînent une dépense supérieure à 280 €.

Le consommateur maximise sa satisfaction en choisissant 12 unités de X et 98 unités de Y. Le choix de cette combinaison impose une dépense égale à 280 € :

$$(12 \times 7) + (98 \times 2) = 280 \text{ €}.$$

d) Variation du prix de X, *cæteris paribus*

1°) *Le nouvel équilibre du consommateur*

La baisse du prix de X, toutes choses égales par ailleurs, modifie la contrainte budgétaire du consommateur ainsi que la combinaison optimale de biens.

Observons l'équation générale d'une droite de contrainte budgétaire :

$$R = -\frac{Px}{Py}x + \frac{R}{Py}.$$

R et Py étant constants, la baisse de Px ne modifie pas l'ordonnée à l'origine $\left(\frac{R}{Py}\right)$, mais modifie la pente de la droite $\left(-\frac{Px}{Py}\right)$. La nouvelle droite de contrainte budgétaire B_2 a donc pour équation :

$$y = -\frac{2}{2}x + 140,$$

soit : $$y = -x + 140.$$

Elle est représentée sur la figure 1 à partir de deux de ses points :

$$\text{si } x = 0 \Rightarrow y = 140 \text{ et si } y = 0 \Rightarrow x = 140.$$

Le nouvel équilibre du consommateur est déterminé par le point E_2 ($x = 65$, $y = 75$) de « tangence » entre la nouvelle droite de contrainte B_2 et la courbe U_3 qui est la courbe la plus éloignée possible de l'origine.

La baisse du prix de X, *cæteris paribus*, amène le consommateur à augmenter sa satisfaction (passage de U_1 à U_3) en choisissant 53 unités de X en plus (65 – 12 = 53 unités) et 23 unités de Y en moins (75 – 98 = – 23 unités).

2°) *L'effet de substitution et l'effet de revenu*

Le passage du point d'équilibre E_1 au point d'équilibre E_2 peut être décomposé en deux étapes. Cette décomposition est fondée sur la distinction des effets de substitution et de revenu produits par la baisse du prix d'un bien, *cæteris paribus*.

– *L'effet de substitution ou effet prix* : le bien X devient relativement moins cher et le consommateur a normalement tendance à en désirer plus, au détriment de Y. Selon les analyses, cette substitution de X à Y se fait à satisfaction égale (Hicks) ou à pouvoir d'achat égal (Slutsky).

– *L'effet de revenu* : le bien X devenant moins cher, le consommateur peut acquérir une plus grande quantité de biens à revenu nominal constant. Il enregistre donc une augmentation de son revenu réel (pouvoir d'achat), ce qui lui permet d'augmenter sa consommation et son niveau de satisfaction.

• ***La solution de J.R. Hicks***

– *L'effet de substitution*

Initialement, R = 280 €, $Px = 7$ €, $Py = 2$ € et l'équilibre du consommateur est représenté sur la figure 1 par le point E_1 ($x = 12$, $y = 98$).

Quand le prix de X baisse et devient égal à $Px' = 2$ €, le rapport des prix $\frac{Px}{Py} = 3{,}5$ devient égal au rapport $\frac{Px'}{Py} = 1$.

Le bien X devenant relativement moins cher, le consommateur a tendance à vouloir en consommer une quantité plus importante en conservant le même niveau de satisfaction U_1 (hypothèse de construction de la décomposition). Il substitue donc X à Y « en descendant le long de la courbe d'indifférence U_1 ».

La substitution se poursuit jusqu'à ce que le consommateur atteigne un nouveau point d'équilibre en respectant l'hypothèse de constance de la satisfaction (déplacement le long de la courbe U_1) et en tenant compte du nouveau prix de X, $Px' = 2$ €.

Le nouveau point d'équilibre E' doit donc être le point de « tangence » entre la courbe U_1 et une droite de contrainte budgétaire qui reflète le nouveau rapport de prix ($Px'/Py = 1$). Il s'agit donc d'un point situé sur une droite B'_2 parallèle à la droite B_2, d'équation $y = -x + 140$ (pente égale à l'opposé du nouveau rapport de prix $-Px'/Py = -1$).

Le point E' peut être obtenu en faisant subir à la droite B_2 un déplacement vers l'origine, parallèlement à elle-même, de façon à trouver un « point de tangence » avec la première courbe d'indifférence U_1. On détermine ainsi le point E', de coordonnées $x = y = 40$.

En tenant compte de la seule modification des prix relatifs et en maintenant sa satisfaction constante, le consommateur substitue 28 unités de X (40 – 12 = 28 unités) à 58 unités de Y (40 – 98 = – 58 unités).

L'effet de substitution mesuré pour le bien X se traduit par le choix de 28 unités en plus des 12 déjà choisies (*cf.* schéma au bas de la figure 1).

– *L'effet de revenu*

Au point E', compte tenu du nouveau prix de X, le consommateur n'utilise pas la totalité de son revenu nominal en choisissant 40 unités de X et 40 unités de Y : $(40 \times 2) + (40 \times 2) = 160$ €. Son revenu réel a donc augmenté dans la mesure où il conserve la satisfaction U_1 pour une moindre dépense (160 € au lieu de 280 €).

Le consommateur dispose encore de 120 € pour acquérir des unités supplémentaires de X et de Y (280 – 160 = 120 €) et accroître sa satisfaction. On observe sur la figure 1 que l'emploi des 120 € fait passer le consommateur du point intermédiaire E' au point E_2. Conformément à ses préférences (cartes d'indifférence) et au nouveau rapport des prix (droite B_2), le consommateur augmente sa satisfaction qui passe du niveau U_1 au niveau U_3.

Le déplacement du point E' au point E_2 ($x = 65$, $y = 75$) traduit le choix de 25 unités supplémentaires de X (65 – 40 = 25 unités) et de 35 unités supplémentaires de Y (75 – 40 = 35 unités).

Pour le bien X, l'effet de la baisse du prix de X, *cæteris paribus*, est égal à la somme des effets de substitution et de revenu, soit : 28 + 25 = 53 (en unités de X) [cf. schéma au bas de la figure 1].

• ***La solution de E. Slutsky***

La détermination de l'effet de substitution repose ici sur l'hypothèse de la constance du pouvoir d'achat du consommateur et non sur celle de la constance de sa satisfaction.

– *L'effet de substitution*

En partant de la situation d'équilibre initiale (point E_1 sur la figure 1, p. 51), le consommateur réagit à la modification des prix relatifs en substituant X à Y, de façon à garder le même pouvoir d'achat.

Pour conserver le même pouvoir d'achat malgré la baisse du prix de X, le consommateur doit pouvoir acquérir les quantités de X et de Y correspondant à l'équilibre initial, soit $x = 12$ et $y = 98$ (point E_1). Cette hypothèse impose donc au consommateur de ne dépenser qu'une partie R'', égale à 220 €, de son revenu nominal (achat de 12 unités de X : $12 \times 2 = 24$ €; achat de 98 unités de Y : $98 \times 2 = 196$; dépense totale : 24 + 196 = 220 €).

Réagissant à la modification des prix relatifs, le consommateur substitue donc X à Y, de telle façon que sa dépense totale soit toujours égale à R''. Sa réaction se traduit graphiquement par un déplacement le long d'une droite de contrainte budgétaire qui doit à la fois :

– avoir la même pente que la droite B_2, soit : $-\frac{Px'}{Py} = -1$ (prise en compte du nouveau rapport des prix des biens);

– passer par le point d'équilibre E_1 (constance du pouvoir d'achat).

La seule droite remplissant ces conditions est la droite B''_2, obtenue en déplaçant la droite B_2 parallèlement à elle-même, jusqu'à ce qu'elle passe par le point E_1.

En partant du point E_1, le consommateur substitue X à Y en progressant le long de la droite de budget B''_2 afin d'atteindre un nouveau point d'équilibre, c'est-à-dire un point de « tangence » entre la droite B''_2 et la courbe d'indifférence la plus éloignée possible de l'origine. La courbe la plus éloignée possible de l'origine est la courbe U_2 et le point de « tangence » est le point E'' ($x = 50$ et $y = 60$).

Cette analyse détermine un effet de substitution de même sens que l'analyse précédente, mais d'une ampleur différente : 38 unités de X (50 – 12 = 38 unités) sont substituées à 38 unités de Y (60 – 98 = – 38 unités) [*cf.* le schéma au bas de la figure 1].

– *L'effet de revenu*

Au point E", le consommateur n'utilise pas le gain de pouvoir d'achat provoqué par la baisse de P*x*. En effet, pour 50 unités de X et 60 unités de Y, sa dépense n'est égale qu'à 220 € (50 × 2 + 60 × 2 = 220 €) alors que son revenu est égal à 280 €. Il lui reste 60 € pour augmenter sa consommation et son niveau de satisfaction.

La dépense des 60 € de revenu disponible lui permet, conformément à ses préférences, de passer du point E" au point E_2 et de choisir 15 unités supplémentaires de X (65 – 50 = 15 unités) et 15 unités supplémentaires de Y (75 – 60 = 15 unités).

En ajoutant les effets de substitution et de revenu, on retrouve l'effet total qui correspond, pour X, à une augmentation de 53 unités (38 + 15 = 53 unités) [*cf.* le schéma au bas de la figure 1].

3°) ***Le bien X est un bien normal*** puisque la baisse du prix P*x*, *cæteris paribus*, provoque chez le consommateur un effet de substitution et un effet de revenu jouant tous les deux dans le sens d'une augmentation de la quantité choisie de X.

e) Construction de la courbe de demande individuelle de X en fonction de son prix

Compte tenu de ses préférences (carte d'indifférence), de son revenu (R = 280 €) et du prix de Y (P*y* = 2 €), le consommateur maximise sa satisfaction en choisissant :

– une combinaison de 12 unités de X et 98 unités de Y (point d'équilibre E_1 sur la figure 2 page ci-contre), quand le prix de X est égal à 7 €;

– une combinaison de 65 unités de X et 75 unités de Y (point d'équilibre E_2 sur la figure 2), quand le prix de X est égal à 2 €.

En ne considérant ici que le bien X, on établit pour le consommateur une relation prix-quantités demandées de X, toutes choses égales par ailleurs. La figure 3 (sous la figure 2) représente cette relation. Sur l'axe des abscisses, consacré au nombre *x* d'unités demandées du bien X, on retrouve la même échelle que sur l'axe des abscisses de la figure 2. Les valeurs du prix unitaire de X sont portées sur l'axe des ordonnées.

On détermine deux points de la courbe de demande individuelle de X en associant à P*x* = 7 € le nombre *x* = 12 d'unités demandées de X (point A) et à P*x* = 2 €, le nombre *x* = 65 d'unités demandées de X (point B).

Sans connaître la forme de la courbe de demande qui passe par les points A et B, on peut cependant constater que la demande du bien X augmente quand son prix P*x* baisse.

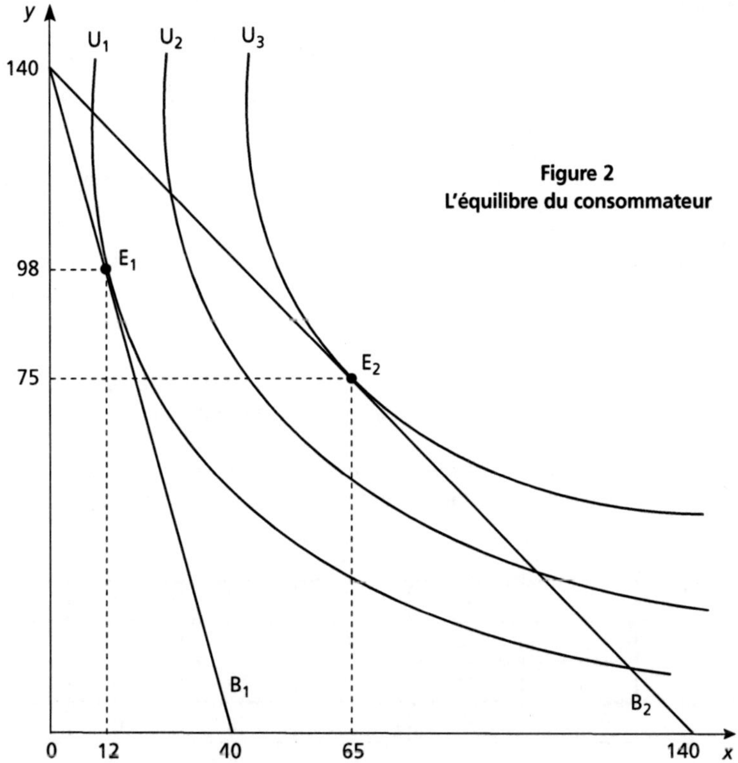

Figure 2
L'équilibre du consommateur

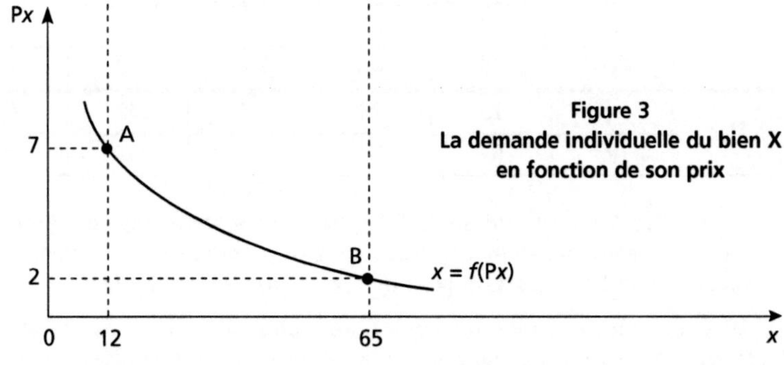

Figure 3
La demande individuelle du bien X en fonction de son prix

Exercice n° 3 Les choix du consommateur et la demande individuelle d'un bien en fonction du revenu

Un consommateur affecte la totalité de son revenu à l'achat de deux biens X et Y, divisibles et parfaitement substituables. Le bien X est vendu au prix unitaire $Px = 1$ € et le bien Y au prix unitaire $Py = 0{,}5$ €.

Afin d'exprimer ses préférences, le consommateur recense les combinaisons de quantités des deux biens qui peuvent être envisagées et les répartit par niveaux de satisfaction. Un indice d'utilité est attribué à chacun de ces niveaux de satisfaction.

Le tableau suivant présente partiellement les préférences du consommateur en indiquant quelques-unes des combinaisons qui correspondent à cinq niveaux de satisfaction.

x et *y* représentent respectivement le nombre d'unités de X et de Y, et U_1, U_2, U_3, U_4 et U_5 représentent les indices d'utilité, avec $U_1 < U_2 < U_3 < U_4 < U_5$.

U_1	*x*	5	6	8	10	15
	y	32	25	17	10	5
U_2	*x*	12	14	17	23	29
	y	35	25	16	8	5
U_3	*x*	17	18	22	30	36
	y	46	36	26	16	12
U_4	*x*	22	23	25	32	40
	y	55	48	40	29	22
U_5	*x*	25	26	36	42	48
	y	66	58	42	34	29

a) Représenter les courbes d'indifférence du consommateur et vérifier que l'équilibre du consommateur correspond bien au choix d'une combinaison de 10 unités de X et 10 unités de Y, pour un revenu nominal égal à 15 €.

b) Comment la droite de contrainte budgétaire du consommateur se déplace-t-elle quand le revenu nominal augmente, *cæteris paribus*, en devenant successivement égal à 25 €, 35 €, 45 € et 55 € ?

c) Mettre en évidence l'évolution de l'équilibre du consommateur induite par ces augmentations successives du revenu nominal. Définir et représenter la courbe de consommation-revenu.

d) Définir et représenter graphiquement la demande du bien X que le consommateur exprime en fonction de son revenu.

CORRIGÉ

a) Les cinq courbes d'indifférence tracées sur la figure 1 représentent une partie de la carte d'indifférence du consommateur.

Le revenu, affecté en totalité à l'achat des deux biens, est égal à la somme des dépenses en X et en Y, soit :

$$R = x \,.\, Px + y \,.\, Py,$$

ou encore, en exprimant y en fonction de x :

$$y = -\frac{Px}{Py}x + \frac{R}{Py}.$$

L'équation de la droite de contrainte budgétaire du consommateur est donc :

$$y = -\frac{1}{0,5}x + \frac{15}{0,5},$$

ou encore : $$y = -2x + 30.$$

La droite B_1 (figure 1) est représentée à partir de deux de ses points :

$$\text{Si } x = 0 \Rightarrow y = 30 \quad \text{et} \quad \text{si } y = 0 \Rightarrow x = 15.$$

Le consommateur doit choisir une combinaison (x, y) correspondant à une dépense totale d'acquisition égale à 15 € (hypothèse d'affectation de la totalité du revenu à l'achat des deux biens). Graphiquement, cela revient à choisir l'un des points de la droite de contrainte budgétaire B_1 (les coordonnées des points de la droite vérifient son équation).

Tout en se situant sur la droite B_1, le consommateur cherche à atteindre la courbe la plus éloignée possible de l'origine, de façon à rendre sa satisfaction maximale. Le point E_1 ($x = 10$, $y = 10$) de « tangence » entre la droite B_1 et la courbe U_1 correspond à la solution d'équilibre du consommateur. Notons qu'à proprement parler il ne s'agit pas ici d'un point de tangence, mais plus exactement du seul point de contact entre la droite de contrainte B_1 et la courbe polygonale d'utilité U_1 en l'un de ses sommets.

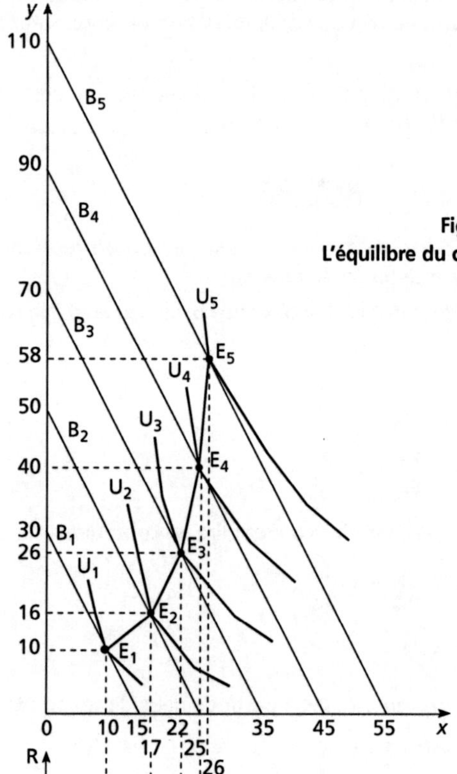

Figure 1
L'équilibre du consommateur

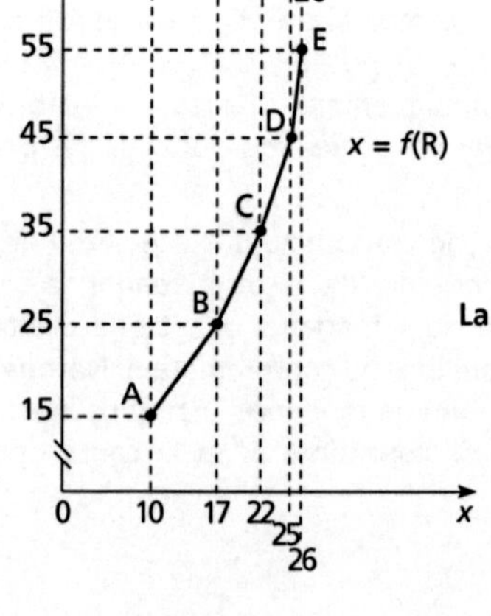

Figure 2
La demande individuelle du bien X en fonction du revenu

b) Toute augmentation du revenu nominal, *cæteris paribus*, entraîne un **déplacement de la droite de contrainte budgétaire** vers la droite, parallèlement à elle-même. En effet, en considérant l'équation générale d'une droite de contrainte budgétaire, $y = -\frac{Px}{Py}x + \frac{R}{Py}$, on observe qu'une variation de R ne modifie pas la pente de la droite (– Px / Py), mais modifie l'ordonnée à l'origine (R / Py), qui augmente avec R.

Quand le revenu prend successivement les valeurs 25, 35, 45 et 55, l'ordonnée à l'origine devient respectivement égale à :

$$\frac{25}{0,5} = 50, \quad \frac{35}{0,5} = 70, \quad \frac{45}{0,5} = 90 \quad \text{et} \quad \frac{55}{0,5} = 110.$$

Le tableau suivant indique :

– les équations des droites de contrainte budgétaire obtenues pour les différentes valeurs du revenu ;

– les coordonnées de deux des points de chacune des droites.

Valeur du revenu R (en euros)	Droite	Équation	Coordonnées de deux des points
25	B_2	$y = -2x + 50$	($x = 0$, $y = 50$) et ($x = 25$, $y = 0$)
35	B_3	$y = -2x + 70$	($x = 0$, $y = 70$) et ($x = 35$, $y = 0$)
45	B_4	$y = -2x + 90$	($x = 0$, $y = 90$) et ($x = 45$, $y = 0$)
55	B_5	$y = -2x + 110$	($x = 0$, $y = 110$) et ($x = 55$, $y = 0$)

Les droites de contrainte budgétaire B_2, B_3, B_4 et B_5, toutes parallèles à la droite B_1, sont représentées sur la figure 1.

c) L'augmentation du revenu nominal du consommateur entraîne une **modification de la solution d'équilibre**. Quand son revenu passe de 15 € à 25 €, le consommateur, qui est censé affecter la totalité de son revenu à l'achat des deux biens, choisit des quantités plus importantes de X et de Y. Le point d'équilibre ne doit plus être l'un des points de la droite de contrainte budgétaire B_1, mais l'un des points de la droite B_2, qui tient compte de la nouvelle valeur du revenu, égale à 25 €.

Le point E_2 ($x = 17$, $y = 16$) est le seul point de la droite B_2 qui corresponde à la solution optimale. C'est en effet le point de la droite B_2 qui se situe sur la courbe d'indifférence la plus éloignée de l'origine, soit la courbe U_2.

En bénéficiant de 10 € de revenu supplémentaire (25 – 15 = 10 €), le consommateur choisit 7 unités supplémentaires de X, 6 unités supplémentaires de Y, et augmente sa satisfaction en passant du niveau d'utilité U_1 au niveau d'utilité U_2.

En raisonnant de la même manière pour les autres valeurs du revenu, on obtient les solutions présentées dans le tableau suivant :

Valeur du revenu R (en euros)	Droite de contrainte budgétaire correspondante	Courbe d'indifférence la plus éloignée possible de l'origine	Point d'équilibre
15	B_1	U_1	E_1 ($x = 10$, $y = 10$)
25	B_2	U_2	E_2 ($x = 17$, $y = 16$)
35	B_3	U_3	E_3 ($x = 22$, $y = 26$)
45	B_4	U_4	E_4 ($x = 25$, $y = 40$)
55	B_5	U_5	E_5 ($x = 26$, $y = 58$)

La **courbe de consommation-revenu** est le lieu géométrique des points d'équilibre obtenus lorsque le revenu du consommateur augmente, alors que ses goûts et le prix des biens ne varient pas. Dans ce cas, pour les montants considérés du revenu, la courbe de consommation-revenu peut être représentée par une ligne brisée formée des segments $[E_1E_2]$, $[E_2E_3]$, $[E_3E_4]$ et $[E_4E_5]$.

d) Toutes choses égales par ailleurs, l'augmentation du revenu nominal entraîne une modification de l'équilibre du consommateur. En tenant compte des préférences du consommateur et du prix constant des biens, on peut associer à chaque valeur du revenu une quantité *x* choisie du bien X, qui, combinée à une quantité *y* de Y, permet au consommateur de maximiser sa satisfaction.

On peut donc associer :
– à un revenu R = 15 € ⇒ une quantité désirée de X égale à 10 unités, soit : $x = 10$,
– à un revenu R = 25 € ⇒ une quantité désirée de X égale à 17 unités, soit : $x = 17$,
– à un revenu R = 35 € ⇒ une quantité désirée de X égale à 22 unités, soit : $x = 22$,
– à un revenu R = 45 € ⇒ une quantité désirée de X égale à 25 unités, soit : $x = 25$,
– à un revenu R = 55 € ⇒ une quantité désirée de X égale à 26 unités, soit : $x = 26$.

Le tableau suivant illustre la relation que le consommateur établit entre le montant de son revenu nominal et la quantité du bien X qu'il demande.

Demande du bien X en fonction du revenu, toutes choses égales par ailleurs					
	(A)	(B)	(C)	(D)	(E)
R : revenu (en euros)	15	25	35	45	55
x : nombre d'unités de X demandées	10	17	22	25	26

La **courbe de demande individuelle du bien X en fonction du revenu** est représentée sur la figure 2, disposée sous la figure 1 (p. 60).

– L'axe des ordonnées est consacré au revenu R.

– La quantité x est portée sur l'axe des abscisses avec la même échelle que celle qui est portée sur l'axe des abscisses sur la figure 1.

– Les unités de X, entrant dans les combinaisons optimales successives, sont associées aux différentes valeurs du revenu en fonction desquelles ces équilibres sont déterminés.

– On remarque que la quantité demandée du bien X est une fonction croissante du revenu.

Exercice n° 4 L'élasticité-prix de la demande (demande linéaire)

La demande individuelle d'un bien X varie en fonction du prix de ce bien ; x est le nombre d'unités demandées du bien X et Px son prix unitaire exprimé en euros.

Sachant que la demande considérée est représentée par une droite passant par les points B ($Px = 5$, $x = 5$) et C ($Px = 4$, $x = 10$) :

a) Représenter la droite de demande.

b) Calculer l'élasticité-prix de la demande lorsque le prix Px passe de 5 € à 4 €, puis de 4 € à 5 €.

c) Déterminer l'équation de la droite de demande et calculer l'élasticité-prix de la demande pour $0 \leq Px \leq 6$, en choisissant un pas de variation du prix égal à l'unité.

d) Retrouver, par une démonstration géométrique, le point pour lequel l'élasticité-prix est unitaire.

CORRIGÉ

a) La droite de demande, représentée sur la figure 1 page suivante, passe par les points B et C dont on connaît les coordonnées.

b) L'élasticité-prix de la demande mesure le rapport de la variation relative de la quantité demandée à la variation relative du prix, soit :

$$ep = \frac{\frac{\Delta x}{x}}{\frac{\Delta Px}{Px}}.$$

Figure 1
La droite de demande

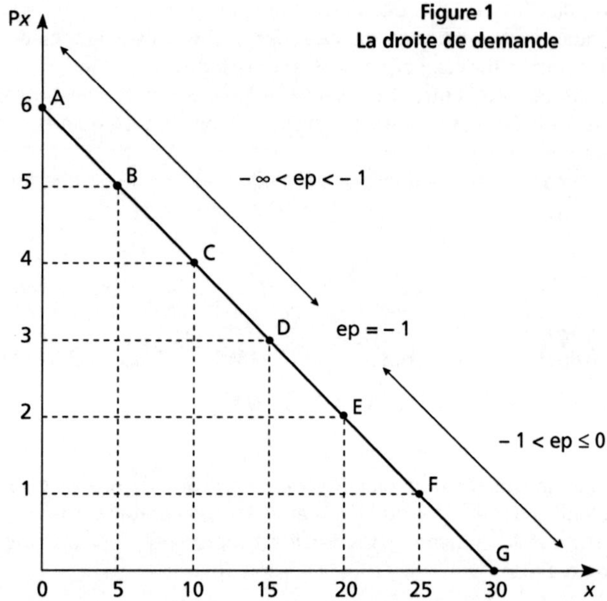

– ***Pour Px passant de 5€ à 4€*** (déplacement du point B au point C sur la droite) :

$$\frac{\Delta x}{x} = \frac{10-5}{5} = 1 \quad \text{et} \quad \frac{\Delta Px}{Px} = \frac{4-5}{5} = -\frac{1}{5},$$

soit :

$$ep = \frac{1}{-\frac{1}{5}} = -5.$$

– ***Pour Px passant de 4€ à 5€*** (déplacement du point C au point B sur la droite) :

$$\frac{\Delta x}{x} = \frac{5-10}{10} = -\frac{5}{10} = -\frac{1}{2} \quad \text{et} \quad \frac{\Delta Px}{Px} = \frac{5-4}{4} = \frac{1}{4},$$

soit :

$$ep = \frac{-\frac{1}{2}}{\frac{1}{4}} = -\frac{4}{2} = -2.$$

Les deux coefficients d'élasticité calculés sont négatifs (la demande réagit en fonction inverse du prix), mais n'ont pas la même valeur.

On peut calculer une valeur unique de ep entre les points B et C de la droite de demande en utilisant la formule de l'élasticité d'arc.

La formule de l'élasticité-prix étant : $ep = \dfrac{\dfrac{\Delta x}{x}}{\dfrac{\Delta Px}{Px}} = \dfrac{\Delta x}{\Delta Px} \cdot \dfrac{Px}{x}$, il suffit de remplacer le rapport Px/x par celui qui existe entre la moyenne des deux prix et la moyenne des deux quantités,

soit :
$$\frac{\dfrac{Px_1 + Px_2}{2}}{\dfrac{x_1 + x_2}{2}} = \frac{Px_1 + Px_2}{x_1 + x_2}.$$

On obtient la formule de l'élasticité d'arc :

$$ep = \frac{\Delta x}{\Delta Px} \cdot \frac{Px_1 + Px_2}{x_1 + x_2}$$

Le rapport Δx / Px peut être calculé à partir de l'un des deux points :

– de B vers C (Px : 5 € → 4 €) : $\dfrac{\Delta x}{\Delta Px} = \dfrac{10 - 5}{4 - 5} = -5$,

– de C vers B (Px : 4 € → 5 €) : $\dfrac{\Delta x}{\Delta Px} = \dfrac{5 - 10}{5 - 4} = -5$.

Le coefficient d'élasticité, mesuré au milieu du segment BC, est donc égal à :

$$ep = -5\,\frac{5 + 4}{5 + 10} = -5\,\frac{9}{15} = -5\,\frac{3}{5} = -3.$$

c) L'équation de la droite de demande est de la forme $x = aPx + b$ et les coordonnées des points B et C la vérifient. On obtient le système de deux équations à deux inconnues suivant :

– au point B ⇒ $5 = 5a + b$ (1)
– au point C ⇒ $10 = 4a + b$ (2)

On peut calculer a et b en effectuant, membre à membre, la différence (2) – (1). On obtient : $10 - 5 = 4a + b - (5a + b)$

$5 = 4a - 5a + b - b$,

soit : $5 = -a$ et $a = -5$.

À partir de la relation (1) on peut calculer b en posant : $5 = 5a + b$,

soit : $b = 5 - 5a$.

En remplaçant a par sa valeur, on peut écrire : $b = 5 - 5(-5) = 30$.

La fonction de demande est donc : $x = f(Px) = -5\,Px + 30$.

L'élasticité-prix est mesurée en un point de la droite de demande à partir de la formule suivante :

$$ep = \frac{dx}{dPx} \cdot \frac{Px}{x}.$$

– L'expression $\frac{dx}{dPx} = f'(Px)$ est celle de la dérivée de la fonction de demande $x = f(Px)$.

La fonction de demande étant linéaire, sa dérivée est constante. On peut donc écrire :

$$f'(Px) = \frac{dx}{dPx} = -5.$$

– La quantité demandée x correspondant à chacune des valeurs du prix Px (coordonnées de chacun des points de la droite de demande) peut être calculée à partir de l'équation de la droite de demande.

Exemple : pour $Px = 2$, $x = (-5 \times 2) + 30$
$= -10 + 30 = 20.$

– Les valeurs du coefficient d'élasticité, pour $0 \leq Px \leq 6$, sont présentées dans le tableau suivant :

Point de la droite de demande	**ep = $f'(Px)$ (Px/x)**	**ep**	**Caractère de la demande au prix considéré**
A ($Px = 6$, $x = 0$)	$-5(6/0)$	$-\infty$	parfaitement élastique
B ($Px = 5$, $x = 5$)	$-5(5/5)$	-5	élastique
C ($Px = 4$, $x = 10$)	$-5(4/10) = -5(2/5)$	-2	élastique
D ($Px = 3$, $x = 15$)	$-5(3/15) = -5(1/5)$	-1	élasticité unitaire
E ($Px = 2$, $x = 20$)	$-5(2/20) = -5(1/10)$	$-0{,}5$	inélastique
F ($Px = 1$, $x = 25$)	$-5(1/25) = -1/5$	$-0{,}2$	inélastique
G ($Px = 0$, $x = 30$)	$-5(0/30)$	0	parfaitement inélastique

Remarque : l'élasticité-prix de la demande varie le long de la droite de demande. En effet, si la valeur de la dérivée de la fonction de demande est constante [$f'(Px) = -5$], la valeur du rapport Px/x varie avec les coordonnées des points considérés.

Au point D ($Px = 3$, $x = 15$), le coefficient d'élasticité est égal à – 1. Plus le point choisi sur la droite s'éloigne de D vers A, plus la demande devient élastique; au contraire, plus le point choisi s'éloigne de D vers G, plus la demande devient inélastique.

d) La valeur de l'élasticité-prix peut être déterminée géométriquement.

La formule de l'élasticité-prix mesurée en un point d'une droite de demande est :

$$ep = \frac{dx}{dPx} \cdot \frac{Px}{x}$$

où $\frac{dx}{dPx} = x' = \frac{\Delta x}{\Delta Px}$ = constante est égale à la pente de la droite de demande représentant la fonction $x = f(Px)$.

Sur la figure 2 où la droite de demande AG est reproduite, on observe que la position des variables x et Px est inversée par rapport à la formule $x = f(Px)$ et que le rapport $\Delta x / \Delta Px$ est égal à l'inverse de la pente de la droite AG.

Figure 2
La droite de demande AG

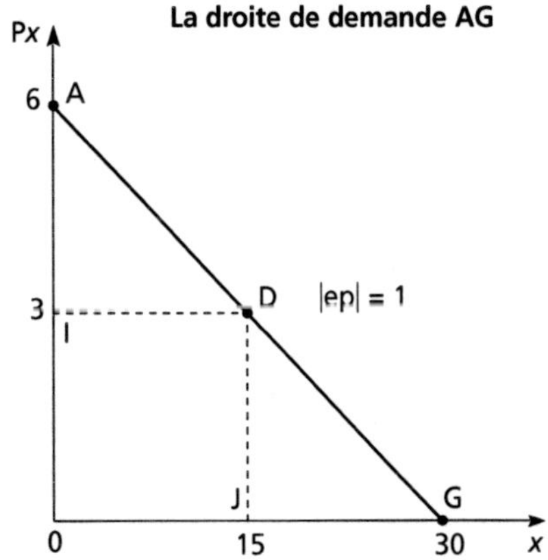

Sur le graphique, la pente de la droite AG est égale au rapport :

$$\frac{\Delta Px}{\Delta x} = \frac{OA}{OG}$$

et le rapport $\Delta x / \Delta Px$ est égal à son inverse, soit :

$$\frac{\Delta x}{\Delta Px} = \frac{1}{\frac{OA}{OG}} = \frac{OG}{OA}.$$

L'élasticité mesurée au point D est égale à :

$$ep = \frac{OG}{OA} \cdot \frac{OI}{OJ}.$$

Les triangles AOG et AID étant semblables, on peut écrire :

$$\frac{OG}{OA} = \frac{ID}{IA}$$

et l'élasticité devient égale à : $ep = \frac{ID}{IA} \cdot \frac{OI}{OJ}$,

or : ID = OJ (abscisse du point D) ;

donc : $ep = \frac{OI}{IA}$.

Les triangles AOG et AID étant semblables et ID étant parallèle à OG, on peut écrire que :

$$\frac{OI}{IA} = \frac{GD}{DA};$$

on peut donc écrire que : $ep = \frac{GD}{DA}$.

Le point D, de coordonnées $x = 15$ et $Px = 3$, étant situé au milieu du segment de droite AG, on peut écrire l'égalité GD = DA et donc $|ep| = 1$. Mesurée au point D, l'élasticité-prix de la demande, en valeur absolue, est égale à 1.

Remarque : en déplaçant le point D sur la droite de demande et en calculant les valeurs correspondantes du rapport GD/DA, on retrouve les valeurs de l'élasticité calculées dans la question précédente.

Exercice n° 5 L'élasticité croisée de la demande

La demande individuelle d'un bien X varie en fonction de son prix P*x*, du prix P*y* d'un bien Y et du prix P*z* d'un bien Z. Les préférences et le revenu du consommateur considéré sont constants.

x étant la quantité demandée du bien X (nombre d'unités), la fonction de demande est : $x = -13\,Px - 8\,Py + 10\,Pz + 360$.

a) Les trois biens X, Y et Z étant respectivement vendus aux prix P*x* = 22 €, P*y* = 15 € et P*z* = 20 €, calculer la quantité de bien X demandée par le consommateur.

b) Calculer les élasticités-prix croisées de la demande du bien X.

c) Quelles relations de substitution ou de complémentarité doit-on établir entre le bien X et les deux autres biens ?

CORRIGÉ

a) La quantité demandée du bien X peut être calculée à partir de la fonction de demande, dans laquelle chaque prix unitaire est remplacé par sa valeur :

$$\begin{aligned} x &= -13\,Px - 8\,Py + 10\,Pz + 360, \\ &= (-13 \times 22) - (8 \times 15) + (10 \times 20) + 360, \\ &= -286 - 120 + 200 + 360. \end{aligned}$$

On obtient la quantité demandée : $x = 154$ unités.

b) Calcul des élasticités croisées de la demande

1°) ***Élasticité croisée de la demande du bien X par rapport au prix Py***

L'élasticité croisée de la demande du bien X par rapport au prix P*y* mesure le degré de réaction de la demande du bien X à la variation du prix P*y* du bien Y.

La demande de X admettant pour équation :

$$x = x(Px, Py, Pz) = 13\,Px - 8\,Py + 10\,Pz + 360,$$

la formule de l'élasticité croisée est :

$$ec_{x/Py} = \frac{\delta x}{\delta Py} \cdot \frac{Py}{x},$$

où $\frac{\delta x}{\delta Py} = x'_{Py}$ est la dérivée partielle de la fonction de demande du bien X par rapport au prix Py.

Afin de calculer la dérivée partielle x'_{Py}, les prix Px et Pz sont considérés comme des constantes. On obtient donc :

$$x'_{Py} = -8.$$

Pour Py =15 et sachant que la quantité demandée de *x* est égale à 154 [voir question **a)**] :

$$ec_{x/Py} = -8 \cdot \frac{15}{154} = -\frac{120}{154} = -0{,}78.$$

2°) *Élasticité-prix croisée de la demande du bien X par rapport au prix du bien Z*

La formule de l'élasticité croisée devient :

$$ec_{x/Pz} = \frac{\delta x}{\delta Pz} \cdot \frac{Pz}{x} \quad \text{avec} \quad \frac{\delta x}{\delta Pz} = 10.$$

On a donc, pour Pz = 20 et *x* = 154 :

$$ec_{x/Pz} = 10 \cdot \frac{20}{154} = 1{,}3.$$

c) Les élasticités croisées calculées dans la question précédente sont :

$$ec_{x/Py} = -0{,}78 \quad \text{et} \quad ec_{x/Pz} = 1{,}3.$$

– Le premier coefficient est négatif ($ec_{x/Py} = -0{,}78$). Il indique que la demande de X réagit en sens inverse du prix de Y. Par exemple, si le prix Py augmente, la demande *x* diminue; le consommateur considère donc que, dans une certaine mesure, les consommations de X et de Y sont complémentaires.

Le coefficient étant inférieur à 1, la demande *x* varie proportionnellement moins que le prix Py. Les biens X et Y peuvent être considérés comme des **compléments éloignés**.

– Le second coefficient est positif ($ec_{x/Pz} = 1{,}3$). Il indique que la demande de X réagit dans le même sens que le prix de Z. Par exemple, si le prix Pz augmente, la demande *x* augmente aussi. Le consommateur a donc tendance, dans ce cas, à délaisser le bien Z pour le bien X. Il considère que les biens X et Z sont substituables.

Le coefficient étant supérieur à 1, la demande *x* varie proportionnellement plus que le prix Pz : les biens X et Z peuvent être considérés comme des **substituts assez proches**.

Exercice n° 6 L'élasticité-revenu de la demande

Considérons la demande du bien X exprimée en fonction du revenu du consommateur, toutes choses égales par ailleurs, telle qu'elle a été obtenue dans l'exercice n° 3. Le tableau suivant indique les coordonnées des points connus de la courbe représentative de la demande.

Demande du bien X en fonction du revenu

R : revenu en euros	15	25	35	45	55
x : nombre d'unités de X demandées	10	17	22	25	26
	(A)	(B)	(C)	(D)	(E)

a) Représenter la courbe de demande du bien X.

b) Mesurer l'élasticité-revenu de la demande entre les points A, B, C, D et E de sa courbe représentative. Commenter.

CORRIGÉ

a) La courbe de demande individuelle du bien X en fonction du revenu est représentée sur la figure 1.

– Le revenu R est porté sur l'axe des ordonnées.

– La quantité *x* est portée sur l'axe des abscisses.

La quantité demandée *x* est une fonction croissante du revenu.

Le calcul de l'élasticité-revenu de cette demande permet d'illustrer cette remarque et de la préciser.

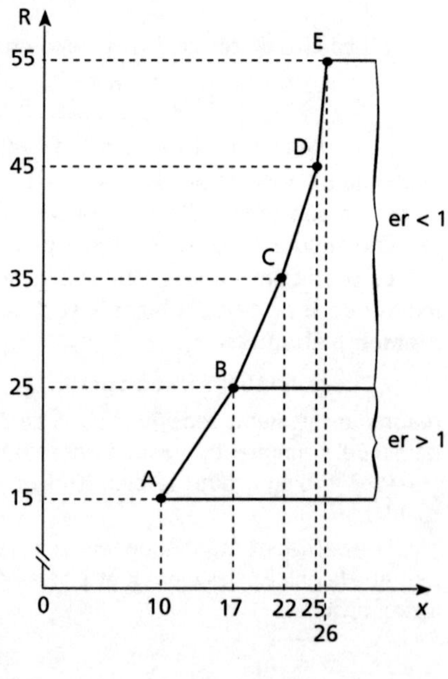

Figure 1
La demande individuelle en fonction du revenu

b) L'élasticité-revenu de la demande mesure le degré de réaction de la demande à une variation du revenu du consommateur; entre deux points d'une courbe de demande, elle est égale au rapport suivant :

$$er = \frac{\frac{\Delta x}{x}}{\frac{\Delta R}{R}}$$

avec : $\frac{\Delta x}{x}$: variation relative de la quantité demandée de x,

$\frac{\Delta R}{R}$: variation relative du revenu R.

Remarque : le coefficient d'élasticité variant le long d'une courbe de demande, sa mesure entre deux points de la courbe n'a de signification que si les points sont peu éloignés l'un de l'autre (petits accroissements du revenu).

Calculons l'élasticité-revenu entre les points connus de la courbe de demande du consommateur :

– ***Entre les points A*** (R = 15, x = 10) ***et B*** (R = 25, x = 17) [figure 1] :

$$er = \frac{\frac{\Delta x}{x}}{\frac{\Delta R}{R}},$$

avec : $\frac{\Delta x}{x} = \frac{17 - 10}{10} = \frac{7}{10}$ et $\frac{\Delta R}{R} = \frac{25 - 15}{15} = \frac{2}{3}$.

On obtient : $er = \frac{\frac{7}{10}}{\frac{2}{3}} = \frac{7}{10} \cdot \frac{3}{2} = \frac{21}{20} = 1{,}05.$

– ***En procédant de la même manière entre les points B et C, C et D*** et ***D et E,*** on obtient les résultats suivants :

entre B et C : er = 0,74;

entre C et D : er = 0,48;

entre D et E : er = 0,18.

La valeur de l'élasticité-revenu permet de **définir la catégorie de biens** à laquelle appartient le bien considéré, pour un niveau donné du revenu :

• L'élasticité-revenu est toujours positive : la demande du bien augmente avec le revenu du consommateur.

• Entre les points A et B, le revenu augmente de 15 € à 25 €, er = 1,05. La quantité demandée croît proportionnellement plus que le revenu du consommateur. Le bien X peut être classé dans la catégorie des ***biens supérieurs***.

• Entre les points B, C, D, E de la courbe de demande, $0 < er < 1$. La quantité demandée croît proportionnellement moins que le revenu, le bien X devient un « ***bien normal*** ».

2

La production et les coûts de l'entreprise

L'entreprise fabrique un produit en combinant des facteurs de production. Elle supporte des coûts en produisant, perçoit des recettes en vendant son produit sur le marché et réalise un profit si les recettes perçues sont plus élevées que les coûts supportés.

Agent rationnel à la recherche du maximum de profit, l'entreprise doit, avant tout, définir et analyser sa fonction de production et sa fonction de coût en distinguant la courte période (un seul facteur de production est variable) et la longue période (tous les facteurs de production sont variables).

1. La production de l'entreprise

A. La fonction de production

L'entreprise obtient son produit total (PT) en combinant des facteurs de production, limités ici au travail (L) et au capital (K).

LES CARACTÉRISTIQUES DES FACTEURS DE PRODUCTION

– Ils sont ***homogènes***. Toutes les unités employées d'un facteur homogène sont identiques.

– Ils sont aussi, à des degrés divers :

• ***divisibles*** : ils peuvent être utilisés en quantités aussi petites qu'on le désire (quantités infiniment petites : divisibilité parfaite des facteurs);

• ***adaptables*** : une quantité donnée d'un facteur adaptable peut être associée à une quantité variable de l'autre facteur;

• ***substituables*** (donc divisibles et adaptables) : une quantité donnée de l'un des facteurs peut remplacer une quantité donnée de l'autre facteur, sans que le volume de production et la qualité du produit s'en trouvent modifiés. Les facteurs peuvent être totalement ou partiellement substituables.

S'ils ne sont pas substituables, les facteurs sont ***complémentaires***, c'est-à-dire que l'emploi de l'un impose l'emploi de l'autre dans une proportion fixée.

LA FONCTION DE PRODUCTION DE L'ENTREPRISE : PT = F(L, K)

Elle associe le produit total maximal PT à chaque combinaison (L, K) de quantités des deux facteurs mise en œuvre.

Remarque :

Les combinaisons (L, K) de facteurs de production peuvent être utilisées de façon plus ou moins efficace par l'entreprise; cependant, la fonction de production ne traduit que l'utilisation la plus efficace de ces combinaisons de facteurs.

LA COURTE PÉRIODE ET LA LONGUE PÉRIODE

– En **courte période**, le produit total est obtenu en associant un facteur de production ***variable*** (le travail) à un facteur de production ***fixe*** (le capital), pour un état constant de la technique de production.

– En **longue période**, tous les facteurs de production sont ***variables*** ; la taille de l'entreprise peut être modifiée.

B. La production en courte période

Pour un état donné de la technique de production et un équipement K constant, le produit total PT = F(L) varie en fonction du facteur travail comme l'illustre la figure 2.1 (page ci-contre).

LES PRODUCTIVITÉS MOYENNE (PM) ET MARGINALE (PmL) DU TRAVAIL

– La **productivité moyenne** du travail (ou produit moyen du travail) est égale au ***produit obtenu par unité de travail employée***, soit :

$$PM = \frac{PT}{L} = \frac{F(L)}{L}.$$

– La **productivité marginale physique du travail** (ou produit marginal physique du travail), pour un facteur travail parfaitement divisible, est égale à la ***dérivée de la fonction de produit total***, soit :

$$PmL = \frac{dPT}{dL}.$$

Pour un facteur travail ***imparfaitement divisible***, la productivité marginale physique du travail mesure la variation du produit total provoquée par l'emploi d'une unité supplémentaire de travail, soit :

$$PmL = \frac{\Delta PT}{\Delta L}.$$

Figure 2.1
La production en courte période

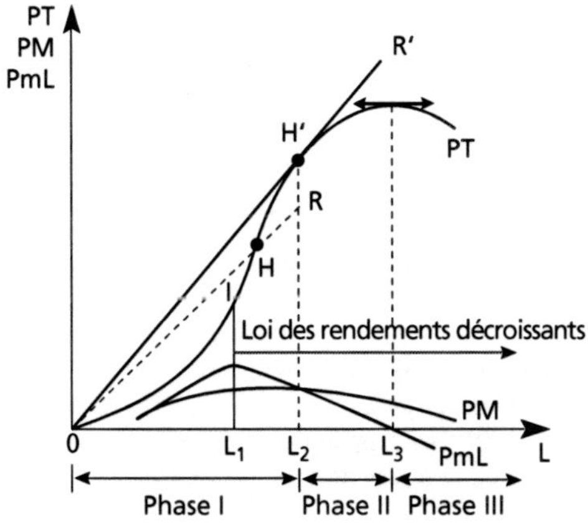

LA FORME DES COURBES PM ET PmL (figure 2.1)

Les courbes PM et PmL présentent chacune un maximum : *max* [PM] pour $L = L_2$ et *max* [PmL] pour $L = L_1$.

La courbe de productivité marginale coupe la courbe de produit moyen en son maximum. Tant que la productivité marginale du travail est supérieure à la productivité moyenne du travail, cette dernière est croissante; dès que la productivité marginale du travail devient inférieure au produit moyen, ce dernier décroît.

La productivité marginale du travail mesure la pente de la tangente à la courbe de produit total en chacun de ses points : pour $L = L_3$, $PmL = 0$ et la courbe de produit total passe par un maximum.

L'INTERSECTION DES COURBES PmL ET PM

On peut faire passer une droite, issue de l'origine, par chacun des points de la courbe de produit total. Soit par exemple la droite OH, passant par l'origine et le point H (L, PT) [figure 2.1]. On peut associer au point H le rapport PT / L = PM; ce rapport, égal au produit moyen, est le plus grand possible quand la droite est dans la position OR', où elle est tangente à la courbe PT au point H' (OL_2, $H'L_2$). Le produit moyen est donc maximal pour $L = L_2$.

Le rapport $H'L_2 / OL_2$ mesure la pente de la droite OR', c'est-à-dire la pente de la tangente à la courbe PT au point H'. Donc, pour $L = L_2$, on a l'égalité :

$$max\,[PM] = \frac{H'L_2}{OL_2} = PmL.$$

Le produit moyen atteint son maximum et est égal à la productivité marginale du travail.

LA LOI DES RENDEMENTS DÉCROISSANTS

Comme l'illustre la figure 2.1, en courte période, pour un état donné et constant de la technique de production, l'utilisation d'une quantité croissante du facteur variable (L), associée à une quantité fixe de l'autre facteur (K), provoque, à partir d'un certain seuil d'utilisation du facteur variable (L), une décroissance de la productivité marginale physique de ce facteur.

Pour l'entreprise considérée, la loi des rendements décroissants est vérifiée à partir de l'emploi de L_1 unité de travail.

Remarque :
Pour $0 < L < L_1$, la productivité marginale du travail est croissante. Une telle phase n'existe pas obligatoirement. Une entreprise peut être soumise à la loi des rendements décroissants dès l'emploi de la première unité de travail.

LA PHASE DE PRODUCTION RATIONNELLE

L'entrepreneur rationnel doit délimiter un intervalle de définition de sa fonction de production, acceptable au regard d'un critère d'efficacité technique.

La combinaison productive est rationnelle lorsque les ***productivités marginales*** des deux facteurs de production utilisés (K et L) sont ***positives***.

Il convient d'apprécier le rapport qui lie la variation relative induite de la production ($\Delta PT/PT$) à la variation relative du facteur travail ($\Delta L/L$). Ce rapport mesure l'élasticité (e) de la production par rapport au travail, soit :

$$e = \frac{\frac{\Delta PT}{PT}}{\frac{\Delta L}{L}} = \frac{\Delta PT}{\Delta L} \cdot \frac{L}{PT} = \frac{\frac{\Delta PT}{\Delta L}}{\frac{PT}{L}}.$$

Pour ΔL infiniment petit, $e = \dfrac{\frac{dPT}{dL}}{\frac{PT}{L}}$, où $\dfrac{dPT}{dL} = F'(L)$ est la dérivée de la fonction $PT = F(L)$.

On peut donc écrire : $e = \dfrac{\dfrac{dPT}{dL}}{\dfrac{PT}{L}} = \dfrac{PmL}{PM}$.

– ***Pour 0 < L < L_2 (phase I)*** : PmL > PM $\Rightarrow$ $e > 1$: l'entreprise n'a pas intérêt à se situer dans cette phase de production où PT croît proportionnellement plus que L. La quantité de capital utilisée est trop abondante par rapport à la quantité de travail employée; le capital est sous-utilisé. En effet, pour une fonction de production homogène linéaire, on démontre que la productivité marginale du capital est négative et décroissante quand le produit moyen du travail est croissant.

– ***Pour L > L_3 (phase III)*** : PmL < 0 et PM > 0 $\Rightarrow$ $e < 0$: tout accroissement de L se traduit par une diminution de la production. L'entreprise ne doit pas se situer dans cette phase de production où le travail est trop abondant par rapport au capital.

– ***La phase II, pour L_2 < L < L_3***, est la seule phase rationnelle (PmL > 0, PM > 0 et PM > PmL $\Rightarrow$ $0 < e < 1$). Elle correspond à la courbe de productivité marginale du travail, dans sa partie décroissante, positive et inférieure au maximum du produit moyen.

Remarque :
Pour une fonction de production homogène linéaire PT = F(L, K) [voir *infra*], on démontre que :

– la productivité marginale du capital est négative et décroissante quand la productivité moyenne du travail est croissante (phase I);

– la productivité moyenne du capital est croissante quand la productivité marginale du travail est négative et décroissante (phase III).

C. La production en longue période et l'équilibre du producteur

En longue période, tous les facteurs de production varient. Considérons une fonction de production PT = F(L, K), où L et K sont des facteurs de production parfaitement divisibles et partiellement substituables.

LES ISOQUANTS

La fonction de production de longue période doit être représentée graphiquement dans l'espace. Cependant, comme l'illustre la figure 2.2 (page suivante), une représentation plus simple peut être obtenue par projection sur le plan de la représentation de la fonction obtenue dans l'espace.

On obtient une infinité de courbes du type des courbes PT_1 et PT_2, appelées ***courbes d'iso-produit*** ou ***isoquants***. Un isoquant est donc le lieu géométrique des points représentant les différentes combinaisons de quantités des deux facteurs L et K (coordonnées des points) qui permettent d'obtenir un même volume de production.

Figure 2.2
La production en longue période : les isoquants

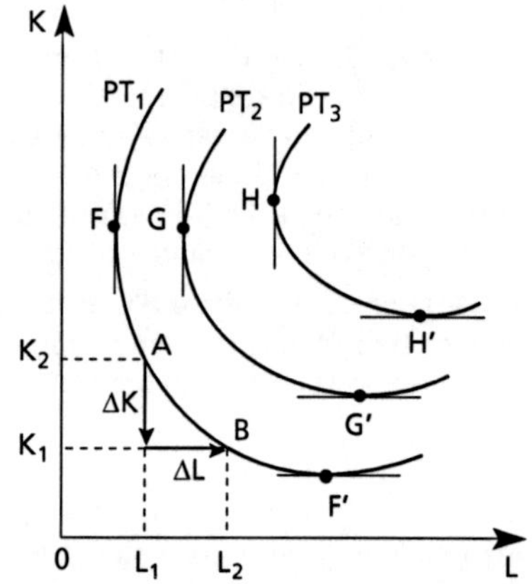

Les isoquants présentent les caractéristiques suivantes :

– ***Plus un isoquant est éloigné de l'origine***, plus le ***volume de production*** auquel il correspond est important : $PT_3 > PT_2 > PT_1$.

– Les isoquants ***ne peuvent pas se couper*** : deux isoquants représentent deux ensembles de couples (L, K) et deux volumes de production. S'ils se coupaient, deux volumes de production différents correspondraient à une même combinaison de facteurs, ce qui est impossible.

– Les isoquants sont ***décroissants*** ou, plus exactement, ***seule la partie décroissante des isoquants est considérée par le producteur rationnel***. On observe sur la figure 2.2 que les seules parties considérées des isoquants PT_1, PT_2 et PT_3 sont respectivement FF', GG' et HH'. En effet, le respect de l'efficience technique impose que les productivités marginales soient strictement positives ($PmL > 0$ et $PmK > 0$) ; le producteur doit pouvoir obtenir une augmentation du volume de production en employant des quantités croissantes de l'un ou de l'ensemble des facteurs. Le long d'un isoquant, qui correspond à un volume de production constant, l'augmentation de la quantité employée de l'un des facteurs doit nécessairement être compensée par la diminution de l'emploi de l'autre facteur. La partie croissante d'un isoquant doit être écartée puisqu'elle indique qu'un volume constant de production est obtenu pour des quantités croissantes des deux facteurs (utilisation inefficiente de L et K).

Un isoquant continu, représentant graphiquement la fonction K(L), admet donc en chacun de ses points une tangente dont la pente est négative ($dK / dL < 0$).

– Les isoquants sont ***convexes***, les facteurs L et K étant partiellement substituables. Le déplacement de haut en bas le long d'un isoquant (substitution du travail au capital) traduit le nécessaire abandon d'une quantité de plus en plus petite de capital par unité supplémentaire de travail.

LE TAUX MARGINAL DE SUBSTITUTION TECHNIQUE DU TRAVAIL AU CAPITAL

En un point d'un isoquant continu, le taux marginal de substitution technique du travail au capital ($TMST_{LK}$) est égal à l'opposé de la pente de la tangente à l'isoquant en ce point (par convention, le TMST est rendu positif), soit :

$$TMST_{LK} = -\frac{dK}{dL}.$$

Le taux marginal de substitution technique du travail au capital, mesuré entre deux points d'un isoquant, est ***le taux auquel le producteur peut substituer le travail au capital sans modifier le volume de la production***.

Sur la courbe PT_1 (figure 2.2), entre les points A (L_1, K_2) et B (L_2, K_1), on peut écrire :

$$TMST_{LK} = -\frac{\Delta K}{\Delta L} = -\frac{K_1 - K_2}{L_2 - L_1}.$$

Considérons des accroissements finis de L et de K. Le long d'un isoquant, la substitution de L à K ne modifie pas le volume de production; la perte de production totale due à l'abandon d'unités de capital ($\Delta K < 0$) est compensée par le gain de production totale induit par l'emploi de ΔL unités supplémentaires de L.

On peut donc écrire : $\Delta K \,.\, PmK + \Delta L \,.\, PmL = \Delta PT = 0$,

ou encore :

$$-\frac{\Delta K}{\Delta L} = \frac{PmL}{PmK} = TMST_{LK}. \quad (1)$$

Remarque :
Conformément à la loi des rendements décroissants, la diminution de l'emploi de K entraîne une augmentation de PmK, et l'augmentation de l'emploi de L entraîne une diminution de PmL. Le taux marginal de substitution technique, égal au rapport des productivités marginales des facteurs, décroît donc à mesure que le travail est substitué au capital le long d'un isoquant.

LA CONTRAINTE BUDGÉTAIRE DU PRODUCTEUR

Le prix du travail (P*l*) et le prix du capital (P*k*) étant fixés, le producteur doit affecter la totalité de son budget C_1 à la rémunération des facteurs de production. La contrainte budgétaire du producteur, traduite algébriquement par l'égalité $C_1 = Pk \,.\, K + Pl \,.\, L$ ou $K = -\frac{Pl}{Pk}L + \frac{C_1}{Pk}$, est représentée graphiquement par la droite C_1 sur la figure 2.3 (droite de contrainte budgétaire ou ligne d'isocoût). La pente de la droite de contrainte budgétaire ($-Pl\,/\,Pk$) est égale à l'opposé du rapport des prix des facteurs.

L'ÉQUILIBRE DU PRODUCTEUR

Deux analyses peuvent être envisagées : la détermination du ***produit maximal pour un coût donné***; la détermination du ***coût minimal pour un volume de production donné***.

– Afin de ***maximiser son produit total, pour un coût de production donné C_1***, le producteur doit se situer sur la droite de contrainte budgétaire C_1 et sur l'isoquant le plus éloigné possible de l'origine.

La seule solution correspond au point E_1 (L_1, K_1) de tangence entre la droite C_1 et l'isoquant PT_1.

Les coordonnées du point d'équilibre E_1 indiquent la combinaison optimale de facteurs de production qui doit être choisie par le producteur.

Figure 2.3
L'équilibre du producteur et le sentier d'expansion de l'entreprise

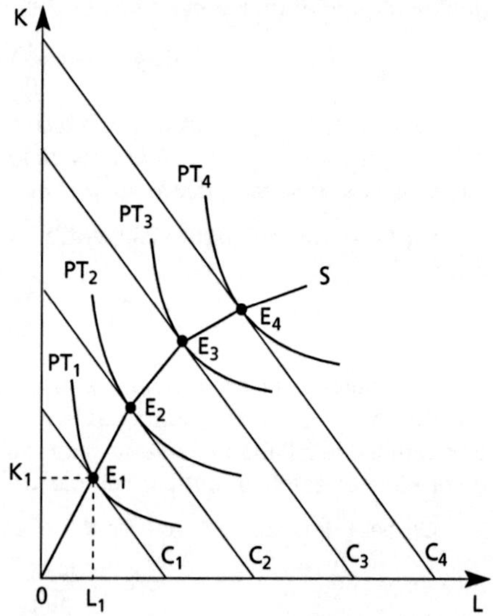

– Le point E_1 indique aussi la combinaison optimale de facteurs de production qui permet au producteur de ***produire le volume PT_1 au moindre coût***.

Dans ce cas, en effet, le point d'équilibre doit être commun à l'isoquant PT_1 et à la droite d'isocoût, dont la pente est connue et qui correspond au budget minimal. De toutes les lignes d'isocoût de pente – Pl / Pk, c'est la droite C_1 qui correspond au coût le plus bas.

Au point d'équilibre, la droite d'isocoût est tangente à l'isoquant qui est la représentation graphique de la fonction K(L). En ce point, la dérivée de la fonction K(L) est donc égale à la pente – Pl / Pk de la tangente à l'isoquant, soit :

$$\frac{dK}{dL} = -\frac{Pl}{Pk} \leftrightarrow -\frac{dK}{dL} = \frac{Pl}{Pk}.$$

Donc : $$TMST_{LK} = -\frac{dK}{dL} = \frac{Pl}{Pk}.$$

En considérant le résultat (1), p. 79, on peut écrire :

$$TMST_{LK} = \frac{PmL}{PmK} = \frac{Pl}{Pk}.$$

Notons que : $\frac{PmL}{PmK} = \frac{Pl}{Pk} \Rightarrow \frac{PmL}{Pl} = \frac{PmK}{Pk}$.

À l'équilibre, les productivités marginales pondérées des facteurs de production sont égales.

LE SENTIER D'EXPANSION DE L'ENTREPRISE

Les prix P*l* et P*k* des facteurs de production étant fixés, le producteur peut déterminer les combinaisons optimales de facteurs et les niveaux de production correspondants, pour des valeurs croissantes du budget C (ou, ce qui revient au même, il peut déterminer les minima de coût C à supporter, pour des volumes de production croissants).

En retenant la première démarche, on peut observer sur la figure 2.3 que les budgets successifs disponibles $C_1 < C_2 < C_3 < C_4$ déterminent respectivement les droites de contrainte budgétaire parallèles C_1, C_2, C_3 et C_4 et les solutions optimales correspondantes E_1, E_2, E_3 et E_4.

Le lieu géométrique OS des points d'équilibre successifs E_1, E_2, ..., est appelé ***sentier d'expansion de l'entreprise*** (ou eutope ou isocline). Il indique les combinaisons optimales de facteurs à mettre en œuvre pour des valeurs croissantes du budget de l'entreprise et du produit total, le prix des facteurs L et K étant constant.

Le long du sentier d'expansion, le taux marginal de substitution technique est constant (les droites de budget successives sont parallèles entre elles, le rapport des prix des facteurs étant constant) :

$$TMST_{LK} = \frac{Pl}{Pk} = \frac{PmL}{PmK} = \text{constante.}$$

LES RENDEMENTS D'ÉCHELLE

Les rendements d'échelle expriment le lien qui existe entre l'accroissement proportionnel des facteurs de production et l'accroissement induit de la production.

Ils peuvent être mesurés ***lorsque la fonction de production PT = F(L, K) est homogène de degré*** α, c'est-à-dire lorsqu'elle vérifie la relation :

$$\lambda^{\alpha}\,\mathbf{PT} = \mathbf{F(\lambda L, \lambda K)}, \text{ où } \lambda \text{ est un coefficient positif.}$$

Soulignons que lorsque la fonction de production est homogène, le sentier d'expansion de l'entreprise est représenté par une droite (K / L constant).

Trois cas peuvent être distingués ***selon la valeur de l'exposant*** α :

– **si** $\alpha = 1 \Rightarrow \lambda^{\alpha} = \lambda$: le produit total croît dans la même proportion que les quantités de facteurs; les rendements d'échelle sont alors ***constants***;

– **si** $\alpha > 1 \Rightarrow \lambda^{\alpha} > \lambda$: le produit total croît proportionnellement plus que les quantités de facteurs; les rendements d'échelle sont alors ***croissants*** ;

– **si** $\alpha < 1 \Rightarrow \lambda^{\alpha} < \lambda$: le produit total croît proportionnellement moins que les quantités de facteurs; les rendements d'échelle sont alors ***décroissants***.

2. Les coûts de l'entreprise

A. Les coûts de production en courte période

DÉFINITIONS

– Le **coût total**, CT = CT(PT), est égal à la somme du coût fixe total, associé à l'emploi du facteur de production fixe, et du coût variable qui varie avec la quantité produite, soit :

$$CT = CF + CV(PT).$$

– Le **coût moyen** est le coût supporté par unité produite, soit :

$$CM = \frac{CT}{PT} = CM(PT).$$

Il est aussi égal à la somme du coût fixe moyen et du coût variable moyen, soit :

$$CM = CFM + CVM,$$

avec : $CFM = CFM(PT) = \frac{CF}{PT}$ (le coût fixe moyen est une fonction décroissante de la quantité produite) et $CVM = CVM(PT) = \frac{CVT}{PT}$.

– Le **coût marginal** de l'entreprise mesure l'augmentation du coût total provoquée par la production d'une unité supplémentaire du produit, soit :

$$Cm = \frac{\Delta CT}{\Delta PT}.$$

Pour des accroissements infinitésimaux de la quantité produite (produit parfaitement divisible), le coût marginal est égal à la dérivée de la fonction de coût total, soit :

$$Cm = \frac{dCT}{dPT}.$$

LA FORME DES COURBES DE COÛT (figure 2.4)

• Le coût total est une fonction croissante de la quantité produite à partir de la valeur CT = CF pour PT = 0.

• Les courbes CM et Cm passent toutes les deux par un ***minimum*** :

$$min\ [Cm] \ \text{pour}\ PT = PT_1,$$

$$\text{et}\ min\ [CM]\ \text{pour}\ PT = PT_3.$$

Figure 2.4
Les coûts de production en courte période

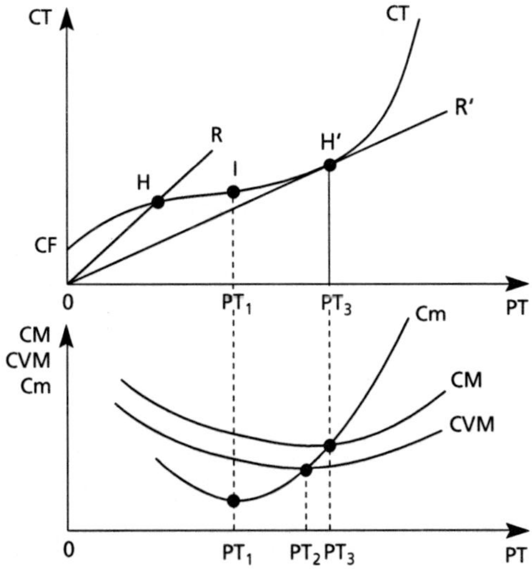

• Pour $0 < PT < PT_1$: $Cm > 0$ et décroissant $\Rightarrow$ CT augmente à taux décroissant; pour $PT > PT_1$: $Cm > 0$ et croissant $\Rightarrow$ CT augmente à taux croissant.

• Tant que Cm < CM, CM décroît; dès que Cm > CM, CM croît.

La courbe Cm coupe la courbe CM en son minimum. À chacun des points de la courbe CT on peut associer le rapport CT/PT = CM.

On peut, d'autre part, faire passer une droite issue de l'origine par chacun des points de la courbe CT (par exemple, les droites OR ou OR'). Le rapport CM = CT/PT est le plus petit possible quand il est associé au point H' de tangence de la droite OR' à la courbe CT. Le coût moyen passe donc par un minimum pour $PT = PT_3$. Or le rapport $H'PT_3 / OPT_3$ mesure à la fois la pente de la droite OR' et la pente de la tangente à la courbe CT au point H'. Donc, pour $PT = PT_3$, le coût moyen atteint son minimum et est égal au coût marginal.

• La courbe Cm coupe la courbe CVM en son minimum pour $PT = PT_2$.

B. Les coûts de production en longue période

En longue période, tous les facteurs de production étant variables, tous les coûts supportés par l'entreprise sont variables.

LE COÛT TOTAL DE LONGUE PÉRIODE

Le coût total de longue période mesure le coût total minimal supporté par l'entreprise en fonction du volume de production obtenu, lorsque tous les facteurs de production sont variables. Pour des facteurs parfaitement divisibles, il est représenté graphiquement par la courbe CTLP, qui est tangente aux courbes de coût total de courte période (courbe enveloppe) comme l'illustre la figure 2.5 (a).

Figure 2.5
Les coûts de l'entreprise en courte et longue périodes

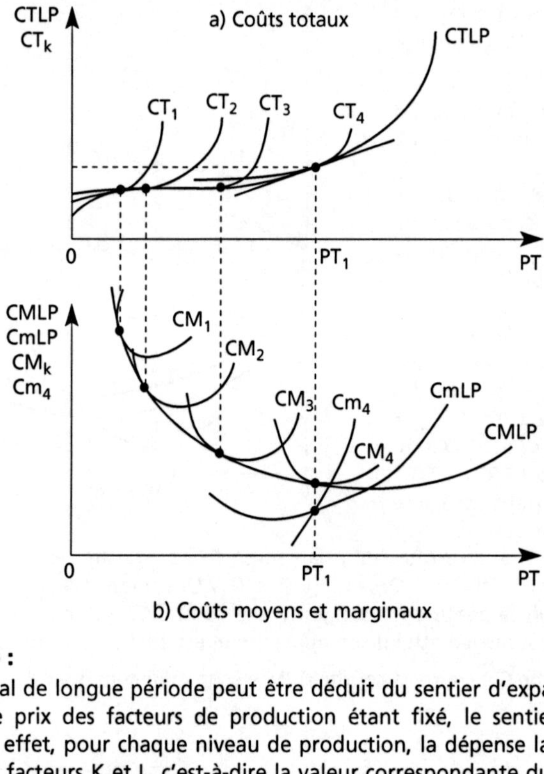

b) Coûts moyens et marginaux

Remarque :
Le coût total de longue période peut être déduit du sentier d'expansion de l'entreprise. Le prix des facteurs de production étant fixé, le sentier d'expansion indique en effet, pour chaque niveau de production, la dépense la moins élevée possible en facteurs K et L, c'est-à-dire la valeur correspondante du coût total de longue période (voir figure 2.3).

LE COÛT MOYEN DE LONGUE PÉRIODE

Le coût moyen de longue période mesure le ***coût moyen minimal supporté par l'entreprise selon la quantité produite, quand tous les facteurs de production varient.***

La figure 2.5 (b) représente la courbe de coût moyen de longue période (CMLP), qui est l'enveloppe des courbes de coût moyen de courte période, CM_1, CM_2, ..., CM_n, correspondant à des niveaux croissants d'utilisation du facteur capital.

On peut observer ***trois profils d'évolution*** des courbes de coût moyen de courte période (CM_k), ***quand la taille de l'entreprise augmente*** (niveaux croissants d'utilisation de K) :

• ***Pour $0 < PT < PT_1$*** : une croissance de la taille de l'entreprise détermine un déplacement des courbes de coût moyen de courte période vers la droite et le bas, le coût moyen de longue période est décroissant : l'entreprise réalise des ***économies d'échelle***, les rendements d'échelle sont ***croissants*** (figure 2.6).

• ***Pour $PT > PT_2$*** : une croissance de la taille de l'entreprise détermine un déplacement des courbes de coût moyen de courte période vers la droite et le haut, la courbe CMLP est croissante : l'entreprise réalise des ***déséconomies d'échelle***, les rendements d'échelle sont ***décroissants*** (figure 2.6).

• ***Pour $PT_1 < PT < PT_2$*** : une croissance de la taille de l'entreprise entraîne, sans modification de niveau, un déplacement vers la droite des courbes de coût moyen de courte période : les rendements d'échelle sont ***constants*** (figure 2.6).

Figure 2.6
Les coûts moyens de courte période et la « courbe enveloppe » CMLP

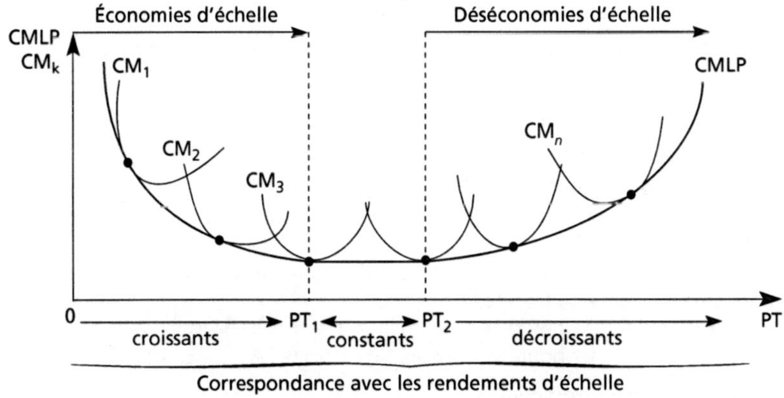

LE COÛT MARGINAL DE LONGUE PÉRIODE

Le coût marginal de longue période (CmLP) mesure ***l'accroissement du coût total de longue période par unité supplémentaire produite*** [figure 2.5 (b)].

3. Exercices

Exercice n° 7 La production en courte période et la loi des rendements décroissants

En courte période, la production totale d'une entreprise varie en fonction du nombre d'unités employées du facteur travail (L), selon la relation :

$$PT = -L^3 + 10\,L^2 + 32\,L.$$

L'équipement utilisé et la technique de production ne peuvent pas être modifiés pendant la période considérée.

a) Calculer et représenter sur un graphique le produit total, le produit moyen et le produit marginal du travail, pour L variant de 1 à 9 unités.

b) Analyser la forme de la courbe de produit total.

c) Analyser la forme des courbes de produit moyen et de produit marginal et expliquer leurs positions respectives.

d) Cette entreprise est-elle soumise à la loi des rendements décroissants ?

e) Déterminer la phase de production rationnelle de l'entreprise.

CORRIGÉ

a) La production de l'entreprise

• ***Calcul du produit total***

Le tableau page ci-contre présente les valeurs prises par le produit total pour L variant de 1 à 9 unités.

Ces valeurs sont calculées en remplaçant L par ses valeurs successives dans la fonction $PT = -L^3 + 10\,L^2 + 32\,L$.

Par exemple : – pour $L = 1 \Rightarrow PT = -1 + 10 + 32 = 41$;
– pour $L = 2 \Rightarrow PT = -8 + 40 + 64 = 96$, etc.

• ***Calcul du produit moyen***

Le produit moyen PM correspond au produit obtenu par unité de travail employée. Il est égal au produit total divisé par le nombre d'unités de travail employées :

$$PM = \frac{PT}{L},$$

soit :

$$PM = \frac{-L^3 + 10\,L^2 + 32\,L}{L} = -L^2 + 10\,L + 32.$$

Les valeurs du produit moyen, pour L variant de 1 à 9, sont présentées dans le tableau ci-dessous.

Par exemple : – pour L = 1 ⇒ PM = – 1 + 10 + 32 = 41 ;
– pour L = 2 ⇒ PM = – 4 + 20 + 32 = 48, etc.

• ***Calcul du produit marginal***

Le produit marginal physique du travail (PmL) est égal à la dérivée de la fonction de production PT = F(L).

Soit : $$\text{PmL} = \text{PT}' = \frac{d\text{PT}}{d\text{L}}.$$

Une fonction de la forme $y = ax^3 + bx^2 + cx$ admet pour dérivée :

$$y' = 3ax^2 + 2bx + c,$$

donc : $$\text{PmL} = -3\text{ L}^2 + 20\text{ L} + 32.$$

Les différentes valeurs du produit marginal du travail, présentées dans le tableau ci-dessous, sont calculées comme suit :

– pour L = 1 ⇒ PmL = – 3 + 20 + 32 = 49 ;
– pour L = 2 ⇒ PmL = – 12 + 40 + 32 = 60, etc.

L	**1**	**2**	**3**	**4**	**5**	**6**	**7**	**8**	**9**
PT	41	96	159	224	285	336	371	384	369
PM	41	48	53	56	57	56	53	48	41
PmL	49	60	65	64	57	44	25	0	– 31

Les courbes PT, PM et PmL sont représentées sur la figure 1 page suivante.

b) Forme de la courbe de produit total

L'analyse de la courbe de produit total impose l'étude des dérivées première et seconde de la fonction de produit total.

• ***Étude de la dérivée première*** PT'(L) = dPT/dL

On sait que la fonction PT'(L) est égale à la fonction de productivité marginale du travail et correspond à l'expression de la pente de la tangente à la courbe PT en chacun de ses points. On a donc :

$$\text{PmL} = \frac{d\text{PT}}{d\text{L}} = -3\text{ L}^2 + 20\text{ L} + 32.$$

Figure 1

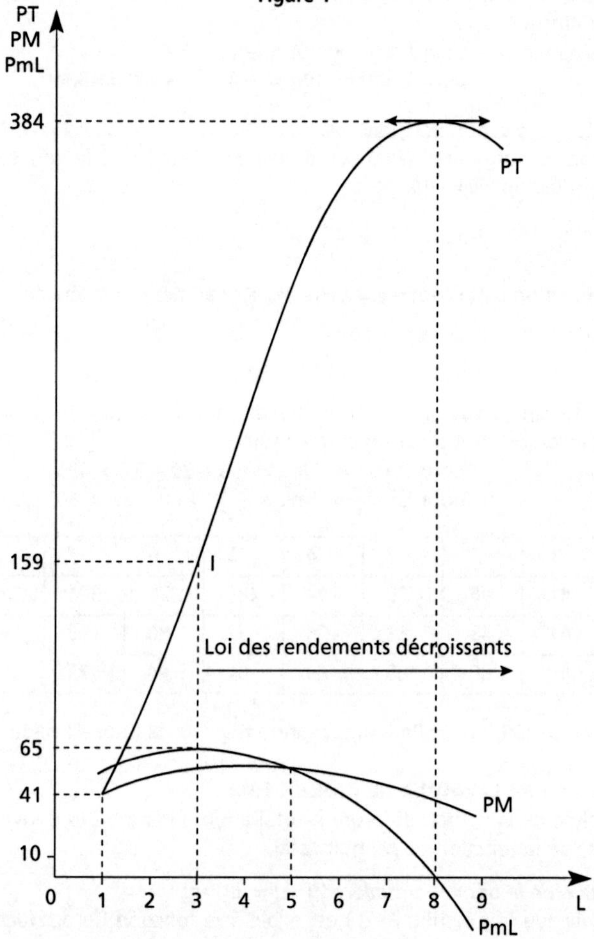

PmL est une fonction du deuxième degré de la forme $y = ax^2 + bx + c$ où b est pair : $b = 2b'$ (avec $b' = 10$).

Le signe de ce trinôme dépend du signe de son discriminant : $\Delta' = b'^2 - ac$, soit : $\Delta' = 100 - [(-3)32] = 100 + 96 = 196$.

Δ' étant positif, PmL s'annule pour les valeurs L_1 et L_2, qui sont les racines de $PmL = -3L^2 + 20L + 32$.

$$L_1 = \frac{-b' + \sqrt{\Delta'}}{a} = \frac{-10 + \sqrt{196}}{-3} = \frac{4}{-3} = -1{,}33\,;$$

$$L_2 = \frac{-b' - \sqrt{\Delta'}}{a} = \frac{-10 - \sqrt{196}}{-3} = \frac{-24}{-3} = 8.$$

On sait que PmL est du signe de a sauf pour L compris entre les valeurs des deux racines L_1 et L_2.

On a donc : PmL > 0 pour $-1{,}33 < L < 8$;

PmL < 0 pour $L < -1{,}33$ et $L > 8$.

• ***Étude de la dérivée seconde*** de PT(L)

La dérivée seconde de PT est la dérivée première de PmL, que nous désignerons par :

$$PT'' = PmL' = \frac{d^2 PT}{dL^2} = -6\,L + 20.$$

On a :

$$PmL' = 0 \Rightarrow -6\,L + 20 = 0$$
$$\Rightarrow 6\,L = 20 \text{ ou } L = \frac{20}{6} = \frac{10}{3}, \text{ soit } L \approx 3{,}33.$$

$$PmL' > 0 \Rightarrow -6\,L + 20 > 0$$
$$\Rightarrow 6\,L < 20 \text{ ou } L < \frac{20}{6}, \text{ soit } L < 3{,}33.$$

$$PmL' < 0 \Rightarrow -6\,L + 20 < 0$$
$$\Rightarrow 6\,L > 20 \text{ ou } L > \frac{20}{6}, \text{ soit } L > 3{,}33.$$

Intervalle de définition pertinent de L (de 0 à + ∞)

L	– ∞		– 1,33		0		3,33		8		+ ∞
$PT''_L = PmL' = \frac{d^2 PT}{dL^2} = -6\,L + 20$		+		+		+	0	–		–	
$PT'_L = PmL = \frac{dPT}{dL} = -3\,L^2 + 20\,L + 32$		– ↗	0	+ ↗		+ ↗	65,33	+ ↘	0	– ↘	
$PT = -L^3 + 10\,L^2 + 32\,L$		↘	– 58,21			↗	180,52	↗	384	↘	

• ***Interprétation des résultats obtenus***

Remarque préliminaire : la fonction de production ne peut être considérée que pour les valeurs positives de L.

Comme l'indique le signe de sa dérivée PmL', la productivité marginale du travail est croissante pour $0 < L < 3{,}33$ (PmL' > 0) et décroissante pour $L > 3{,}33$ (PmL' < 0). Elle est donc maximale pour L = 3,33 (PmL' = 0) et non pour L = 3 comme le suggère le premier tableau [cf. question **a)**] qui ne prend en compte que les valeurs entières de L.

– Pour les valeurs de L comprises entre L = 0 et L = 3,33, le produit total est croissant à taux croissant puisque PmL est positif et croissant (PmL' > 0).

– Pour L = 3,33, PT = 180,52. Il s'agit des coordonnées d'un point d'inflexion de la courbe PT, c'est-à-dire un point à partir duquel la courbure de la courbe PT change de sens. En effet, pour L = 3,33, PT" = PmL' = 0 et la productivité marginale du travail PT' = PmL ne change pas de signe (PmL > 0).

– Pour les valeurs de L comprises entre L = 3,33 et L = 8, le produit total est croissant à taux décroissant puisque PmL est positif et décroissant (PmL' < 0).

– Pour L = 8, le produit total est maximal : les deux conditions d'existence d'un maximum sont en effet réunies :

$$\text{PmL} = \frac{d\text{PT}}{d\text{L}} = 0 \quad \text{et} \quad \text{PmL}' = \frac{d^2\text{PT}}{d\text{L}^2} < 0.$$

– Pour L > 8, le produit total est décroissant puisque la productivité marginale du travail est négative.

c) Analyse des courbes de produit moyen et de produit marginal

• ***Forme des courbes***

On peut observer sur la figure 1 que :

– les deux courbes PM et PmL présentent chacune un maximum :

max [PM] = 57 pour L = 5 et *max* [PmL] = 65 pour L = 3;

– la courbe de productivité marginale coupe la courbe de productivité moyenne en son maximum pour L = 5;

– tant que la courbe PmL est située au-dessus de la courbe PM, cette dernière est croissante; dès que la courbe PmL est située au-dessous de la courbe PM, après L = 5, la courbe PM est décroissante.

Ces constatations peuvent être démontrées :

La forme de la courbe de productivité marginale du travail a été étudiée *supra* [question **b)**].

On peut expliquer la forme de la courbe de produit moyen (PM) et démontrer qu'elle est coupée en son maximum par la courbe de productivité marginale du travail.

Le produit moyen est défini comme suit :

$$PM = \frac{PT}{L} = -L^2 + 10\,L + 32.$$

L'analyse de cette fonction passe par l'étude du signe de sa dérivée PM′(L) :

$$PM' = \frac{dPM}{dL} = -2\,L + 10.$$

On a : $PM' = 0 \Rightarrow -2\,L + 10 = 0 \Rightarrow 2\,L = 10$ ou $L = \frac{10}{2}$, soit : $L = 5$;

$PM' > 0 \Rightarrow -2\,L + 10 > 0 \Rightarrow 2\,L < 10$ ou $L < \frac{10}{2}$, soit : $L < 5$;

$PM' < 0 \Rightarrow -2\,L + 10 < 0 \Rightarrow 2\,L > 10$ ou $L > \frac{10}{2}$, soit : $L > 5$.

Des résultats précédents on peut déduire que :

– pour $0 < L < 5$, le produit moyen est croissant (PM′ est positif);

– pour $L > 5$, le produit moyen est décroissant (PM′ est négatif);

– pour $L = 5$, le produit moyen ne croît plus et ne décroît pas non plus, il passe par un maximum ($PM' = 0$ et la dérivée seconde du produit moyen $PM'' = \frac{dPM'}{dL} = -2$ est toujours négative).

• ***Explication des positions respectives des courbes PM et PmL***

Une telle explication peut être menée en reprenant l'étude de la forme de la courbe PM à partir de l'analyse de la fonction dérivée de la fonction de produit moyen PM′(L).

$$PM = \frac{PT}{L} \quad \text{et} \quad PM' = \frac{d\left(\frac{PT}{L}\right)}{dL}.$$

Il s'agit de la dérivée d'une fonction composée, de la forme : $y = \frac{u}{v}$,

soit : $y' = \frac{u'v - uv'}{v^2}$, avec $u = PT$ et $v = L$.

On peut donc écrire :

$$PM' = \frac{\frac{dPT}{dL}\,.\,L - PT\,.\,\frac{dL}{dL}}{L^2},$$

soit : $$PM' = \frac{L\,.\,PmL - PT}{L^2} = \frac{PmL}{L} - \frac{PT}{L^2}$$

$$= \frac{1}{L}\left(PmL - \frac{PT}{L}\right),$$

ou encore : $$PM' = \frac{1}{L}(PmL - PM).$$

Étudier le signe de PM′ revient à étudier le signe de (PmL – PM). On peut donc écrire que :

• PmL – PM > 0 ⇒ PM′ > 0 : vérifié si PmL > PM. Tant que le produit marginal est supérieur au produit moyen, le produit moyen croît (PM′ > 0).

• PmL – PM < 0 ⇒ PM′ < 0 : vérifié si PmL < PM. Dès que le produit marginal est inférieur au produit moyen, le produit moyen décroît (PM′ < 0).

• PmL – PM = 0 ⇒ PM′ = 0 : vérifié si PmL = PM. Le produit marginal est égal au produit moyen quand ce dernier atteint son maximum (PM′ = 0). On peut vérifier que PmL coupe PM en son maximum pour L = 5 (L = 5 ⇒ PM = PmL = 57).

d) Cette entreprise est soumise à la loi des rendements décroissants :

– d'une part, les conditions d'existence de la loi sont réunies. La production de l'entreprise considérée, en courte période, est caractérisée par un état constant de la technique, un facteur de production fixe (équipement constant) et un facteur de production variable (le travail);

– d'autre part, on a démontré et l'on peut observer sur la figure 1 qu'à partir de l'emploi de trois unités de travail (plus exactement à partir de L = 3,33) la productivité marginale physique du travail décroît jusqu'à devenir négative pour L > 8.

e) L'entrepreneur rationnel n'envisage que les **combinaisons techniquement efficientes de facteurs de production.**

Soit l'élasticité de la production par rapport au facteur variable employé, le travail :

$$e = \frac{\Delta PT/PT}{\Delta L/L} = \frac{\Delta PT}{\Delta L} \cdot \frac{L}{PT}.$$

En considérant de très petits accroissements de L (ΔL → 0), on peut écrire :

$$e = \frac{dPT}{dL} \cdot \frac{L}{PT} = \frac{dPT/dL}{PT/L} = \frac{PmL}{PM};$$

on sait en effet que : $\frac{dPT}{dL} = PmL$ et $\frac{PT}{L} = PM.$

– Pour L > 8 ⇒ *e* < 0 : la productivité marginale du travail est négative et le produit total est décroissant. Pour tout L > 8, l'entrepreneur peut augmenter la quantité qu'il produit en réduisant l'emploi de L; la production est donc techniquement inefficiente à l'intérieur de cette phase.

– Pour 0 < L < 5 ⇒ *e* > 1, car PmL > PM : la production croissant proportionnellement plus que le travail employé, il serait irrationnel pour le producteur de se situer à l'intérieur de cette phase de production.

– Le producteur rationnel ne peut donc se situer qu'à l'intérieur d'une phase de production définie pour L compris entre 5 et 8 unités. Cette phase est caractérisée par une élasticité de la production par rapport au travail positive (PmL > 0 et PM > 0) et inférieure à 1 (PmL < PM) ; elle correspond à la courbe de productivité marginale du travail dans sa partie décroissante, positive et inférieure au maximum du produit moyen.

Exercice n° 8 La production en longue période

Le produit total d'une entreprise, exprimé en nombre d'unités produites, est obtenu en combinant deux facteurs de production divisibles, adaptables et partiellement substituables : le travail et le capital. En longue période, l'entreprise peut obtenir un volume de production constant en associant différentes quantités des deux facteurs. Le tableau suivant présente quelques-unes des combinaisons d'unités de travail (L) et d'unités de capital (K) relatives à trois volumes de production : PT = (40, 60, 80).

PT = 40	**L**	8	16	20	25	40	64	100	200		
	K	200	100	80	64	40	25	16	8		
PT = 60	**L**	20	25	40	50	60	75	96	120	150	200
	K	180	144	90	72	60	48	37,5	30	24	18
PT = 80	**L**	40	50	64	80	100	128	160	200		
	K	160	128	100	80	64	50	40	32		

a) Représenter les trois isoquants correspondant au tableau précédent. Les unités de travail seront portées sur l'axe des abscisses et les unités de capital sur l'axe des ordonnées. Commenter.

b) Définir la notion de taux marginal de substitution technique du travail au capital ($TMST_{LK}$). Comment le $TMST_{LK}$ évolue-t-il le long d'un isoquant ?

c) Le capital et le travail ayant le même prix unitaire : $Pk = Pl = 20$, quelle est la solution d'équilibre du producteur qui désire optimiser sa production pour un coût de production égal au budget dont il dispose, soit : $C_2 = 2\,400$?

d) Le prix des facteurs de production n'étant pas modifié, déterminer, à partir des données disponibles, la solution optimale du producteur qui désire produire 60 unités du produit en supportant un coût minimal.

e) Sachant que la fonction de production de l'entreprise est :

$$PT = L^{0,5} K^{0,5} \text{ avec } L \geq 0 \text{ et } K \geq 0,$$

calculer la valeur du taux marginal de substitution technique du travail au capital au point d'équilibre précédemment déterminé.

f) On considère deux autres valeurs nominales possibles du budget du producteur : $C_1 = 1\,600$ et $C_3 = 3\,200$.

1°) Déterminer graphiquement les solutions d'équilibre qui correspondent aux valeurs C_1 et C_3 du budget.

2°) Déterminer mathématiquement la solution d'équilibre déterminée pour la valeur C_1 du budget.

g) Définir la notion de sentier d'expansion de l'entreprise. Déterminer l'équation de ce sentier d'expansion.

h) Les rendements d'échelle de cette entreprise sont-ils constants ?

CORRIGÉ

a) La figure 1 représente la **carte des isoquants** qui illustre les possibilités techniques de production de l'entreprise (sa fonction de production).

Figure 1
L'équilibre du producteur en longue période

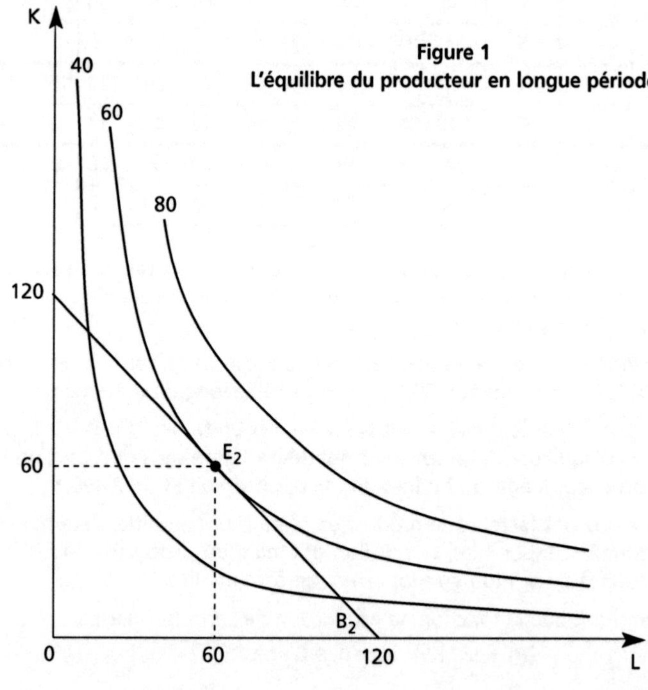

Chaque isoquant est le lieu géométrique des points représentant des combinaisons différentes de travail et de capital qui permettent d'obtenir un même volume de production. Plus un isoquant est éloigné de l'origine, plus le volume de production auquel il correspond est grand.

Les isoquants ne peuvent pas se couper. Ils sont décroissants et convexes.

La convexité des isoquants indique que la substitution du travail au capital, le long d'un isoquant, impose l'abandon d'un nombre de plus en plus petit d'unités de capital par unité supplémentaire de travail.

b) Le taux marginal de substitution technique du travail au capital ($TMST_{LK}$) mesure la quantité de capital qu'il faut cesser d'employer au profit d'une unité supplémentaire de travail, sans que le volume de production soit modifié, soit $TMST_{LK} = -\Delta K / \Delta L$ (par convention, ce taux est rendu positif en multipliant $\Delta K / \Delta L$, qui est négatif, par – 1).

En un point d'un isoquant continu (facteurs de production parfaitement divisibles), représentant graphiquement la fonction K(L), le $TMST_{LK}$ est égal à l'opposé de la pente de la tangente à l'isoquant en ce point :

$$TMST_{LK} = -\frac{dK}{dL}.$$

Pour de très petits accroissements de L et de K, on peut avancer le raisonnement intuitif suivant : la substitution entre facteurs, pour une production constante, implique que la perte de production induite par l'abandon d'une petite quantité de capital ($dK < 0$) est compensée par le gain de production induit par l'emploi d'une petite quantité supplémentaire dL de L.

La variation de la production induite par la variation de la quantité du facteur employé (dL pour L et dK pour K) étant égale à la variation de la quantité du facteur considéré multipliée par la variation de la production par unité supplémentaire du facteur considéré ($\delta PT / \delta L$ pour L et $\delta PT / \delta K$ pour K), on peut écrire :

$$dPT = \frac{\delta PT}{\delta L} dL + \frac{\delta PT}{\delta K} dK = 0.$$

Comme : $$\frac{\delta PT}{\delta L} = PmL \quad \text{et} \quad \frac{\delta PT}{\delta K} = PmK,$$

on a : $$PmL \,.\, dL + PmK \,.\, dK = 0 \Rightarrow -dK \,.\, PmK = dL \,.\, PmL.$$

Soit : $$-\frac{dK}{dL} = \frac{PmL}{PmK} = TMST_{LK}.$$

En vertu de la loi des rendements décroissants, PmL diminue quand l'emploi de L augmente et PmK augmente quand l'emploi de K diminue; le rapport des productivités marginales des facteurs et donc le $TMST_{LK}$ décroissent à mesure que le travail remplace le capital.

c) Le producteur doit réaliser **la production maximale pour un coût C_2 donné**. Il doit, pour cela, tenir compte de ses possibilités techniques (fonction de production) et des contraintes économiques qui lui sont imposées (budget dont il dispose et prix des facteurs de production).

Les prix des facteurs, établis sur les marchés des facteurs, sont égaux :

$$Pk = Pl = 20.$$

Par hypothèse, le producteur doit utiliser la totalité de son budget pour rémunérer le capital et le travail employés. Cette hypothèse peut être traduite algébriquement par l'égalité suivante :

$$C_2 = Pk \,.\, K + Pl \,.\, L,$$

le coût total est égal à la dépense en capital (nombre d'unités de K employées multiplié par le prix unitaire du capital) plus la dépense en travail (nombre d'unités de L employées multiplié par le prix unitaire du travail).

Cette égalité peut être présentée sous la forme :

$$K = -\frac{Pl}{Pk}L + \frac{C_2}{Pk}.$$

Il s'agit de l'équation d'une droite (forme $y = ax + b$) dont les points ont pour coordonnées les combinaisons (L, K) qui « épuisent » le budget du producteur. Cette droite est la droite de contrainte budgétaire du producteur.

Pour l'entreprise considérée, l'équation de la droite de contrainte budgétaire B_2 est :

$$K = -\frac{20}{20}L + \frac{2\,400}{20}$$

ou encore : $$K = -L + 120.$$

On peut retenir deux points de cette droite :

pour $L = 0 \Rightarrow K = 120$ et pour $K = 0 \Rightarrow L = 120$.

La droite B_2, représentée sur la figure 1, passe par les points de coordonnées (L = 0, K = 120) et (L = 120, K = 0).

Le producteur doit :

– choisir l'une des combinaisons (L, K) imposant une dépense égale à C_2; il doit donc se situer sur la droite de contrainte budgétaire B_2 (respect de l'hypothèse sur l'affectation du budget);

– obtenir le volume de production le plus grand possible, donc se situer sur l'isoquant le plus éloigné possible de l'origine.

La seule décision compatible avec ces deux impératifs correspond au point de « tangence » qui existe entre la droite B_2 et le deuxième isoquant (PT = 60). Rappelons que les isoquants étant polygonaux, le point E_2 n'est pas à proprement parler un point de tangence. Il est le point de contact entre la droite B_2 et l'isoquant PT = 60 quand la droite B_2 est en contact avec l'isoquant en un seul de ses points. Le point d'équilibre E_2 a pour coordonnées : L = K = 60.

Cette solution est la meilleure possible dans la mesure où tous les autres points de la droite B_2 ne peuvent être situés que sur des isoquants plus rapprochés de l'origine que ne l'est le deuxième isoquant PT = 60.

d) Si le producteur s'attache à **produire 60 unités du produit**, il doit obligatoirement choisir l'une des combinaisons (L, K) correspondant à l'un des points du deuxième isoquant. La combinaison de facteurs la moins coûteuse correspond au budget C le plus faible possible.

La fonction de production n'étant pas connue, on ne peut pas déterminer analytiquement le point d'équilibre du producteur. On doit donc déterminer par une méthode graphique le point où la droite d'isocoût, de pente égale à l'opposé du rapport des prix des facteurs (– P*l* / P*k*), qui correspond au budget C le plus faible possible, est tangente à l'isoquant PT = 60.

Les droites de contrainte budgétaire ont toutes la même pente $\left(-\frac{Pl}{Pk} = -1\right)$.

Il s'agit donc de droites parallèles dont l'ordonnée à l'origine (valeur de K pour L = 0, soit K = C / P*k*) varie avec le montant du budget C. Plus C est petit, plus la droite se rapproche de l'origine.

On observe sur la figure 1 que :

– toutes les droites situées à gauche de la droite B_2 ne correspondent pas aux combinaisons (L, K) qui permettent d'atteindre la production PT = 60 ;

– toutes les droites situées à droite de la ligne d'isocoût B_2 présentent des points communs avec l'isoquant PT = 60, mais ne peuvent déterminer la solution optimale. Les dépenses auxquelles ces droites correspondent sont, en effet, toutes supérieures au budget C_2.

La droite B_2 est la seule qui corresponde à la solution optimale en son point de « tangence » E_2 avec le deuxième isoquant PT = 60.

e) La valeur du $TMST_{LK}$ au point d'équilibre peut être calculée de différentes façons.

• ***Calcul du $TMST_{LK}$ à partir de la valeur de la dérivée de la fonction de l'isoquant, au point d'équilibre E_2***

Pour l'entreprise considérée, la fonction de production est :

$$PT = L^{0,5} K^{0,5} = \sqrt{L} . \sqrt{K}.$$

Un isoquant représente, pour un volume de production donné, le capital en fonction du travail, soit :

$$K = g(L).$$

On peut écrire : $PT = \sqrt{L} . \sqrt{K},$

soit : $\sqrt{K} = \frac{PT}{\sqrt{L}},$

ou encore, en élevant au carré les deux membres de l'égalité :

$$K = \frac{PT^2}{L}.$$

Le deuxième isoquant, qui correspond à une production égale à 60 unités, a donc pour équation :

$$K = \frac{60^2}{L} = \frac{3\,600}{L}.$$

Le TMST du travail au capital a été défini comme suit :

$$TMST_{LK} = -\frac{dK}{dL}.$$

L'isoquant considéré est la représentation graphique de la fonction :

$$K = g(L) = \frac{3\,600}{L}.$$

On sait que la dérivée d'une fonction de la forme $y = \frac{a}{x}$ est : $y' = -\frac{a}{x^2}$,

donc : $$\frac{dK}{dL} = -\frac{3\,600}{L^2}.$$

Au point d'équilibre E_2 (60, 60), on a : $K' = \frac{dK}{dL} = -\frac{3\,600}{60^2} = -\frac{3\,600}{3\,600} = -1.$

Au point E_2 du deuxième isoquant, le $TMST_{LK}$ est donc égal à :

$$TMST_{LK} = -\frac{dK}{dL} = -(-1) = 1.$$

• ***Calcul du $TMST_{LK}$ à partir du rapport des prix des facteurs***

La droite de contrainte budgétaire B_2 étant tangente au deuxième isoquant au point E_2, la valeur de sa pente $\left(-\frac{Pl}{Pk} = -\frac{20}{20} = -1\right)$ est égale à la valeur de la dérivée de la fonction de l'isoquant pour L = 60 (abscisse du point E_2).

Soit : $$\frac{dK}{dL} = -\frac{Pl}{Pk}.$$

En multipliant chaque membre de l'égalité précédente par – 1, on obtient :

$$-\frac{dK}{dL} = \frac{Pl}{Pk} = TMST_{LK} = 1.$$

Au point d'équilibre, le $TMST_{LK}$ est égal au rapport des prix des facteurs.

• ***Calcul du $TMST_{LK}$ à partir du rapport des productivités marginales des facteurs***

On sait que : $TMST_{LK} = -\frac{dK}{dL} = \frac{PmL}{PmK}$ [cf. question **b)**].

Or la productivité marginale du travail est égale à la dérivée partielle de la fonction de production par rapport au travail,

soit : $$PmL = \frac{\partial PT}{\partial L}.$$

Une fonction de la forme $y = a\sqrt{x} = ax^{0,5}$ admet une dérivée de la forme $y' = 0,5\ ax^{0,5-1}$, donc : $y' = 0,5\ ax^{-0,5}$.

Soit : $\quad PmL = 0,5\ K^{0,5}\ L^{-0,5}$.

De la même façon, la productivité marginale du capital est égale à la dérivée partielle de la fonction de production par rapport au capital, soit :

$$PmK = \frac{\partial PT}{\partial K} = 0,5\ L^{0,5}\ K^{-0,5}.$$

Donc : $\quad TMST_{LK} = -\frac{dK}{dL} = \frac{PmL}{PmK} = \frac{K^{0,5}\ L^{-0,5}}{L^{0,5}\ K^{-0,5}}$

avec : $\quad L^{-0,5} = \frac{1}{L^{0,5}}$ et $K^{-0,5} = \frac{1}{K^{0,5}}$,

d'où : $\quad TMST_{LK} = \frac{\frac{K^{0,5}}{L^{0,5}}}{\frac{L^{0,5}}{K^{0,5}}} = \frac{K^{0,5}}{L^{0,5}}\frac{K^{0,5}}{L^{0,5}} = \frac{K}{L}.$

Au point E_2, $\quad TMST_{LK} = \frac{K}{L} = \frac{60}{60} = 1.$

f) L'effet de la modification du budget du producteur sur la solution d'équilibre

1°) Si l'on considère différentes valeurs du budget C, toutes choses égales par ailleurs, l'équation de la droite de contrainte budgétaire est modifiée conformément à ce qui a été précisé, *supra* question **c)**.

L'équation générale de ces droites étant : K = – L + C/20, on obtient :

– Pour C_1 = 1 600 : K = – L + 1 600/20 = – L + 80 : équation de la droite B_1 dont deux points ont pour coordonnées (L = 0, K = 80) et (L = 80, K = 0).

– Pour C_3 = 3 200 : K = – L + 3 200/20 = – L + 160 : équation de la droite B_3 dont deux points ont pour coordonnées (L = 0, K = 160) et (L = 160, K = 0).

Les droites B_1 et B_3 sont représentées sur la figure 2 page suivante.

Pour chacun des deux montants considérés du budget, le producteur choisit la combinaison optimale de facteurs. ***Graphiquement, chaque solution optimale est déterminée*** en choisissant un point appartenant à la droite de contrainte budgétaire considérée et à l'isoquant le plus éloigné possible de l'origine (point de « tangence »).

– Pour le budget C_1, la solution d'équilibre correspond au point :

E_1 (L = 40, K = 40).

– Pour le budget C_3, la solution d'équilibre correspond au point :

E_3 (L = 80, K = 80).

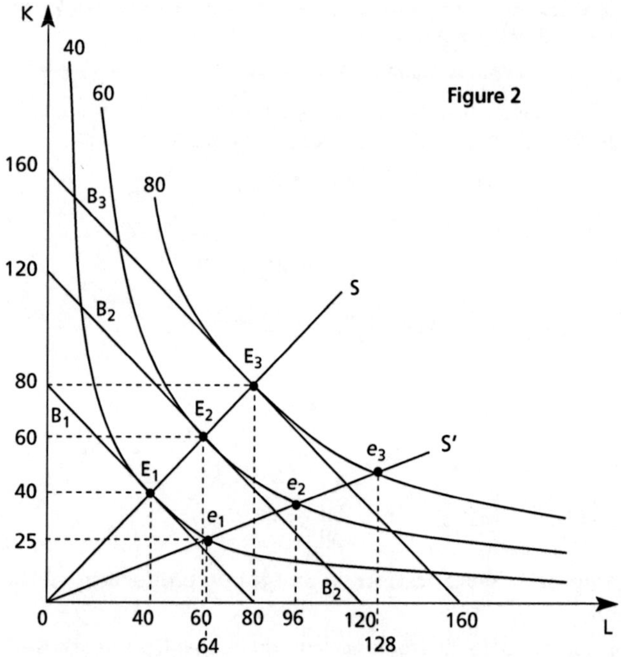

Figure 2

2°) *Vérification de la solution d'équilibre E_1*

• ***Calcul des coordonnées du point d'équilibre E_1***

Le point E_1 est commun à la droite C_1 d'équation $K = -L + 80$ et à l'isoquant qui représente graphiquement la fonction $K = \frac{1\,600}{L}$ $\left(\text{pour PT} = 40\text{, la fonction } K = \frac{PT^2}{L} \text{ devient : } K = \frac{40^2}{L} = \frac{1\,600}{L}\right)$.

Au point d'équilibre E_1, l'égalité suivante est vérifiée :

$$K = -L + 80 = \frac{1\,600}{L}.$$

En multipliant par L les deux membres en L de l'égalité, on a :

$$-L^2 + 80\,L = 1\,600$$

et

$$L^2 - 80\,L + 1\,600 = 0.$$

Calculons la solution de ce polynôme du deuxième degré de la forme $ax^2 + bx + c = 0$ où $b = 2b'$ et $b' = 40$.

Le discriminant $\Delta' = b'^2 - ac = 1\,600 - 1\,600 = 0$.

Le discriminant étant nul, une seule racine existe, soit :

$$L = -\frac{b}{2a} = -\frac{-80}{2} = 40.$$

Si L = 40, on peut calculer K en remplaçant L par sa valeur dans l'équation de l'isoquant ou dans celle de la droite de contrainte budgétaire C_1, soit :

$$K = \frac{1\,600}{40} = 40 \quad \text{ou} \quad K = -40 + 80 = 40.$$

- ***Utilisation de la fonction de Lagrange (le lagrangien)***

Le producteur doit maximiser sa fonction de production $PT = F(L, K) = L^{0,5} K^{0,5}$, sous la contrainte de son budget : 1 600 = 20 K + 20 L,

ou : $$80 = K + L,$$

ou encore : $$G(L, K) = 80 - K - L = 0.$$

On peut former une nouvelle fonction (le lagrangien) :

$$H(L, K, \lambda) = F(L, K) + \lambda G(L, K) = L^{0,5} K^{0,5} + \lambda(80 - K - L),$$

λ étant le multiplicateur de Lagrange.

Cette nouvelle fonction H(L, K, λ) admet un extremum (maximum ou minimum) pour les conditions nécessaires suivantes portant sur ses dérivée partielles :

$$\frac{\partial H}{\partial L} = F'_L(L, K) + \lambda G'_L(L, K) = 0;$$

$$\frac{\partial H}{\partial K} = F'_K(L, K) + \lambda G'_K(L, K) = 0;$$

$$\frac{\partial H}{\partial \lambda} = G(L, K) = 0.$$

En calculant les dérivée partielles, on obtient le système suivant de trois équations à trois inconnues :

$$\frac{\partial H}{\partial L} = 0,5\, L^{-0,5} K^{0,5} - \lambda = 0,5\frac{\sqrt{K}}{\sqrt{L}} - \lambda = 0; \qquad (1)$$

$$\frac{\partial H}{\partial K} = 0,5\, K^{-0,5} L^{0,5} - \lambda = 0,5\frac{\sqrt{L}}{\sqrt{K}} - \lambda = 0; \qquad (2)$$

$$\frac{\partial H}{\partial \lambda} = 80 - K - L = 0. \qquad (3)$$

La dérivée partielle par rapport au facteur λ est égale à l'équation de contrainte budgétaire.

En posant l'égalité entre les équations (1) et (2), on a :

$$0,5\frac{\sqrt{K}}{\sqrt{L}} - \lambda = 0,5\frac{\sqrt{L}}{\sqrt{K}} - \lambda,$$

soit : $$0,5\frac{\sqrt{K}}{\sqrt{L}} = 0,5\frac{\sqrt{L}}{\sqrt{K}},$$

d'où : $$\frac{\sqrt{K}}{\sqrt{L}} = \frac{\sqrt{L}}{\sqrt{K}}$$

et $$\sqrt{K} . \sqrt{K} = \sqrt{L} . \sqrt{L},$$

donc : $$K = L.$$

En remplaçant K dans l'équation (3), on obtient :

$$80 - L - L = 0;$$
$$80 - 2L = 0;$$
$$2L = 80, \quad \text{soit : } L = \frac{80}{2} = 40 = K.$$

La production maximale correspondante est égale à :

$$PT = \sqrt{40} . \sqrt{40} = 40.$$

g) Le sentier d'expansion de l'entreprise

Les prix des facteurs étant constants, les valeurs croissantes du budget (C_1, C_2 et C_3) et de la production déterminent des combinaisons productives optimales représentées par les points d'équilibre E_1, E_2 et E_3 (figure 2, p. 100). En reliant ces points d'équilibre, on obtient le sentier d'expansion OS de l'entreprise.

– Pour l'entreprise considérée, le sentier d'expansion est une droite passant par l'origine (la fonction de production est homogène) dont l'équation est de la forme $K = aL$.

La valeur de la pente $a = K/L$ peut être calculée à partir des coordonnées de l'un des points de la droite OS.

Au point E_1 (40, 40), on obtient :

$$a = \frac{K}{L} = \frac{40}{40} = 1.$$

L'équation du sentier d'expansion est donc : K = L.

– En chaque point de cette droite, l'égalité suivante est vérifiée :

$$a = \frac{K}{L} = 1 = TMST_{LK} = \frac{Pl}{Pk} = \frac{PmL}{Pmk}.$$

On peut mettre en évidence plusieurs sentiers d'expansion pour la firme considérée, mais le sentier d'équation K = L est le seul possible pour le rapport des prix fixés des facteurs de production ($Pl / Pk = 1$). Ce sentier indique que le rapport des quantités utilisées de facteurs (K/L) n'est pas modifié quand l'entreprise accroît sa production en même temps que sa taille (son échelle).

h) Les rendements d'échelle expriment le lien qui existe entre l'accroissement proportionnel des facteurs de production et l'accroissement induit de la production.

Considérons la fonction de production de l'entreprise ($PT = \sqrt{K . L}$) et multiplions les quantités employées des facteurs L et K par une constante positive a. Le produit total devient égal à :

$$\sqrt{aK . aL} = \sqrt{a^2 . K . L} = a\sqrt{K . L} = aPT;$$

le produit total est lui-même multiplié par la constante *a*. La fonction de production est homogène linéaire et les rendements d'échelle sont constants.

La figure 2 met en évidence ce résultat :

– Considérons le passage du point d'équilibre E_1 au point d'équilibre E_2, le long du sentier OS. La quantité employée de chacun des deux facteurs a été multipliée par 1,5 et le volume de production également.

Au point E_1 : $L = K = 40$ et $PT = 40$.

Au point E_2 : $L = K = 40 \times 1{,}5 = 60$ et $PT = 40 \times 1{,}5 = 60$.

La production augmente donc dans la même proportion que les facteurs.

– De même pour le passage du point E_1 au point E_3 :

Au point E_1 : $L = K = 40$ et $PT = 40$.

Au point E_3 : $L = K = 40 \times 2 = 80$ et $PT = 40 \times 2 = 80$.

– On peut vérifier les mêmes relations le long du sentier OS' (voir *supra*, figure 2) qui correspond à un autre rapport de prix. Il passe par l'origine et par le point e_1 ($L = 64$, $K = 25$) situé sur le premier isoquant.

Exercice n° 9 Les coûts de l'entreprise en courte période

En courte période, le coût variable total d'une entreprise (CVT) varie en fonction de la quantité produite Q, selon la relation : $CVT = Q^3 - 10\,Q^2 + 50\,Q$.

L'entreprise considérée supporte aussi un coût fixe total, $CF = 72$.

a) Calculer et représenter sur un graphique le coût total, le coût moyen, le coût marginal et le coût variable moyen de l'entreprise, pour les valeurs entières de Q comprises entre 0 et 9 unités.

b) Commenter la forme de la courbe de coût total de l'entreprise et vérifier l'existence d'un point d'inflexion.

c) Expliquer les positions respectives des courbes de coût moyen et de coût marginal de l'entreprise.

d) Après avoir analysé les positions respectives des courbes de coût variable moyen et de coût marginal de l'entreprise, analyser les positions respectives des courbes de coût moyen et de coût variable moyen.

CORRIGÉ

a) Le coût total est égal à la somme du coût fixe total et du coût variable total : $CT = CF + CVT = Q^3 - 10\,Q^2 + 50\,Q + 72$.

Les valeurs du coût total, pour L variant de 1 à 9 unités (tableau ci-dessous), sont calculées comme suit ; par exemple :

- pour Q = 1 ⇒ CT = 1 – 10 + 50 + 72 = 113 ;
- pour Q = 2 ⇒ CT = 8 – 40 + 100 + 72 = 140, etc.

Le **coût moyen** (CM) est le coût supporté par unité de produit. Il est égal au coût total divisé par la quantité produite :

$$CM = \frac{CT}{Q} = \frac{Q^3 - 10\,Q^2 + 50\,Q + 72}{Q} = Q^2 - 10\,Q + 50 + \frac{72}{Q}.$$

Les valeurs du coût moyen, pour L variant de 1 à 9 unités (tableau ci-dessous), sont calculées comme suit; par exemple :

- pour Q = 1 ⇒ CM = 1 – 10 + 50 + 72 = 113 ;
- pour Q = 2 ⇒ CM = 4 – 20 + 50 + 36 = 70, etc.

Le **coût marginal** (Cm) est égal à la dérivée de la fonction de coût total par rapport à la quantité produite et correspond à l'expression de la pente de la tangente à la courbe de coût total en chacun de ses points.

Une fonction de la forme $y = ax^3 + bx^2 + cx$ admet pour fonction dérivée :

$$y' = \mathrm{d}y/\mathrm{d}x = 3ax^2 + 2bx + c.$$

On a donc : $$Cm = \frac{dCT}{dQ} = 3\,Q^2 - 20\,Q + 50.$$

Les valeurs du coût marginal, pour L variant de 1 à 9 unités (tableau ci-dessous), sont calculées comme suit; par exemple :

- pour Q = 1 ⇒ Cm = 3 – 20 + 50 = 33;
- pour Q = 2 ⇒ Cm = 12 – 40 + 50 = 22, etc.

Le **coût variable moyen** (CVM) est le coût variable supporté par unité produite. Il est égal au coût variable total divisé par la quantité produite :

$$CVM = \frac{CVT}{Q} = \frac{Q^3 - 10\,Q^2 + 50\,Q}{Q},$$

soit : $$CVM = Q^2 - 10\,Q + 50.$$

Les différentes valeurs du coût variable moyen, présentées dans le tableau ci-dessous, sont calculées comme suit :

- pour Q = 1 ⇒ CVM = 1 – 10 + 50 = 41;
- pour Q = 2 ⇒ CVM = 4 – 20 + 50 = 34, etc.

Q	0	1	2	3	4	5	6	7	8	9
CT	72	113	140	159	176	197	228	275	344	441
CM	–	113	70	53	44	39,4	38	39,29	43	49
Cm	50	33	22	17	18	25	38	57	82	113
CVM	–	41	34	29	26	25	26	29	34	41

Les courbes CT, CM, Cm et CVM sont représentées sur la figure 1 ci-contre.

Figure 1
Les coûts de l'entreprise en courte période

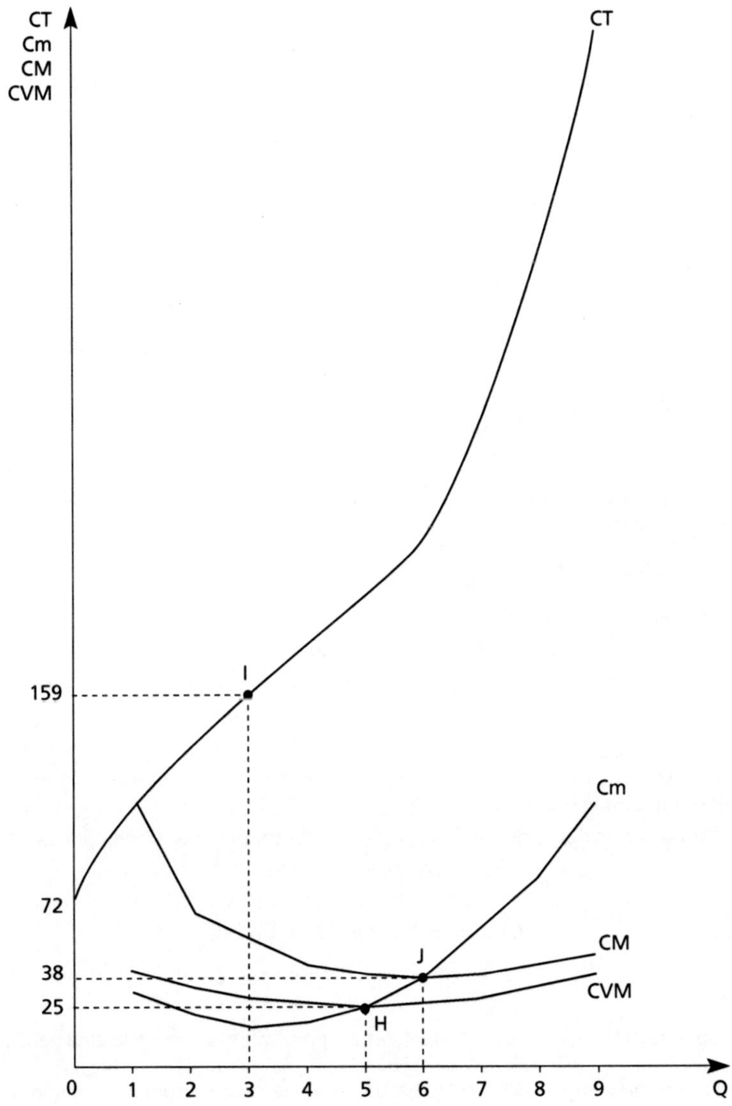

b) Analyse de la courbe de coût total représentée sur la figure 1

Le coût total est une fonction croissante de la quantité produite. Une analyse plus précise de la fonction de coût total doit s'appuyer sur l'étude de sa dérivée, qui est aussi égale à la fonction de coût marginal de l'entreprise.

À partir de la figure 1, on peut faire les observations suivantes :

– Pour $0 < Q < 3$: le coût marginal est positif et décroissant : le coût total croît ($Cm > 0$) à taux décroissant (Cm décroît).

– Pour $Q > 3$: le coût marginal est positif et croissant : le coût total croît ($Cm > 0$) à taux croissant (Cm croît).

– Au point I ($Q = 3$, $CT = 159$), la fonction de coût total cesse d'être concave et devient convexe, le point I est donc un point d'inflexion.

• ***Vérification de l'existence du point d'inflexion I***

Au point d'inflexion, la dérivée seconde de la fonction de coût total doit être nulle et sa dérivée première ne doit pas changer de signe.

La dérivée première de la fonction de coût total est égale au coût marginal (Cm).

La dérivée seconde de la fonction de coût total (CT") est donc égale à la dérivée de la fonction de coût marginal (Cm').

$$Cm = 3\,Q^2 - 20\,Q + 50.$$

On sait qu'une fonction de la forme $y = ax^2 + bx + c$ admet une dérivée de la forme $y' = 2ax + b$.

On a donc : $$Cm' = \frac{d^2\,CT}{dQ^2} = 6Q - 20.$$

On peut dont écrire :

$$CT'' = Cm' = 0 \Rightarrow 6Q - 20 = 0\,;$$

soit : $$6Q = 20 \quad \text{ou} \quad Q = \frac{20}{6} = \frac{10}{3} = 3{,}33.$$

La dérivée première $CT' = Cm = 3Q^2 - 20\,Q + 50$ est toujours positive. En effet, un trinôme du deuxième degré $y = ax^2 + bx + c$ est toujours du signe de a si son discriminant est négatif.

On peut calculer le discriminant réduit Δ' du trinôme considéré, puisque :

$$b = -20 = 2b', \text{ avec } b' = -10\,;$$

soit : $$\Delta' = b'^2 - ac = 100 - (3 \times 50) = -50.$$

Donc : $$\Delta' < 0 \Rightarrow Cm > 0, \text{ car } a = 3 \text{ est positif.}$$

Pour $Q = \frac{10}{3}$, $CT'' = 0$ et CT' ne change pas de signe : le point I, de coordonnées $Q = \frac{10}{3}$ et $CT = 164{,}59$, est un point d'inflexion de la courbe CT.

On remarque que, pour cette valeur de Q, le coût marginal est minimal. En effet, sa dérivée première par rapport à Q est nulle pour Q = 10/3 et sa dérivée seconde est toujours positive :

$$Cm'' = \frac{d^2\,Cm}{dQ^2} = 6.$$

c) Explication des positions respectives des courbes CM et Cm

Calculons la dérivée première de la fonction de coût moyen et étudions son signe, soit :

$$CM' = \frac{dCM}{dQ}, \quad \text{avec } CM = \frac{CT}{Q} \quad \text{et } CT = CT(Q).$$

Il s'agit d'une fonction composée de la forme $y = \frac{u}{v}$, qui admet une dérivée

de la forme : $y' = \frac{u'v - uv'}{v^2}$, où $u = CT$ et $v = Q$.

On a donc : $$CM' = \frac{\frac{dCT}{dQ}\,.\,Q - CT\,.\,\frac{dQ}{dQ}}{Q^2};$$

$$CM' = \frac{Cm\,.\,Q - CT}{Q^2} = \frac{Cm}{Q} - \frac{CT}{Q^2};$$

$$= \frac{1}{Q}\left(Cm - \frac{CT}{Q}\right) = \frac{1}{Q}(Cm - CM).$$

CM' a donc le même signe que (Cm – CM) :

– Pour Cm – CM < 0 ⇒ CM' < 0 et Cm < CM : le coût moyen décroît (CM' < 0) tant que le coût marginal lui est inférieur.

– Pour Cm – CM = 0 ⇒ CM' = 0 et Cm = CM : le coût moyen ne décroît plus et ne croît pas non plus (CM' = 0). Quand le coût moyen atteint un minimum, il est égal au coût marginal. On peut observer sur la figure 1 (p. 105) que, pour Q = 6 : CM = Cm = 38.

– Pour Cm – CM > 0 ⇒ CM' > 0 et Cm > CM : le coût moyen croît (CM' > 0) et dans ce cas le coût marginal lui est supérieur.

d) Positions respectives des courbes de coût variable moyen et de coût marginal, puis des courbes de coût moyen et de coût variable moyen.

• En procédant comme dans la question précédente, on démontre que le coût variable moyen est coupé en son minimum par le coût marginal, qu'il est décroissant tant que le coût marginal lui est inférieur et croissant dès qu'il lui est supérieur. En effet :

$$CVM = \frac{CVT}{Q} \quad \text{avec } CVT = CVT(Q).$$

La dérivée première du coût variable moyen est égale à :

$$CVM' = \frac{\frac{dCVT}{dQ} . Q - CVT . \frac{dQ}{dQ}}{Q^2}.$$

Or, la fonction CVT'(Q) est égale à la dérivée du coût total, c'est-à-dire au coût marginal.

En effet : $CVT = CT - CF$ et $CVT' = CT' = Cm$

(soit : $CVT = Q^3 - 10\ Q^2 + 50\ Q$ et $CVT' = 3\ Q^2 - 20\ Q + 50 = Cm$).

On peut donc écrire :

$$CVM' = \frac{Cm . Q - CVT}{Q^2} = \frac{Cm}{Q} - \frac{CVT}{Q^2} = \frac{1}{Q}(Cm - CVM).$$

CVM' a le même signe que (Cm – CVM).

– Pour $Cm - CVM < 0 \Rightarrow CVM' < 0$ et $Cm < CVM$: le coût variable moyen décroît ($CVM' < 0$) tant que le coût marginal lui est inférieur.

– Pour $Cm - CVM = 0 \Rightarrow CVM' = 0$ et $Cm = CVM$: le coût variable moyen ne décroît plus et ne croît pas non plus ($CVM' = 0$). Quand le coût variable moyen atteint un minimum, il est égal au coût marginal. On peut observer sur la figure 1 que, pour Q = 5 : CM = Cm = 25 (point H).

– Pour $Cm - CVM > 0 \Rightarrow CVM' > 0$ et $Cm > CVM$: le coût variable moyen croît ($CVM' > 0$) et dans ce cas le coût marginal lui est supérieur.

• Le coût variable moyen est égal à la différence entre le coût moyen et le coût fixe moyen :

$$CVM = CM - \frac{CF}{Q}.$$

On peut observer sur la figure 1 (p. 105) que la courbe CVM est située sous la courbe CM. Plus la quantité produite est grande, plus les deux courbes tendent à se rejoindre. En effet, le coût fixe moyen, égal à la différence entre CM et CVM, est une fonction décroissante de la quantité produite Q. Plus la quantité produite augmente, plus le coût fixe moyen (CF / Q) diminue et plus les deux coûts tendent à devenir égaux.

Exercice n° 10 Les coûts de l'entreprise en longue période

En longue période, une entreprise produit en employant deux facteurs de production : le travail (L) et le capital (K). Le tableau suivant présente différentes valeurs du coût total calculées en fonction de la quantité produite, pour trois situations différentes de courte période, auxquelles correspondent trois tailles de l'équipement (facteur capital) : K_1, K_2 et K_n, avec $K_1 < K_2 < K_n$.

K_1	**Q**	**1**	**2**	**3**	**4**	**5**	**6**	
	CT_1	100	168	240	340	475	660	
K_2	**Q**	**3**	**4**	**5**	**6**	**7**	**8**	**9**
	CT_2	288	311	338	384	444,5	544	684
K_n	**Q**	**8**	**9**	**10**	**11**	**12**	**13**	
	CT_n	568	594	620	676,5	804	994	

a) Calculer et représenter sur un graphique le coût moyen et le coût marginal de l'entreprise pour chacune des trois dimensions K_1, K_2 et K_n de l'équipement.

b) À partir du graphique de la question précédente, indiquer l'allure des courbes de coût moyen et de coût marginal de l'entreprise en longue période. Commenter.

CORRIGÉ

a) Pour chacune des tailles K_1, K_2 et K_n de l'équipement, les valeurs du **coût moyen** sont calculées à partir de la formule CM = CT/Q, en remplaçant CT et Q par leurs valeurs.

Le **coût marginal** (Cm) mesure l'augmentation du coût total provoquée par la production d'une unité supplémentaire du produit. Soit, entre deux quantités Q_0 et Q_1 :

$$Cm = \frac{\Delta CT}{\Delta Q} = \frac{CT_1 - CT_0}{Q_1 - Q_0}.$$

Les valeurs du coût moyen et du coût marginal relatives aux trois tailles de l'équipement figurent dans le tableau en haut de la page suivante.

Les coûts de l'entreprise sont représentés sur la figure 1 de la page 111.

b) En longue période, tous les facteurs de production sont variables.

Si les facteurs sont divisibles et adaptables, en disposant d'un grand nombre de courbes de coût moyen de courte période du type des courbes CM_1, CM_2 et CM_n, on peut tracer la **courbe de coût moyen de longue période** (CMLP). La courbe CMLP est l'enveloppe des courbes de coût moyen de courte période, ce qui signifie qu'elle est tangente à chacune des courbes de coût moyen de courte période (points de tangence A, B et C, figure 1).

Remarque : la courbe de coût moyen de longue période a été déterminée

	Q	1	2	3	4	5	6	
K_1	CT_1	100	168	240	340	475	660	
	CM_1	100	84	80	85	95	110	
	Cm_1	–	68	72	100	135	185	
	Q	3	4	5	6	7	8	9
K_2	CT_2	288	311	338	384	444,5	544	684
	CM_2	96	77,75	67,60	64	63,5	68	76
	Cm_2	–	23	27	46	60,5	99,5	140
	Q	8	9	10	11	12	13	
K_n	CT_n	568	594	620	676,5	804	994	
	CM_n	71	66	62	61,50	67	76,46	
	Cm_n	–	26	26	56,50	127,5	190	

graphiquement, mais il existe des méthodes analytiques qui débordent le cadre de cet ouvrage.

La courbe CMLP indique le coût moyen minimal que l'entreprise doit supporter pour chaque volume de production, quand elle peut choisir la taille de son équipement. Par exemple, pour produire la quantité Q = 5, l'entreprise supporte un coût moyen égal à 95 en utilisant l'équipement de taille 1 (K_1) et un coût moyen égal à 67,60 en utilisant l'équipement de taille 2 (K_2). En longue période, l'entreprise doit choisir la taille K_2 de l'équipement de façon à produire la quantité Q = 5 en supportant le coût unitaire le plus bas.

Remarque : la courbe CMLP est tangente aux courbes de coût moyen de courte période, mais ne l'est pas au minimum de chacune d'entre elles. Cette coïncidence n'existe qu'au point H (figure 1) pour la courbe de coût moyen de courte période la plus basse (même minimum que la courbe CMLP).

La décroissance du coût moyen de longue période (CMLP) indique que le coût moyen minimal de production baisse avec la quantité produite lorsque la taille de l'équipement augmente; l'augmentation de la taille de l'équipement permet donc à l'entreprise de réaliser des économies d'échelle qui correspondent à une phase de rendements d'échelle croissants.

À partir du point H (figure 1), CMLP croît, l'entreprise réalise des déséconomies d'échelle : les rendements d'échelle sont décroissants.

Le **coût marginal de longue période** (CmLP) mesure l'accroissement du coût total de longue période provoqué par la production d'une unité supplémentaire obtenue en modifiant les quantités employées des deux facteurs.

Chaque courbe de coût marginal de courte période est coupée par la courbe de coût marginal de longue période (CmLP) en un point dont l'abscisse (la quantité) est égale à celle du point de tangence entre les courbes des coûts moyens de courte période et de longue période (sur la figure 1 : les points A et D pour Q = 2, les points B et E pour Q = 5 et les points C et F pour Q = 12).

Figure 1
Les coûts en longue période

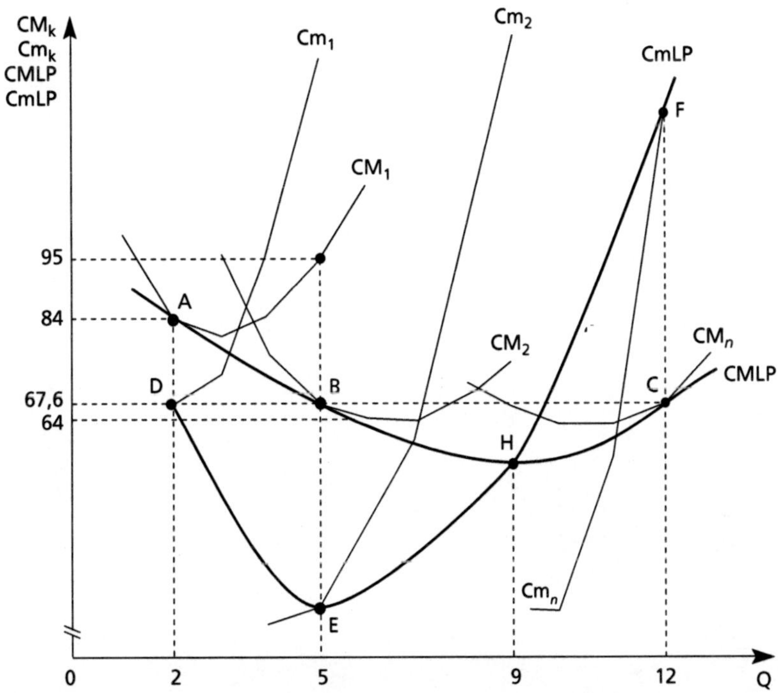

3

La concurrence pure et parfaite

Le marché d'un produit est le « lieu » où se rencontrent l'offre (les vendeurs) et la demande (les acheteurs) de ce produit.

Les marchés peuvent être distingués en se référant à la localisation et à l'étendue de leur aire géographique ou aux caractéristiques physiques et économiques du produit échangé. Ils peuvent aussi être caractérisés par le nombre de vendeurs et le nombre d'acheteurs en présence. Le tableau suivant illustre cette possibilité en définissant ***neuf formes de marché*** (classification de Stackelberg).

Offre / Demande	Grand nombre de vendeurs	Petit nombre de vendeurs	Vendeur unique
Grand nombre d'acheteurs	Concurrence parfaite	Oligopole	Monopole
Petit nombre d'acheteurs	Oligopsone	Oligopole bilatéral	Monopole contrarié
Acheteur unique	Monopsone	Monopsone contrarié	Monopole bilatéral

Le présent chapitre est consacré à la concurrence pure et parfaite, qui est une structure de marché caractérisée par le ***grand nombre de vendeurs et le grand nombre d'acheteurs*** (première case du tableau).

De façon plus précise, le régime de concurrence pure et parfaite est défini par les cinq hypothèses suivantes :

– ***L'atomicité de l'offre et de la demande*** : le prix de vente d'équilibre et la quantité totale du produit échangée sur le marché résultent de la rencontre entre un grand nombre d'entreprises de petite taille et un grand nombre d'acheteurs.

L'offre d'une entreprise ne représente qu'une infime partie de l'offre totale du produit sur le marché et la demande d'un consommateur ne représente qu'une infime partie de la demande totale du produit sur le marché. Une seule entreprise (un seul consommateur) ne peut donc pas modifier l'équilibre du marché en modifiant son offre (sa demande).

– ***L'homogénéité du produit échangé*** sur le marché : toutes les entreprises offrant le même produit, les demandes individuelles s'adressent indifféremment aux entreprises présentes sur le marché.

– ***L'information parfaite des producteurs et des consommateurs*** sur le prix de vente et les quantités demandées et offertes du produit.

– ***La liberté***, pour les offreurs et les acheteurs, ***d'entrer sur le marché et d'en sortir***.

– ***La libre circulation des facteurs de production*** entre les entreprises produisant des produits différents.

1. L'équilibre du marché

Sur le marché du produit, la confrontation de l'offre totale et de la demande totale permet la détermination du prix de vente d'équilibre et de la quantité totale échangée.

A. L'offre totale et la demande totale du produit

L'OFFRE TOTALE DU PRODUIT

Pour une période donnée, l'offre individuelle d'un produit est égale à la quantité du produit qu'une entreprise est prête à céder, pour un prix donné. En général, l'offre d'un produit est aussi considérée comme l'expression de l'ensemble des différentes quantités qu'une entreprise est prête à céder en fonction des différents niveaux de prix possibles.

L'offre individuelle d'une entreprise rationnelle, à la recherche du maximum de profit, est une ***fonction croissante du prix du produit***.

L'**offre totale du produit** sur le marché est égale à la ***somme des offres individuelles***, si l'on considère que le prix des facteurs de production employés pour la fabrication du produit est constant.

La courbe d'offre totale du produit (OT), représentée sur la figure 3.1, est obtenue par addition horizontale des courbes d'offre individuelle O_1, O_2 et O_3.

Figure 3.1
Les offres individuelles et l'offre totale du produit

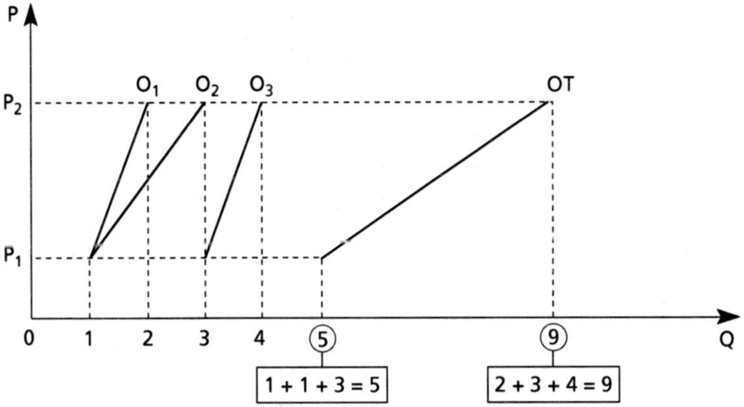

Remarque :

La courbe d'offre d'une entreprise en situation de concurrence pure et parfaite correspond à celle de son coût marginal (partie supérieure au coût moyen – *cf. infra*, p. 125), calculé pour un prix constant du facteur de production variable utilisé. L'atomicité de l'offre implique qu'une entreprise ne peut, seule, en modifiant sa production, faire varier le prix du facteur variable. En revanche, une variation de la quantité totale offerte du produit, c'est-à-dire une variation de la production de l'ensemble des entreprises, se traduit nécessairement par une modification de la demande totale du facteur variable utilisé par l'ensemble de ces entreprises. Le jeu de la demande totale du facteur variable provoque une variation du prix sur le marché de ce facteur, ce qui entraîne un déplacement de l'ensemble des courbes de coût marginal des entreprises et donc un déplacement des courbes d'offre individuelle. L'offre totale du produit doit normalement traduire les déplacements des courbes d'offre individuelle, liés aux variations du prix du facteur variable utilisé, ce que n'illustre pas la simple addition horizontale des courbes d'offre individuelle initiale.

LA DEMANDE TOTALE DU PRODUIT

Pour une période donnée, la demande individuelle d'un produit est égale à la quantité du produit qu'un individu est prêt à acquérir, pour un prix donné. En général, la demande d'un produit est aussi considérée comme l'expression de l'ensemble des différentes quantités qu'un individu est prêt à acquérir en fonction des différents niveaux de prix possibles.

La demande individuelle du produit est généralement une fonction décroissante de son prix de vente.

La **demande totale** du produit sur le marché est la ***somme des demandes individuelles***. La courbe de demande totale du produit (DT), représentée sur la figure 3.2, est obtenue par addition horizontale des courbes de demande individuelle D_1, D_2 et D_3.

Figure 3.2
Les demandes individuelles et la demande totale du produit

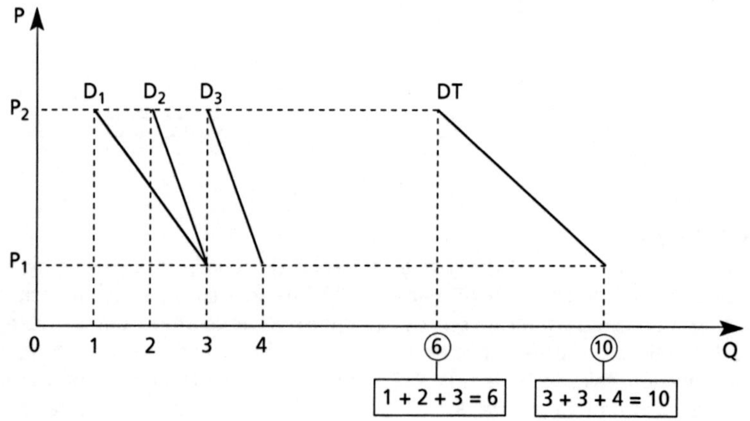

LA DÉTERMINATION DE L'ÉQUILIBRE DU MARCHÉ

Considérons le marché d'un produit représenté sur la figure 3.3.

L'équilibre du marché est atteint quand l'offre et la demande sont égales, ce qui se produit pour un prix unitaire égal à Pe et une quantité totale échangée du produit Qe.

L'équilibre ainsi obtenu est stable, d'un point de vue statique. En effet, on observe sur la figure 3.3 que :

• ***Mécanisme n° 1*** : pour un prix de vente unitaire $P_1 < Pe$, la demande est excédentaire (la quantité demandée est supérieure à la quantité offerte : $Q_3 > Q_2$). Certains acheteurs sont prêts à se procurer les quantités désirées du produit à un prix plus élevé. L'incitation à proposer un prix plus élevé dure tant que la demande excède l'offre. Les forces du marché jouent dans le sens d'un retour à la situation d'équilibre initial (Pe, Qe).

• ***Mécanisme n° 2*** : un prix de vente unitaire $P_2 > Pe$ provoque une offre excédentaire ($Q_4 > Q_1$). Les entreprises sont incitées à baisser leur prix tant que l'offre est supérieure à la demande. Les forces du marché jouent dans le sens d'un retour à la situation d'équilibre initial (Pe, Qe).

Figure 3.3
L'équilibre du marché du produit

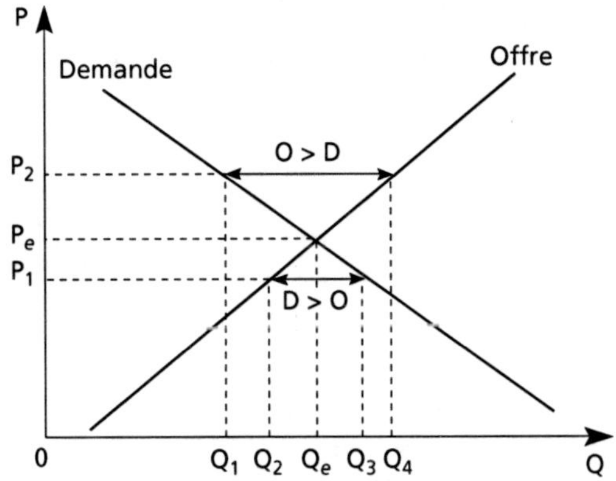

Remarque :

Cette approche constitue cependant une simplification de la réalité. En effet, on considère ici que le temps n'intervient pas dans la réalisation de cet équilibre :

– les offres et les demandes ne s'expriment pas en fonction des prix pratiqués antérieurement ;

– les mécanismes d'ajustement entre l'offre et la demande sont instantanés.

B. La notion de « surplus »

Le marché représenté sur la figure 3.4, page suivante, est équilibré pour un prix unitaire P = OI et une quantité totale échangée $Q = OQ_j$.

L'existence d'un prix de marché unique permet aux acheteurs et aux vendeurs de bénéficier d'un « gain psychologique » ou surplus.

Le produit du prix de marché (OI) par la quantité échangée (OQ_j), représenté graphiquement par la surface $OIEQ_j$, est égal à la dépense totale des consommateurs et à la recette totale des producteurs.

Si chaque unité du produit est échangée à son propre prix, la partie DE de la droite de demande indique le prix que les consommateurs acceptent de payer pour acquérir chacune des unités échangées. Par exemple, si le prix accepté pour la dernière unité Q_j est P = OI (le prix du marché), celui qui est accepté pour la Q_i^e unité est égal à OG.

Toutes les unités étant achetées au même prix (OI), on considère que les consommateurs bénéficient d'un gain psychologique par unité (surplus) égal à la différence entre le prix accepté et le prix de marché. Pour la Q_i^e unité, le surplus est égal à IG = OG – OI.

Pour l'ensemble des unités échangées, on détermine la dépense totale acceptée par les consommateurs (surface $ODEQ_j$) et leur surplus, qui est égal à la différence entre la dépense totale acceptée et la dépense totale effective (surface IDE = $ODEQ_j - OIEQ_j$).

En raisonnant de manière similaire pour les producteurs, on détermine, à partir de la droite d'offre, la recette totale acceptée pour la vente de l'ensemble des unités échangées (surface $OSEQ_j$) et le surplus des producteurs (surface SIE).

Figure 3.4
Le surplus des consommateurs et le surplus des producteurs

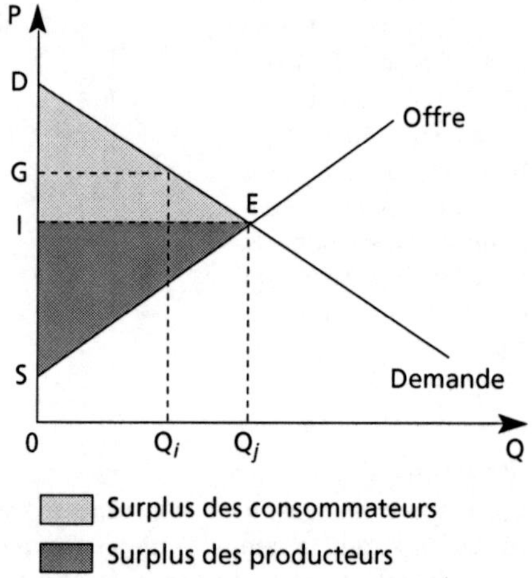

Ce dernier est égal à la différence entre la recette totale des producteurs et la recette totale acceptée (surface SIE = $OIEQ_j - OSEQ_j$).

C. La « loi de l'offre et de la demande »

L'offre et la demande totales du produit dépendent du prix de vente du produit, mais sont aussi soumises à l'influence de nombreux autres facteurs.

– L'offre totale dépend aussi du niveau technologique des entreprises, du coût des facteurs de production, etc.

– La demande totale est aussi fonction des préférences des consommateurs, du niveau de leurs revenus, du prix des autres biens, etc.

L'offre et la demande totales (courbes O et D de la figure 3.5) sont donc respectivement des fonctions croissante et décroissante du prix du produit, toutes choses égales par ailleurs, c'est-à-dire pour un niveau donné et supposé constant de leurs autres déterminants.

Chaque fois que l'un ou l'ensemble des déterminants de l'offre et de la demande, autres que le prix, passent d'un état à un autre, l'offre et la demande sont modifiées. Ces modifications se traduisent graphiquement par des déplacements des courbes d'offre et de demande.

La figure 3.5 et le tableau suivant illustrent plusieurs situations possibles de retour à l'équilibre du marché après que se sont produites des modifications de l'offre ou de la demande (déplacements parallèles des droites O et D : pentes supposées constantes).

Figure 3.5
La « loi de l'offre et de la demande »

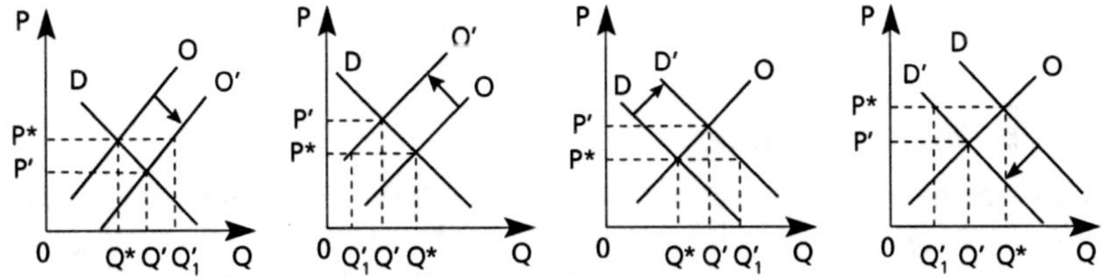

a) Augmentation de l'offre — b) Diminution de l'offre — c) Augmentation de la demande — d) Diminution de la demande

Analyse de la figure 3.5 :

Figure	Cas	Équilibre initial	Situation créée	Effet des forces du marché		Nouvel équilibre
				P	Q	
3.5 (a)	Augmentation de l'offre	(P*, Q*)	Excès d'offre	↘	↗	(P', Q')
3.5 (b)	Diminution de l'offre	(P*, Q*)	Excès de demande	↗	↘	(P', Q')
3.5 (c)	Augmentation de la demande	(P*, Q*)	Excès de demande	↗	↗	(P', Q')
3.5 (d)	Diminution de la demande	(P*, Q*)	Excès d'offre	↘	↘	(P', Q')

2. L'équilibre de l'entreprise en courte période

En régime de concurrence pure et parfaite, une entreprise n'assure qu'une part infime de l'offre totale du produit (atomicité de l'offre). Elle est rationnelle et son objectif est de maximiser le profit total, qui est égal à la différence entre la recette totale perçue et le coût total supporté.

A. Le prix de vente et la demande à l'entreprise

LE PRIX DE VENTE D'ÉQUILIBRE

L'entreprise ne peut pas fixer librement son prix de vente. ***Elle doit adopter le prix d'équilibre du marché*** (l'entreprise est « *price taker* »). En effet :

– le choix d'un prix de vente ***supérieur au prix d'équilibre*** ferait perdre tous ses clients à l'entreprise. Le produit étant homogène et l'information parfaite, les acheteurs s'adresseraient aux autres entreprises;

– le choix d'un prix de vente ***inférieur au prix d'équilibre*** serait irrationnel pour l'entreprise puisqu'elle a la certitude d'écouler la totalité de sa production en adoptant le prix d'équilibre.

LA DEMANDE À L'ENTREPRISE

La figure 3.6 (a), page ci-contre, illustre l'équilibre du marché du produit au point E (Pe, QT). On sait que le prix d'équilibre Pe s'impose à l'entreprise. Quelle que soit la quantité considérée, le prix de vente est constant (P = Pe) et la ligne de prix au niveau Pe, parallèle à l'axe des quantités, représente la demande adressée à l'entreprise, parfaitement élastique [figure 3.6 (b)].

B. Les recettes de l'entreprise

LA RECETTE MOYENNE (RM)

Quelle que soit la quantité vendue par l'entreprise, chaque unité cédée lui rapporte une recette moyenne (ou unitaire) constante, égale au prix Pe,

soit : RM = Pe.

Figure 3.6
La concurrence pure et parfaite en courte période

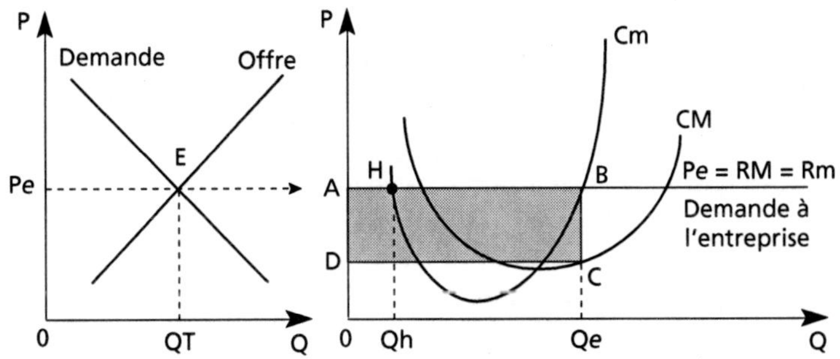

a) L'équilibre du marché   b) L'équilibre de l'entreprise

La ligne de prix au niveau Pe représente la demande à l'entreprise et la recette moyenne de l'entreprise [figure 3.6 (b)].

LA RECETTE TOTALE (RT)

La recette totale perçue par l'entreprise est égale au produit de la recette moyenne par la quantité vendue,

soit : $RT = RM \, . \, Q = Pe \, . \, Q.$

LA RECETTE MARGINALE (Rm)

La recette marginale de l'entreprise est égale à la dérivée de la fonction de recette totale RT(Q),

soit : $Rm = \frac{dRT}{dQ} = Pe.$

Elle est constante et égale au prix d'équilibre du marché Pe. Chaque unité supplémentaire vendue rapporte à l'entreprise un surcroît de recette totale constant, égal au prix unitaire du produit.

La ligne de prix au niveau Pe représente donc la demande à l'entreprise, la recette moyenne et la recette marginale [figure 3.6 (b)].

C. L'équilibre de l'entreprise

LE PROFIT TOTAL, LE PROFIT MOYEN ET LE PROFIT MARGINAL

– On sait que le **profit total** (ΠT) est égal à la différence entre la recette totale et le coût total,

soit : $\Pi T = RT - CT.$

– Le **profit moyen** est le profit réalisé par unité produite et vendue,

soit : $\Pi M = \frac{\Pi T}{Q}.$

Il est donc égal à la différence entre la recette moyenne et le coût moyen :

$$\Pi M = \frac{\Pi T}{Q} = \frac{RT - CT}{Q} = \frac{RT}{Q} - \frac{CT}{Q} = RM - CM.$$

– Le **profit marginal** de l'entreprise (Πm) mesure la variation du profit total (ΔΠT) induite par la production et la vente d'une unité supplémentaire du produit (ΔQ),

soit : $\Pi m = \frac{\Delta \Pi T}{\Delta Q} = \frac{\Delta RT}{\Delta Q} - \frac{\Delta CT}{\Delta Q} = Rm - Cm.$

Pour des variations infiniment petites de la quantité, la recette marginale est égale à la dérivée de la fonction de profit total ΠT(Q),

soit : $\Pi m = \Pi T'(Q) = \frac{d\Pi T}{dQ} = \frac{dRT}{dQ} - \frac{dCT}{dQ} = Rm(Q) - Cm(Q).$

Rappel : en situation de concurrence pure et parfaite, Rm = Pe = Cte.

LA RECHERCHE DU PROFIT TOTAL MAXIMAL

L'entreprise doit déterminer la quantité qui lui permet de maximiser le profit total, en vendant le produit au prix d'équilibre du marché (Pe).

■ La démarche de l'entreprise : le « raisonnement à la marge »

Dans ce raisonnement, considérons que le coût marginal croît avec la quantité Q qui est une variable discrète. L'entreprise compare les effets induits par la production et la vente d'une unité supplémentaire du produit (ΔQ). Comme l'illustre l'encadré page ci-contre, l'entreprise compare donc les valeurs prises par le coût marginal $\left(Cm = \frac{\Delta CT}{\Delta Q}\right)$ et la recette marginale $\left(Rm = \frac{\Delta RT}{\Delta Q} = Pe\right)$.

La méthode d'analyse de l'entreprise

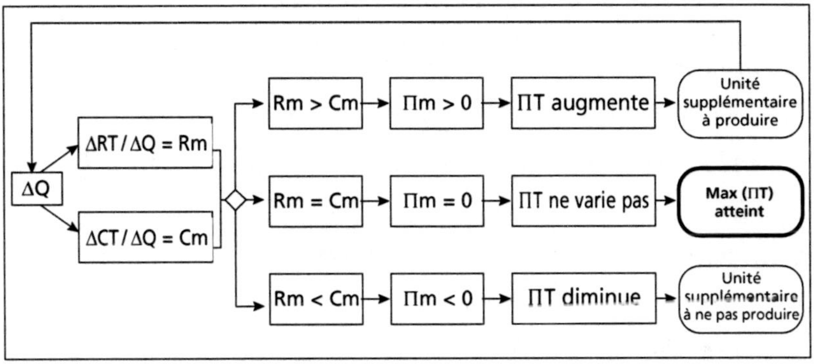

Tant que la recette marginale est supérieure au coût marginal, le profit marginal ($\Pi m = Rm - Cm$) est positif, le profit total augmente $\left(\Pi m = \dfrac{\Delta \Pi T}{\Delta Q} > 0\right)$ et l'unité supplémentaire considérée doit être produite et vendue. Dès que le profit marginal est négatif, le profit total diminue et l'unité supplémentaire considérée ne doit pas être produite et vendue.

Pour maximiser le profit total, l'entreprise doit produire et vendre les unités supplémentaires successives qui induisent une augmentation du profit total.

Le profit total est maximal pour une quantité produite et vendue telle que :

$$\Pi m = 0, \quad \text{soit : } Rm = Cm.$$

On observe sur la figure 3.6 (b) que l'égalité Rm = Pe = Cm est réalisée au point B, pour la quantité Q = Qe.

Remarque :
La droite de recette marginale coupe aussi la courbe de coût marginal Cm, dans sa partie décroissante, au point H, pour Q = Qh ; toutefois, pour cette quantité, une perte est réalisée car Pe < CM. À l'équilibre, la quantité produite et vendue doit être telle que la droite de recette marginale coupe la courbe de coût marginal dans sa partie croissante.

Pour la quantité choisie Qe, le profit moyen réalisé ΠM est représenté par le segment BC [figure 3.6 (b)].

En effet : $\Pi M = RM - CM = QeB - QeC = BC.$

Le profit total ΠT est représenté par la surface du rectangle ABCD (l'aire d'un rectangle est égal au produit de ses deux dimensions).

En effet : $\Pi T = \Pi M \,.\, Q = BC \,.\, OQe = BC \,.\, DC.$

■ L'équilibre de l'entreprise : la recherche de l'existence d'un maximum de la fonction de profit total

Si la fonction de profit total $\Pi T(Q)$ est connue, la quantité optimale Qe peut être déterminée en vérifiant que la fonction $\Pi T(Q)$ présente un maximum.

Deux conditions doivent être remplies (cf. chapitre préliminaire) :

1°) ***La condition d'existence d'un extremum :*** $\Pi T'(Q) = \Pi m(Q) = \dfrac{d\Pi T}{dQ} = 0$.

Sachant que : $\Pi T'(Q) = Rm(Q) - Cm(Q)$,

la condition devient : $\Pi T'(Q) = Rm(Q) - Cm(Q) = 0$,

soit : $Rm(Q) = Cm(Q)$ et, dans ce cas : $Rm(Q) = Pe = Cm(Q)$.

2°) ***La condition d'existence d'un maximum :*** $\Pi T''(Q) < 0$.

Avec : $\Pi T''(Q) = \dfrac{d^2 \Pi T}{dQ^2} = \Pi m'(Q) = Rm'(Q) - Cm'(Q)$,

la condition devient : $Rm'(Q) - Cm'(Q) < 0$.

Pour $Rm(Q) = Pe =$ constante, $Rm'(Q) = 0$, et la condition d'existence d'un maximum devient :

$$0 - Cm'(Q) < 0,$$

soit : $Cm'(Q) > 0$.

Le profit total est maximal pour ***la quantité qui permet l'égalité du prix d'équilibre Pe et du coût marginal, dans la partie croissante de sa courbe représentative*** ($Cm' > 0$).

LA COURBE D'OFFRE INDIVIDUELLE DE L'ENTREPRISE EN COURTE PÉRIODE

L'entrepreneur maximise son profit total en choisissant ***la quantité pour laquelle la recette marginale est égale au coût marginal*** (Rm = Cm).

L'examen de la figure 3.7 permet de noter que :

– pour un prix de marché égal à P_4, Rm = Cm pour la quantité Q_4 (point A) ;

– pour un prix de marché égal à $P_3 < P_4$, Rm = Cm pour la quantité Q_3 (point B).

Tout prix de marché définit donc pour l'entreprise une recette marginale constante qui lui permet de choisir la quantité à produire pour réaliser le maximum de profit. Chaque point de la courbe de coût marginal associe à un prix de marché une quantité que l'entrepreneur est prêt à offrir, parce qu'elle lui permet de réaliser le maximum de profit total.

Figure 3.7
La courbe d'offre de courte période

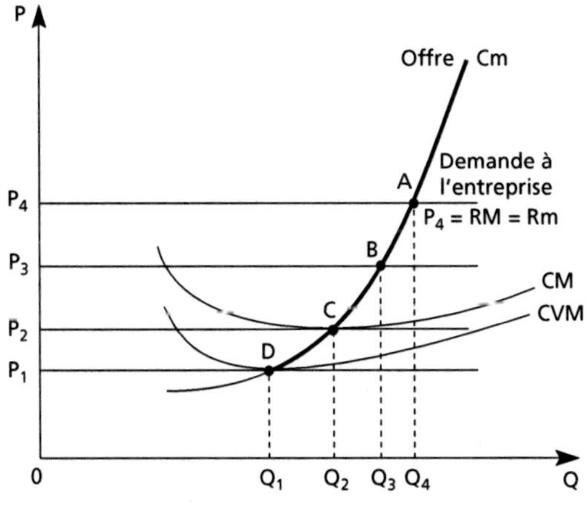

• Quand le prix de marché atteint le niveau : $P_2 = min$ [CM], l'égalité $Rm = P_2 = Cm$ (point C) est obtenue pour la quantité produite Q_2 et le profit maximal réalisé est nul : ($RM = P_2 = CM \Rightarrow \Pi M = 0$ et $\Pi T = 0$). Pour le prix P_2, l'entreprise atteint donc son « ***seuil de rentabilité*** ».

• Pour $P < P_2$, l'entreprise ne couvre plus son coût moyen (RM < CM) et réalise une ***perte***.

• Quand le prix de marché est égal à P_1, l'entreprise couvre son coût variable moyen, mais ne couvre plus son coût fixe moyen (point D) : elle atteint son « ***seuil de fermeture*** ».

La courbe d'offre de courte période de l'entreprise est donc seulement représentée par la partie croissante de la courbe de coût marginal, supérieure au coût variable moyen.

3. L'équilibre de l'entreprise en longue période

A. L'équilibre du marché

Les profits réalisés, en courte période, par les entreprises existantes, incitent de nouvelles entreprises à pénétrer sur le marché pour y offrir le produit considéré et réaliser des profits (hypothèse de libre entrée).

L'arrivée de nouvelles entreprises entraîne l'augmentation de l'offre totale du produit sur le marché [figure 3.8 (a)]; la droite d'offre se déplace en effet vers la droite, parallèlement à elle-même si l'on suppose que sa pente n'est pas modifiée. Pour une demande totale inchangée, l'augmentation de l'offre totale induit une baisse du prix d'équilibre et une augmentation de la quantité totale échangée, comme l'illustrent les points d'équilibre successifs : A (P_3, Q*a*), B (P_2, Q*b*) et C (P_1, Q*c*).

B. L'équilibre de l'entreprise

Tous les facteurs de production étant variables, l'entrepreneur peut choisir la taille de son entreprise afin de minimiser ses coûts de production. Les coûts de courte période et de longue période de l'une des entreprises sont représentés sur la figure 3.8 (b).

Figure 3.8
L'équilibre en longue période

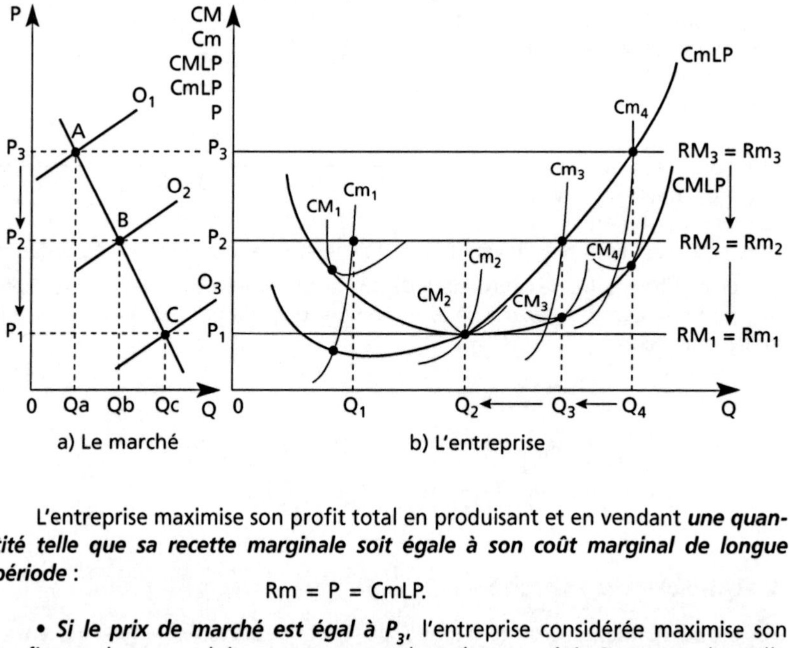

L'entreprise maximise son profit total en produisant et en vendant ***une quantité telle que sa recette marginale soit égale à son coût marginal de longue période*** :

$$Rm = P = CmLP.$$

• ***Si le prix de marché est égal à P_3***, l'entreprise considérée maximise son profit total en produisant et en vendant la quantité Q_4, pour laquelle $Rm_3 = P_3 = CmLP$. Pour produire la quantité Q_4, l'entreprise doit choisir la taille n° 4 de son équipement ($Q = Q_4 \Rightarrow CmLP = Cm_4$ et $CMLP = CM_4$). Les profits réalisés par les entreprises existantes (pour Q_4 : $P_3 > CMLP$) incitent de nouvelles entreprises à pénétrer sur le marché, ce qui provoque une augmentation de l'offre totale du produit et une baisse du prix de marché de P_3 à P_2.

• ***Pour $P = P_2$***, l'entreprise considérée maximise son profit total en produisant la quantité Q_3, pour laquelle $P_2 = Rm_2 = CmLP$. L'entreprise doit choisir la taille qui correspond à CM_3 et non pas celle qui correspond à CM_1 ; le choix de la taille n° 3 lui permet en effet de réaliser un profit total plus élevé que celui qu'elle aurait réalisé à partir de la taille n° 1, en produisant la quantité Q_1.

Les entreprises soumises au nouveau prix de marché P_2 réalisant un profit positif ($P_2 > CMLP$), de nouvelles entreprises vont être incitées à pénétrer sur le marché.

• ***Quand le prix d'équilibre devient égal à P_1***, l'équilibre de longue période de l'entreprise est atteint pour la quantité produite Q_2, qui permet l'égalité :

$$P_1 = Rm_1 = CmLP.$$

Ce nouvel équilibre étant caractérisé par un profit total maximal nul ($P_1 = CMLP$), l'incitation à pénétrer sur le marché disparaît et l'offre totale du produit se stabilise.

En concurrence pure et parfaite et en longue période, les profits deviennent nuls. Soulignons qu'il paraît plus adapté de parler de la disparition des ***superprofits*** (profits « anormaux ») puisque les recettes perçues par les entreprises sont suffisantes pour leur permettre de couvrir leurs coûts de production et donc pour leur permettre de rémunérer les facteurs de production L et K employés.

Remarque :

Pour produire la quantité Q_2 en supportant le coût moyen le plus faible possible, l'entrepreneur choisit la taille qui correspond à la courbe CM_2. Cette ***taille minimale optimale*** est telle que le point de tangence entre CMLP et CM_2 correspond au minimum de chacune de ces deux courbes.

4. Exercices

Exercice n° 11 L'équilibre du marché

Le marché d'un produit fonctionne selon les règles de la concurrence pure et parfaite. Les cent entreprises présentes sur ce marché ont la même fonction d'offre individuelle de courte période, illustrée par le tableau n° 1, où P est le prix unitaire du produit et QO la quantité offerte par l'entreprise.

Tableau n° 1

P	10	9	8	7	6	5	4	3	2	1
QO	180	157,5	135	112,5	90	67,5	45	22,5	0	–

Les acheteurs du produit sont supposés avoir deux types de comportement de consommation illustrés par le tableau n° 2 :

Tableau n° 2

P	10	9	8	7	6	5	4	3	2	1
QdA	1	1,5	2	2,5	3	3,5	4	4,5	5	5,5
QdB	2	3	4	5	6	7	8	9	10	11

QdA est la quantité demandée par un individu appartenant à la catégorie A et QdB, la quantité demandée par un individu appartenant à la catégorie B. Chaque catégorie d'acheteurs regroupe mille individus.

a) En utilisant les données du tableau n° 1, représenter la courbe d'offre individuelle de courte période du produit. Déterminer l'équation de cette droite.

b) Représenter graphiquement l'offre totale de courte période du produit (courbe O_1), en supposant que le prix du facteur de production variable utilisé est constant.

c) À partir des données du tableau n° 2, représenter les deux courbes de demande individuelle et déterminer les équations des droites ainsi obtenues.

d) Représenter sur un graphique la demande totale du produit (courbe D_1).

e) Déterminer la solution d'équilibre du marché, graphiquement et par le calcul.

f) À partir de la solution d'équilibre calculée dans la question précédente, étudier :

1°) l'effet d'une augmentation de l'offre totale du produit, dont l'équation devient : $QO_2 = 2\,250\ P - 750$ (courbe O_2) ;

2°) l'effet d'une diminution de la demande totale du produit, dont l'équation devient : $QD_2 = -1\,500\ P + 14\,250$ (courbe D_2) ;

3°) l'effet d'une diminution de l'offre totale du produit correspondant à un retour de la courbe d'offre totale à sa position initiale O_1 ;

4°) l'effet d'une augmentation de la demande totale du produit correspondant à un retour de la courbe de demande totale à sa position initiale D_1.

CORRIGÉ

a) L'offre individuelle du produit, représentée sur la figure 1, croît avec le prix unitaire. On observe qu'il s'agit d'une droite dont l'équation est de la forme $y = ax + b$. Sa pente a est constante et peut être calculée entre deux de ses points, par exemple les points (P = 2, QO = 0) et (P = 3, QO = 22,5),

soit :
$$a = \frac{\Delta Q0}{\Delta P} = \frac{22{,}5 - 0}{3 - 2} = 22{,}5\,;$$

l'équation de l'offre individuelle est donc : $QO = 22{,}5\ P + b$.

• Les coordonnées d'un point de la droite, par exemple (P = 2, QO = 0), vérifiant son équation, on peut écrire : $0 = (22{,}5 \times 2) + b$, soit : $b = -45$.

L'offre individuelle du produit admet donc pour équation : $QO = 22{,}5\ P - 45$.

• Cette équation peut aussi être calculée en considérant que les coordonnées des deux points précédents la vérifient. La forme de l'équation étant $QO = aP + b$, on obtient :

– pour le premier point : $0 = 2a + b$ (1)
– pour le deuxième : $22{,}5 = 3a + b$ (2).

On peut calculer a et b en résolvant le système formé par les équations (1) et (2). En retranchant membre à membre [(2) – (1)], on obtient :

$$22{,}5 - 0 = 3a - 2a + b - b, \quad \text{soit } a = 22{,}5.$$

À partir de l'équation (1), on peut écrire : $b = -2a = -2(22{,}5) = -45$.

L'offre individuelle du produit a bien pour équation : $QO = 22{,}5\ P - 45$.

Figure 1
L'offre individuelle du produit

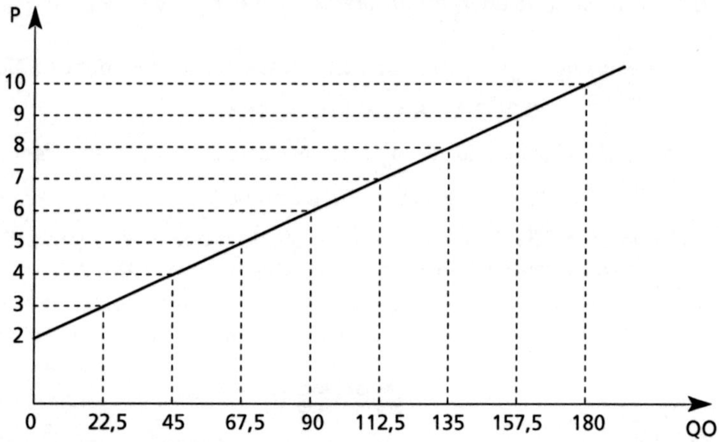

b) L'offre totale du produit correspond à l'ensemble des offres des cent entreprises présentes sur le marché. La courbe d'offre totale peut être obtenue en additionnant horizontalement les offres individuelles, si et seulement si le prix du facteur de production variable utilisé est constant.

La construction de la courbe d'offre totale revient donc à associer à chaque valeur de P une quantité offerte de produit, QO_1, égale à cent fois la quantité QO.

Tableau n° 3

P	**10**	**9**	**8**	**7**	**6**	**5**	**4**	**3**	**2**	**1**
QO	180	157,5	135	112,5	90	67,5	45	22,5	0	–
QO_1	18 000	15 750	13 500	11 250	9 000	6 750	4 500	2 250	0	–

L'offre totale du produit, représentée sur la figure 2, croît, comme les offres individuelles, avec le prix unitaire du produit.

La courbe d'offre totale représente la fonction $QO_1 = 2\,250\ P - 4\,500$, obtenue en multipliant l'équation de l'offre individuelle par 100, soit :

$$QO_1 = (22{,}5\ P - 45)\ 100.$$

Figure 2
L'offre totale du produit

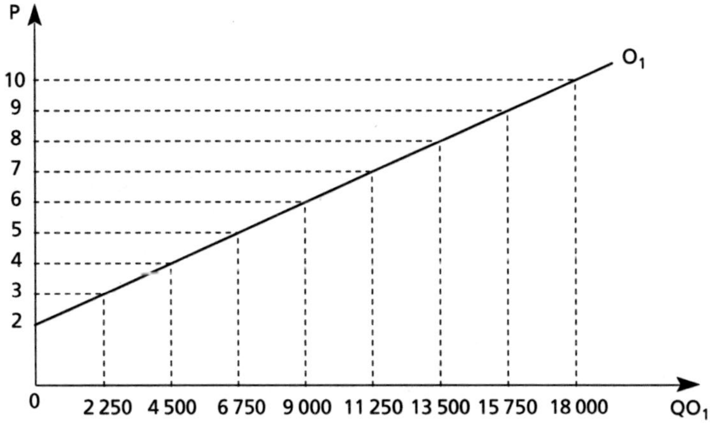

c) La figure 3 représente **les deux courbes de demande individuelle du produit**.

Figure 3
Les demandes individuelles du produit

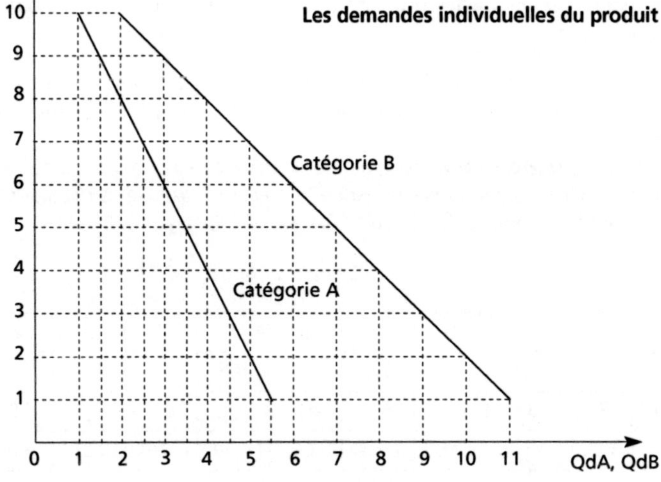

Les équations de ces deux droites sont de la forme $y = ax + b$. Comme dans la première question, on peut calculer la pente a de chacune des droites entre deux de leurs points :

- ***Courbe de la catégorie A***

Entre les points de coordonnées suivantes (P = 1, QdA = 5,5) et (P = 2, QdA = 5) :

$$a = \frac{\Delta QdA}{\Delta P} = \frac{5 - 5{,}5}{2 - 1} = -0{,}5.$$

Donc, l'équation de la demande de la catégorie A est QdA = – 0,5 P + b.

En utilisant les coordonnées de l'un des points de la droite, par exemple (P = 1, QdA = 5,5), on peut écrire : 5,5 = (– 0,5 × 1) + b, soit b = 5,5 + 0,5 = 6.

La demande individuelle de la catégorie A admet donc pour équation :

$$QdA = -0{,}5\,P + 6.$$

- ***Courbe de la catégorie B***

Entre les points de coordonnées suivantes (P = 1, QdB = 11) et (P = 2, QdB = 10) :

$$a = \frac{\Delta QdB}{\Delta P} = \frac{10 - 11}{2 - 1} = -1.$$

On a donc QdB = – P + b. En utilisant les coordonnées de l'un des points de la droite, par exemple (P = 1, QdB = 11), on peut écrire :

$$11 = (-1 \times 1) + b, \text{ soit } b = 11 + 1 = 12.$$

La demande individuelle de la catégorie B admet donc pour équation :

$$QdB = -P + 12.$$

Les pentes des deux droites de demande sont toutes les deux négatives, les demandes individuelles du produit sont des fonctions décroissantes du prix unitaire.

d) La demande totale du produit correspond à la somme des mille demandes individuelles de la catégorie A et des mille demandes individuelles de la catégorie B.

La **construction de la courbe de demande totale**, par addition horizontale des courbes de demande individuelle, revient à associer à chaque valeur de P une quantité demandée de produit QD1 = 1 000 QdA + 1 000 QdB.

Tableau n° 4

P	**10**	**9**	**8**	**7**	**6**	**5**	**4**	**3**	**2**	**1**
QdA	1	1,5	2	2,5	3	3,5	4	4,5	5	5,5
QdB	2	3	4	5	6	7	8	9	10	11
QD_1	3 000	4 500	6 000	7 500	9 000	10 500	12 000	13 500	15 000	16 500

La figure 4 représente ces points.

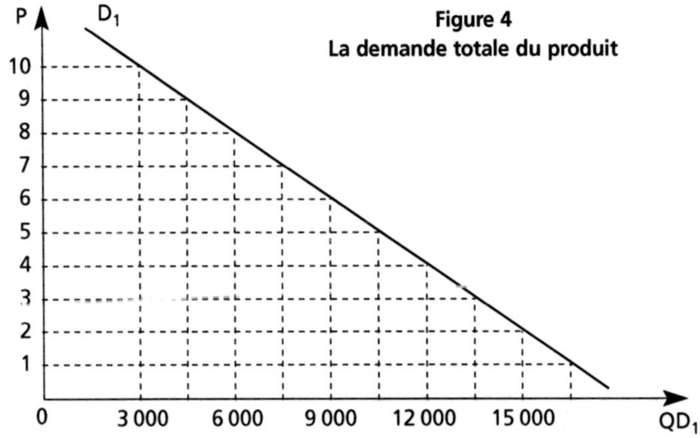

Figure 4
La demande totale du produit

La courbe de demande totale peut être obtenue à partir de l'équation :

$$QD_1 = -1\,500\ P + 18\,000,$$

obtenue par addition des deux équations de demande individuelle, préalablement multipliées par 1 000,

soit : $$QD_1 = [(-0{,}5\ P + 6)\ 1\,000] + [(-P + 12)\ 1\,000]$$
$$= -1\,500\ P + 18\,000.$$

e) Le marché du produit, **représenté sur la figure 5**, indique que le prix P = 6 permet d'égaliser les quantités offertes et demandées. L'offre totale (droite O_1) et la demande totale (droite D_1) se rencontrent au point E_1 et le prix P = 6 permet l'égalité $QO_1 = QD_1 = 9\,000$.

Calculons la solution d'équilibre à partir des équations de l'offre totale et de la demande totale.

L'équilibre est réalisé sur le marché pour $QO_1 = QD_1$,

soit : $$2\,250\ P - 4\,500 = -1\,500\ P + 18\,000$$
$$2\,250\ P + 1\,500\ P = 18\,000 + 4\,500$$
$$3\,750\ P = 22\,500$$
$$P = \frac{22\,500}{3\,750} = 6.$$

Pour P = 6 : $$QO_1 = (2\,250 \times 6) - 4\,500 = 9\,000;$$
$$QD_1 = (-1\,500 \times 6) + 18\,000 = 9\,000.$$

Figure 5
L'équilibre du marché du produit

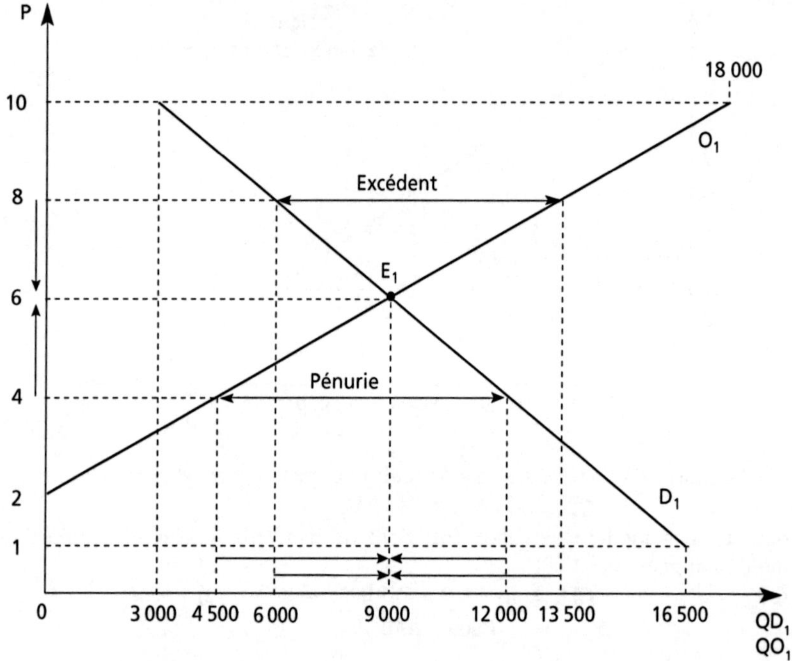

– ***Pour un prix P > 6,*** par exemple P = 8, l'offre du produit est excédentaire (QO_1 = 13 500, QD_1 = 6 000 et l'excédent est égal à $QO_1 - QD_1$ = 7 500).

Les entreprises doivent baisser leur prix pour pouvoir écouler cet excédent sur le marché.

– ***Pour un prix P < 6,*** par exemple P = 4, la demande est excédentaire (pénurie). Il manque 7 500 unités du produit sur le marché (QO_1 = 4 500, QD_1 = 12 000 et $QO_1 - QD_1$ = – 7 500).

La concurrence opère alors entre les demandeurs, qui doivent offrir un prix plus élevé pour acquérir les quantités souhaitées du produit.

Quel que soit le prix considéré, le jeu de l'offre et de la demande conduit à la situation d'équilibre E_1 (P = 6, $QO_1 = QD_1$ = 9 000) qui ne peut être modifiée que par des changements dans les conditions de l'offre et de la demande (modifications de l'un ou de plusieurs des déterminants de l'offre et/ou de la demande autres que le prix du produit).

f) Effets des variations de l'offre totale et de la demande totale sur l'équilibre du marché

Figure 6

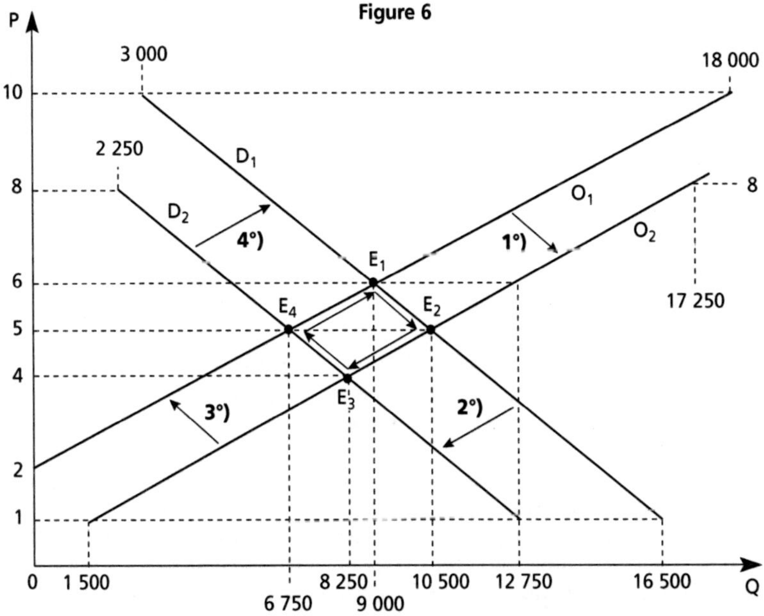

1°) Une ***augmentation de l'offre*** signifie que, pour un prix donné, la quantité offerte augmente.

La nouvelle droite d'offre totale O_2, d'équation $QO_2 = 2\,250\ P - 750$, est représentée sur la figure 6. Elle passe par deux points :

$$P = 1 \Rightarrow QO_2 = 2\,250 - 750 = 1\,500\,;$$

$$P = 8 \Rightarrow QO_2 = (2\,250 \times 8) - 750 = 17\,250.$$

On observe que l'augmentation de l'offre totale se traduit par un déplacement de la courbe d'offre O_1 vers la droite, parallèlement à elle-même, les droites O_1 et O_2 ayant la même pente égale à 2 250.

Le point E_1 n'est plus la solution d'équilibre correspondant à la confrontation des courbes d'offre et de demande O_2 et D_1. Au prix $P = 6$, l'offre est excédentaire de 3 750 unités (12 750 – 9 000) et les entreprises doivent donc baisser leur prix pour pouvoir écouler ce surplus de production. Quand le prix est fixé à $P = 5$, on peut lire sur la figure 6 que $QO_2 = QD_1 = 10\,500$: le nouvel équilibre E_2 est atteint.

Comme précédemment, on peut calculer la solution d'équilibre à partir de l'égalité $QO_2 = QD_1$,

soit : $2\,250\,P - 750 = -1\,500\,P + 18\,000$

$2\,250\,P + 1\,500\,P = 18\,000 + 750$

$3\,750\,P = 18\,750$

$P = \dfrac{18\,750}{3\,750} = 5.$

Pour P = 5, $QO_2 = (2\,250 \times 5) - 750 = 10\,500;$

$QD_2 = (-1\,500 \times 5) + 18\,000 = 10\,500.$

2°) Une ***diminution de la demande*** signifie que, pour un prix donné, la quantité demandée est moins grande.

La nouvelle droite de demande totale D_2, d'équation $QD_2 = -1\,500\,P + 14\,250$, est représentée sur la figure 6. Elle passe par deux points :

$P = 1 \Rightarrow QD_2 = -1\,500 + 14\,250 = 12\,750;$

$P = 8 \Rightarrow QD_2 = (-1\,500 \times 8) + 14\,250 = 2\,250.$

La diminution de la demande totale se traduit par un déplacement de la courbe de demande D_1 vers la gauche, parallèlement à elle-même, les droites D_1 et D_2 ayant la même pente égale à – 1 500.

Le point E_2 n'est plus la solution d'équilibre correspondant à la confrontation des courbes d'offre et de demande O_2 et D_2. Au prix P = 5, l'offre étant excédentaire de 3 750 unités (10 500 – 6 750), les entreprises doivent baisser leur prix pour pouvoir écouler ce surplus de production. Quand le prix est fixé à P = 4, on peut lire sur la figure 6 que $QO_2 = QD_2 = 8\,250$: le nouvel équilibre E_3 est atteint.

3°) Une ***diminution de l'offre*** signifie que, pour un prix donné, la quantité offerte est moins grande.

La droite d'offre totale se déplace de la position O_2 à la position O_1. Le point E_3 n'est plus la solution d'équilibre correspondant à la confrontation des courbes d'offre et de demande O_1 et D_2. Au prix P = 4, la demande est excédentaire de 3 750 unités et les acheteurs sont prêts à payer un prix plus élevé pour acquérir les quantités souhaitées. Quand le prix est fixé à P = 5, on peut lire sur la figure 6 que $QO_1 = QD_2 = 6\,750$: le nouvel équilibre E_4 est atteint.

4°) Une ***augmentation de la demande*** signifie que, pour un prix donné, la quantité demandée est plus grande.

La droite de demande totale D_2 revient à sa position initiale D_1. Le point E_4 n'est plus la solution d'équilibre correspondant à la confrontation des courbes d'offre et de demande O_1 et D_1. Au prix P = 5, la demande est excédentaire de 3 750 unités. Les acheteurs sont prêts à payer un prix plus élevé pour acquérir les quantités souhaitées. Quand le prix est fixé à P = 6, on peut lire sur la figure 6 que $QO_1 = QD_1 = 9\,000$: le marché est revenu à sa situation d'équilibre initial E_1.

Exercice n° 12 L'entreprise en situation de concurrence pure et parfaite. La courbe d'offre de l'entreprise en courte période

Une entreprise est en situation de concurrence pure et parfaite sur le marché d'un produit donné. En courte période, le coût total de production varie en fonction de la quantité produite selon la relation $CT = Q^3 - 8\,Q^2 + 64\,Q + 144$.

Sur le marché du produit le prix d'équilibre est égal à 163.

a) Calculer et représenter sur un graphique le coût moyen, le coût marginal et le coût variable moyen de l'entreprise considérée.

b) Analyser le comportement de l'entrepreneur rationnel qui, en courte période, cherche à réaliser le maximum de profit total. Calculer le montant du profit total réalisé.

c) Vérifier graphiquement et par le calcul que le profit total réalisé est maximal.

d) Mettre en évidence la courbe d'offre de courte période de l'entreprise.

Corrigé

a) Les coûts de l'entreprise

• ***Calcul du coût moyen***

Le coût moyen de l'entreprise représente le coût supporté pour la production d'une unité du produit, soit :

$$CM = \frac{CT}{Q} = \frac{Q^3 - 8\,Q^2 + 64\,Q + 144}{Q},$$

soit :

$$CM = Q^2 - 8\,Q + 64 + \frac{144}{Q}.$$

Exemples de calcul :

– pour $Q = 1 \Rightarrow CM = 1 - 8 + 64 + 144 = 201$;

– pour $Q = 2 \Rightarrow CM = 4 - (8 \times 2) + 64 + \dfrac{144}{2} = 124$, etc.

• ***Calcul du coût marginal***

Le coût marginal de l'entreprise est égal à la dérivée de la fonction de coût total par rapport à la quantité produite.

On sait qu'une fonction de la forme $y = ax^3 - bx^2 + cx + d$ admet pour fonction dérivée $y' = 3ax^2 - 2bx + c$, donc :

$$Cm = \frac{dCT}{dQ} = 3\ Q^2 - 16\ Q + 64.$$

Exemples de calcul :

– pour Q = 1, Cm = 3 – 16 + 64 = 51 ;

– pour Q = 2, Cm = (3 × 4) – (16 × 2) + 64 = 44, etc.

• ***Calcul du coût variable***

Le coût variable total est égal à la différence entre le coût total et le coût fixe total, soit :

$$\begin{aligned} CVT &= CT - CF \\ &= (Q^3 - 8\ Q^2 + 64\ Q + 144) - 144 \\ &= Q^3 - 8\ Q^2 + 64\ Q. \end{aligned}$$

Le coût variable moyen mesure le coût variable supporté par unité produite, soit :

$$CVM = \frac{CVT}{Q}.$$

$$CVM = \frac{Q^3 - 8\ Q^2 + 64\ Q}{Q},$$

soit : $$CVM = Q^2 - 8\ Q + 64.$$

Exemples de calcul :

– pour Q = 1, CVM = 1 – 8 + 64 = 57 ;

– pour Q = 2, CVM = 4 – (8 × 2) + 64 = 52, etc.

Le tableau ci-dessous regroupe les valeurs calculées de CM, Cm et CVM, pour Q variant de 1 à 12 unités :

Tableau n° 1

Q	1	2	3	4	5	6	7	8	9	10	11	12
CM	201	124	97	84	77,8	76	77,57	82	89	98,4	110,09	124
Cm	51	44	43	48	59	76	99	128	163	204	251	304
CVM	57	52	49	48	49	52	57	64	73	84	97	112

Les courbes CM, Cm et CVM sont **représentées sur la figure 1** page ci-contre.

Figure 1
L'équilibre de l'entreprise en courte période

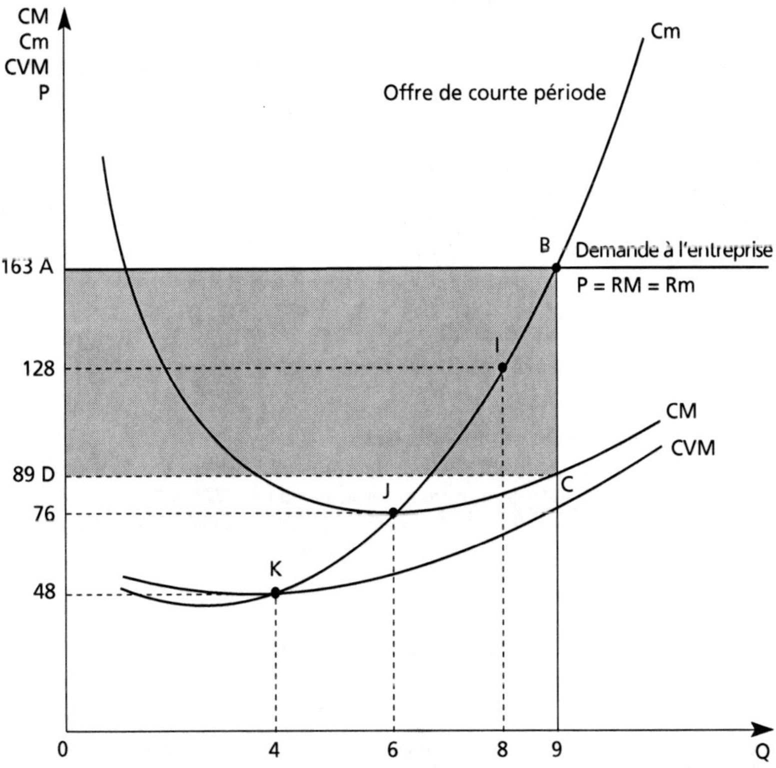

b) L'entrepreneur cherche à réaliser le maximum de profit total (ΠT). Il cherche donc à **maximiser la différence qui existe entre la recette totale et le coût total** (ΠT = RT – CT).

• ***La demande adressée à l'entreprise***

L'entreprise n'assure qu'une partie infime de l'offre et ne peut pas modifier le prix de marché en faisant varier sa seule production. Elle est assurée d'écouler toute sa production au prix d'équilibre P = 163.

À un prix P > 163, elle ne vendrait rien, les acheteurs n'ayant aucune raison de ne pas acheter le produit homogène aux autres entreprises au prix P =163 (par hypothèse, l'information est parfaite). L'entreprise n'a pas non plus intérêt à vendre son produit à un prix $P < 163$ dans la mesure où elle peut vendre tout ce qu'elle produit au prix $P = 163$.

Donc, quelle que soit la quantité demandée à l'entreprise, le prix unitaire de vente ne peut être que $P = 163$.

On peut représenter, sur la figure 1, une ligne de prix, parallèle à l'axe des quantités, au niveau $P = 163$. Cette droite illustre la relation « prix-quantités demandées à l'entreprise » et représente la demande parfaitement élastique adressée à l'entreprise.

- ***La recette moyenne de l'entreprise***

Le prix unitaire de vente du produit est égal à la recette moyenne de l'entreprise. En effet, quelle que soit la quantité écoulée, l'entreprise perçoit, en contrepartie de chaque unité cédée du produit, une recette égale au prix de vente unitaire $P = 163$.

On a donc : $P = RM = 163$.

La ligne de prix, qui représente la demande à l'entreprise, représente aussi la recette moyenne.

- ***La recette marginale de l'entreprise***

La recette marginale mesure l'augmentation de la recette totale induite par la vente d'une unité supplémentaire du produit ($Rm = \Delta RT / \Delta Q$). Pour des accroissements infinitésimaux de la quantité vendue (produit parfaitement divisible), elle est égale à la dérivée de la fonction de recette totale RT(Q) :

$$Rm = \frac{dRT}{dQ}.$$

Le prix de vente P étant constant et égal à 163,

$$Rm = RM = P = 163.$$

En effet, quelle que soit la quantité vendue par l'entreprise, la vente d'une unité supplémentaire du produit rapporte à l'entreprise une recette supplémentaire égale au prix unitaire du produit.

- ***La maximisation du profit total***

En situation de concurrence pure et parfaite, la ligne de prix, qui représente la recette moyenne de l'entreprise, représente aussi sa recette marginale.

Compte tenu du prix de marché qu'elle doit adopter, l'entreprise doit produire et vendre la quantité qui lui permet de réaliser le maximum de profit total. Afin de choisir cette quantité, l'entrepreneur compare, pour chaque unité supplémentaire du produit, l'accroissement de recette totale induit à l'accroissement de coût total induit. Il compare donc la recette marginale au coût marginal.

– Tant que $Rm > Cm$, la prise en compte d'une unité supplémentaire du produit induit un profit marginal ($\Pi m = Rm - Cm > 0$) qui accroît le profit total.

– Dès que Rm < Cm, la prise en compte d'une unité supplémentaire du produit induit une perte marginale (Πm = Rm – Cm < 0) qui diminue d'autant le profit total.

Pour maximiser le profit total, l'entreprise doit produire et vendre la quantité (somme des unités supplémentaires successivement choisies du produit) qui lui permet d'égaliser le coût marginal et la recette marginale. Elle obtient l'égalité :

P = Rm = Cm = 163, pour la quantité Q = 9
(voir tableau n° 1, et figure 1, p. 139).

Le profit moyen (ΠM) est égal à la différence entre la recette moyenne et le coût moyen (ΠM = RM – CM). Le profit total est égal au profit moyen (ΠM) multiplié par la quantité produite et vendue (ΠT = ΠM . Q).

Pour Q = 9 : CM = 89, ΠM = 163 – 89 = 74 (segment BC, figure 1) et ΠT = 74 × 9 = 666. Le profit total est représenté par la surface du rectangle ABCD.

c) Afin de vérifier si la solution trouvée en réponse à la question précédente correspond bien au maximum de profit total, on peut **représenter sur un graphique** la recette totale et le coût total de façon à mettre en évidence le profit total (ΠT = RT – CT).

Le tableau n° 2 présente les valeurs de la recette totale et du coût total pour les valeurs de Q allant de 1 à 12. Ces valeurs sont obtenues en remplaçant Q par sa valeur dans les fonctions RT = 163 . Q et CT = $Q^3 - 8\,Q^2 + 64\,Q + 144$.

On calcule, par exemple, pour Q = 1 :

RT = 163 et CT = 1 – 8 + 64 + 144 = 201.

De la même manière, pour Q = 2 :

RT = 163 × 2 = 326 et CT = 8 – (8 × 4) + (64 × 2) + 144 = 248.

La dernière ligne du tableau donne les valeurs du profit total ΠT = RT – CT, pour Q variant de 1 à 12 unités.

Tableau n° 2

Q	1	2	3	4	5	6	7	8	9	10	11	12
RT	163	326	489	652	815	978	1 141	1 304	1 467	1 630	1 793	1 956
CT	201	248	291	336	389	456	543	656	801	984	1 211	1 488
ΠT	– 38	78	198	316	426	522	598	648	666	646	582	468

La recette totale et le coût total sont représentés sur la figure 2 et le profit total sur la figure 3, page suivante.

On peut observer que pour la quantité Q = 9, la différence entre la recette totale et le coût total est maximale. Pour cette quantité de produit, la courbe ΠT passe par un maximum égal à 666.

Figure 2

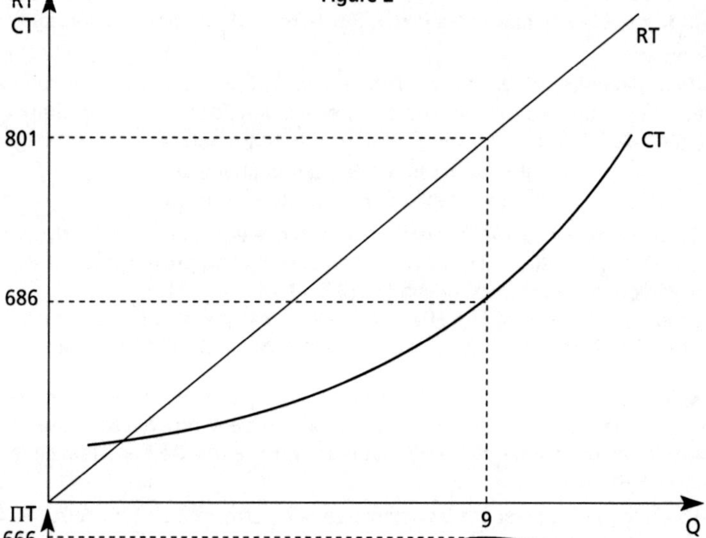

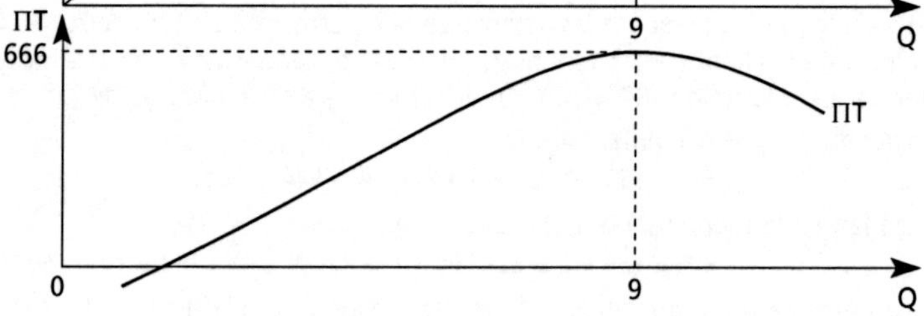

Figure 3

La solution précédente peut être vérifiée en calculant la quantité Q pour laquelle la fonction de profit total admet un maximum.

Pour l'entreprise considérée :

$$\Pi T = \Pi T(Q) = RT - CT;$$

$$\Pi T = 163\ Q - (Q^3 - 8\ Q^2 + 64\ Q + 144);$$

$$\Pi T = -\ Q^3 + 8\ Q^2 + 99\ Q - 144.$$

Pour que la courbe représentative de la fonction de profit total passe par un maximum il faut que la dérivée première de ΠT(Q) soit nulle et que sa dérivée seconde soit négative.

– Soit, première condition : $\dfrac{d\Pi T}{dQ} = -\ 3\ Q^2 + 16\ Q + 99 = 0.$

Les deux racines de l'équation du second degré sont :

$$Q_1 = \frac{-8 + \sqrt{64 + 297}}{-3} = -3{,}67$$

et

$$Q_2 = \frac{-8 - \sqrt{64 + 297}}{-3} = 9.$$

– Seconde condition : $\Pi T'' = \frac{d^2 \Pi T}{dQ^2} = -6\,Q + 16 < 0.$

Pour Q = 9 : $\Pi T'' = (-6 \times 9) + 16 = -38.$

Ainsi, pour Q = 9, la dérivée première est nulle et la dérivée seconde est négative, la courbe de profit total passe donc par un maximum.

d) En courte période, la courbe d'offre d'une entreprise correspond à sa courbe de coût marginal, dans sa partie croissante, supérieure à la courbe de coût variable moyen.

On a démontré que pour un prix P = 163, l'entreprise choisit de produire la quantité Q qui maximise le profit total (pour Q = 9, l'égalité P = Rm = Cm = 163 étant vérifiée [point B sur la figure 1]).

En se reportant au tableau n° 1 ou à la figure 1, on observe que si le prix de marché est égal à 128, l'entreprise adopte ce prix et maximise son profit en produisant la quantité Q = 8 (pour Q = 8 : P = Rm = Cm = 128 [point I]).

Le même raisonnement peut être tenu pour tous les prix P = Cm. La courbe de coût marginal associe à chaque prix d'équilibre P possible, la quantité que l'entreprise choisit d'offrir parce qu'elle lui permet de maximiser son profit total. La courbe de coût marginal correspond donc à la courbe d'offre de courte période de l'entreprise, aux remarques suivantes près :

– Au-dessous du prix P = 76, le coût moyen est supérieur à la recette moyenne et l'entreprise subit des pertes : l'entreprise atteint son seuil de rentabilité au point J (figure 1).

– Elle peut continuer à produire tant que le prix ne descend pas au-dessous du niveau P = 48, qui correspond au minimum du coût variable moyen.

Pour $48 \leq P < 76$, l'entreprise couvre son coût variable moyen mais ne couvre pas son coût fixe moyen.

Pour P < 48, elle ne couvre même pas son coût variable moyen. Elle doit donc cesser de produire : le point K indique le seuil de fermeture de l'entreprise.

La courbe d'offre de l'entreprise correspond donc uniquement à la courbe de coût marginal, dans sa partie croissante, supérieure au minimum du coût variable moyen.

Exercice n° 13 La concurrence pure et parfaite : le marché du produit et l'équilibre de l'entreprise en courte période et en longue période

Sur un marché où sont réunies les conditions de la concurrence pure et parfaite, l'offre (QO) et la demande (QD) du produit varient en fonction du prix unitaire P, selon les relations suivantes :

$$QO = 20\,P - 960 \quad \text{pour } P \geq 84$$

et $$QD = -10\,P + 2\,100.$$

En courte période, les entreprises présentes sur le marché sont identiques et supportent toutes le même coût total correspondant à la relation :

$$CT = 3\,Q^2 + 48\,Q + 108.$$

a) Représenter sur un graphique l'offre et la demande du produit sur le marché et déterminer graphiquement et par le calcul la solution d'équilibre du marché.

b) Calculer et représenter sur un graphique le coût moyen et le coût marginal de l'une des entreprises considérées, quand Q varie de 1 à 11 unités.

c) Vérifier graphiquement que chaque entreprise réalise, en courte période, un profit total maximal égal à 135. Combien d'entreprises peut-on dénombrer sur ce marché ?

d) On sait qu'en courte période, la courbe d'offre d'une entreprise correspond à sa courbe de coût marginal, dans sa partie croissante, supérieure au coût moyen. Le prix du facteur de production variable étant constant, retrouver l'équation de l'offre totale du produit sur le marché.

e) Comment évolue la situation d'équilibre de chaque entreprise en longue période, si l'on suppose que les entreprises gardent les mêmes coûts qu'en courte période ? Quel est alors le nombre d'entreprises présentes sur le marché ?

CORRIGÉ

a) Le marché du produit

• ***Construction des courbes d'offre et de demande du produit***

– *L'offre du produit* sur le marché, d'équation QO = 20 P – 960, est représentée par une droite passant par deux points (équation de la forme $y = ax + b$). Par exemple : si $P = 84 \Rightarrow QO = (20 \times 84) - 960 = 1\,680 - 960 = 720$;

si $P = 120 \Rightarrow QO = (20 \times 120) - 960 = 2\,400 - 960 = 1\,440$.

– *La demande du produit* sur le marché, d'équation QD = – 10 P + 2 100, est représentée par une droite passant par deux points. Par exemple :

si P = 50 ⇒ QD = (– 10 × 50) + 2 100 = – 500 + 2 100 = 1 600;
si P = 140 ⇒ QD = (– 10 × 140) + 2 100 = – 1 400 + 2 100 = 700.

Ces deux droites sont représentées sur la figure 1 (a).

• ***L'équilibre du marché***

On observe sur la figure 1 (a) que les courbes d'offre et de demande se coupent au point E_1 (P = 102, QO = QD = 1 080). Le prix d'équilibre P = 102 assure l'égalité de l'offre et de la demande du produit.

On peut calculer la solution d'équilibre à partir de l'égalité QO = QD, soit :

$$20\,P - 960 = -10\,P + 2\,100$$
$$20\,P + 10\,P = 2\,100 + 960$$
$$30\,P = 3\,060$$
$$P = \frac{3\,060}{30} = 102.$$

Pour P = 102 : QO = (20 × 102) – 960 = 2 040 – 960 = 1 080;
QD = (– 10 × 102) + 2 100 = – 1 020 + 2 100 = 1 080.

Figure 1
L'équilibre en courte période

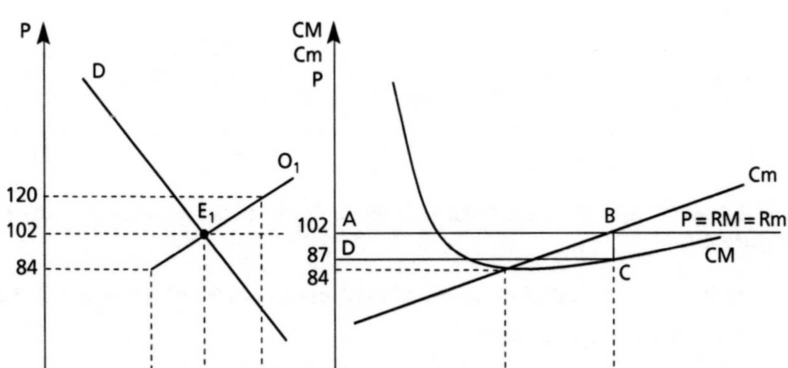

a) L'équilibre du marché du produit b) L'équilibre de l'entreprise

b) Les coûts de production

• ***Calcul du coût moyen***

Le coût moyen de l'entreprise représente le coût supporté pour la production d'une unité du produit.

$$CM = \frac{CT}{Q} = \frac{3\,Q^2 + 48\,Q + 108}{Q} = 3\,Q + 48 + \frac{108}{Q}.$$

Exemples de calcul :

– pour $Q = 1 \Rightarrow CM = 3 + 48 + 108 = 159$;

– pour $Q = 2 \Rightarrow CM = (3 \times 2) + 48 + \frac{108}{2} = 108$, etc.

• ***Calcul du coût marginal***

Le coût marginal est égal à la dérivée de la fonction de coût total CT(Q).

On sait qu'une fonction de la forme $y = ax^2 + bx + c$ admet pour fonction dérivée $y' = 2ax + b$, donc :

$$Cm = \frac{dCT}{dQ} = 6\,Q + 48.$$

Exemples de calcul :

– pour $Q = 1$, $Cm = 6 + 48 = 54$;

– pour $Q = 2$, $Cm = (6 \times 2) + 48 = 60$, etc.

Le tableau suivant regroupe les valeurs de CM et Cm ainsi obtenues pour Q variant de 1 à 11 unités.

Q	1	2	3	4	5	6	7	8	9	10	11
CM	159	108	93	87	84,60	84	84,43	85,50	87	88,80	90,82
Cm	54	60	66	72	78	84	90	96	102	108	114

Le coût moyen et le coût marginal de l'entreprise sont **représentés sur la figure 1 (b)**.

c) Profit total réalisé et nombre d'entreprises présentes sur le marché

• ***Recherche du profit total maximal***

L'entrepreneur cherche à réaliser le maximum de profit total. Le profit total de l'entreprise est égal à la différence entre la recette totale et le coût total ($\Pi T = RT - CT$).

L'entrepreneur doit adopter le prix de marché P = 102. On peut tracer sur la figure 1 (b), au niveau P = 102, une ligne de prix qui représente la demande parfaitement élastique adressée à l'entreprise.

La recette moyenne de l'entreprise, qui est égale au prix de vente du produit (constant), est aussi égale à sa recette marginale :

$$P = RM = Rm = 102.$$

La ligne de prix, tracée sur la figure 1 (b), représente donc à la fois la recette moyenne de l'entreprise et sa recette marginale.

Compte tenu du prix de marché, le maximum de profit total est atteint quand l'entreprise produit et vend la quantité qui lui permet d'égaliser son coût marginal et sa recette marginale. On note sur la figure 1 (b), que $P = Rm = Cm = 102$ pour $Q = 9$.

Pour $Q = 9$: $CM = 87$; le profit moyen réalisé par l'entreprise est égal à :

$$\Pi M = RM - CM,$$

soit : $\Pi M = 102 - 87 = 15$ [segment BC, figure 1 (b)].

Le profit total est égal à : $\Pi T = \Pi M \,.\, Q = 15 \times 9 = 135.$

Il est représenté sur la figure 1 (b) par la surface du rectangle ABCD.

• ***Calcul du nombre d'entreprises présentes sur le marché***

On a calculé [question **a)**] que la quantité totale échangée sur le marché est égale à 1 080 unités du produit. Chaque entreprise devant produire 9 unités pour maximiser son profit, la production des 1 080 unités est donc répartie entre :

$$\frac{1\,080}{9} = 120 \text{ entreprises.}$$

d) L'offre totale du produit est égale à la somme des offres individuelles des entreprises présentes sur le marché.

Compte tenu des hypothèses retenues, en courte période, la courbe d'offre d'une entreprise correspond à la partie de la courbe de coût marginal supérieure à la courbe de coût moyen ($Cm \geq 84$).

On connaît l'équation du coût marginal de l'entreprise : $Cm = 6Q + 48$.

L'équilibre de l'entreprise étant atteint pour $Cm = P$, on peut écrire :

$$Cm = P = 6Q + 48.$$

Cette relation correspond à la fois au coût marginal et à l'offre de l'entreprise ; on peut l'exprimer sous la forme $Q = f(P)$ pour $P \geq 84$,

soit : $6Q = P - 48$, donc $Q = \dfrac{P - 48}{6}$ ou encore $Q = \dfrac{P}{6} - 8$.

Les 120 entreprises présentes sur le marché ayant la même fonction d'offre, l'offre totale du produit sur le marché est donc :

$$QO = 120\left(\frac{P}{6} - 8\right) = \frac{120\,P}{6} - (120 \times 8),$$

soit : $QO = 20\,P - 960$ pour $P \geq 84$.

On retrouve l'équation de l'offre totale du produit sur le marché.

e) En courte période, les 120 entreprises sur le marché réalisent chacune un profit total égal à 135 [cf. *supra*, question **c)**]. **En longue période**, d'autres entreprises, attirées par les profits réalisés, pénètrent sur le marché. Au fur et à mesure de l'arrivée de ces nouvelles entreprises sur le marché, l'offre totale du produit augmente. Comme on peut l'observer sur la figure 2 (a), l'augmentation de l'offre du produit sur le marché se traduit par un déplacement de la droite O_1 vers la droite, parallèlement à elle-même si l'on suppose que la pente de la droite d'offre n'est pas modifiée.

En supposant que la demande totale du produit soit inchangée, l'augmentation de l'offre modifie la solution d'équilibre du marché : le prix baisse et la quantité totale échangée augmente.

La baisse du prix induite par l'augmentation de l'offre totale s'impose à toutes les entreprises qui, par là même, voient diminuer leurs recettes moyenne et marginale, comme la figure 2 (b) l'indique pour l'une des entreprises présentes sur le marché.

Figure 2
L'équilibre en longue période

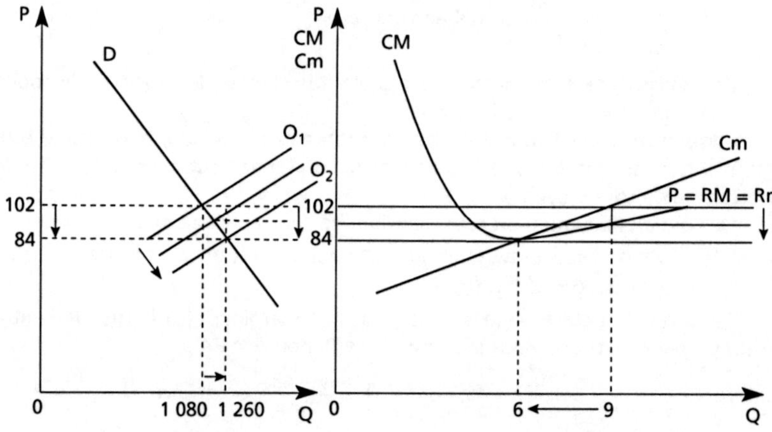

a) Le marché du produit b) L'entreprise

Tandis que la recette moyenne diminue, chaque entreprise voit diminuer son profit total ΠT = (P – CM)Q.

Tant que les entreprises présentes sur le marché réalisent un profit, l'incitation à l'entrée sur le marché demeure et l'offre totale continue à augmenter. La droite d'offre continue, en glissant parallèlement à elle-même vers la droite, à faire baisser le prix d'équilibre et donc à réduire encore le profit de chaque entreprise.

Quand le prix d'équilibre se fixe au niveau du minimum du coût moyen, soit P = 84 = *min* [CM], les entreprises présentes sur le marché ne réalisent plus de profit. Avec la disparition des profits, les entreprises ne sont plus incitées à pénétrer sur le marché et l'équilibre du marché se stabilise au prix P = 84, pour une quantité totale échangée égale à 1 260 unités du produit.

Chaque entreprise, soumise au nouveau prix d'équilibre P = 84, doit égaliser Rm et Cm pour maximiser son profit total. Sur ce type de marché, la recette marginale est constante et égale au prix, soit, dans ce cas : P = Rm = 84. On observe sur la figure 2 (b) que pour la quantité Q = 6, l'entreprise réalise l'égalité P = Cm = 84 et maximise son profit total. Chaque entreprise présente sur le marché produit 6 unités et réalise un profit total maximal nul (pour Q = 6 : RM = P = 84, CM = 84 et donc ΠM = RM – CM = 0 et ΠT = 0).

Remarque : le profit réalisé doit être qualifié de superprofit dans la mesure où la rémunération des facteurs de production est comptabilisée dans les coûts. Un profit nul ne signifie donc pas que le travail et le capital ne sont pas rémunérés.

En longue période, **le nombre d'entreprises présentes sur le marché** a augmenté. La quantité totale échangée sur le marché étant égale à 1 260 unités du produit et chaque entreprise assurant une production de 6 unités, on dénombre :

$$\frac{1\,260}{6} = 210 \text{ entreprises.}$$

4

Le monopole

Le monopole est une situation de marché caractérisée par la rencontre d'***un offreur*** (le monopoleur) et d'***un grand nombre d'acheteurs***.

S'il semble difficile de trouver dans la réalité des exemples de monopole pur, certaines situations de monopole, limitées dans l'espace et/ou dans le temps, peuvent exister en raison de l'isolement géographique du marché, de l'inexistence de produits substituables, de la mauvaise circulation de l'information, ou encore en raison de la protection dont jouit une entreprise qui détient un brevet.

L'analyse du ***monopole pur***, présentée dans ce chapitre, est complétée par celle du « ***monopole discriminant*** » qui tient compte de la possibilité que peut avoir le monopoleur d'adapter le prix de vente de son produit aux différentes catégories d'acheteurs qui peuvent être distinguées.

1. Le monopole pur

Le monopoleur est un agent rationnel qui cherche à maximiser son profit total. Il offre un produit homogène et connaît la demande du produit qui lui est adressée.

A. L'équilibre du monopoleur en courte période

LA DEMANDE DU PRODUIT ET LES RECETTES DU MONOPOLEUR

La distinction, opérée en concurrence pure et parfaite, entre la demande du produit sur le marché (demande à la branche) et la demande du produit adressée à l'entreprise ne se justifie plus du fait de l'unicité de l'offre. Une seule entreprise est confrontée à la demande du produit sur le marché qui est donc égale à la demande du produit à l'entreprise.

La demande du produit à l'entreprise est généralement une fonction décroissante du prix du produit et peut admettre pour équation :

$$Q = -aP + b, \quad \text{où } a > 0,$$

avec Q la quantité demandée du produit et P le prix unitaire du produit.

Cette relation est celle de la demande, mais aussi celle de la recette moyenne de l'entreprise. Quelle que soit la quantité vendue par l'entreprise, une recette unitaire (ou recette moyenne) égale au prix du produit est perçue en contrepartie de chaque unité cédée ; on peut donc écrire la relation :

$$P = RM = f(Q),$$

soit : $$RM = -\frac{1}{a}(Q - b) = -\frac{1}{a}Q + \frac{b}{a}.$$

Posons pour simplifier l'écriture de RM :

$$\frac{1}{a} = a' \quad \text{et} \quad \frac{b}{a} = b';$$

alors : $RM = -a'Q + b'$.

La droite de recette moyenne (équation de la forme $y = ax + b$) est représentée sur la figure ci-contre.

La **recette totale** (RT) perçue par l'entreprise est égale au ***produit de la recette moyenne*** (RM = P) ***par la quantité vendue*** :

$$RT = RM \,.\, Q$$
$$= P \,.\, Q,$$

soit $RT = -a'Q^2 + b'Q$.

Figure 4.1
Les recettes du monopoleur

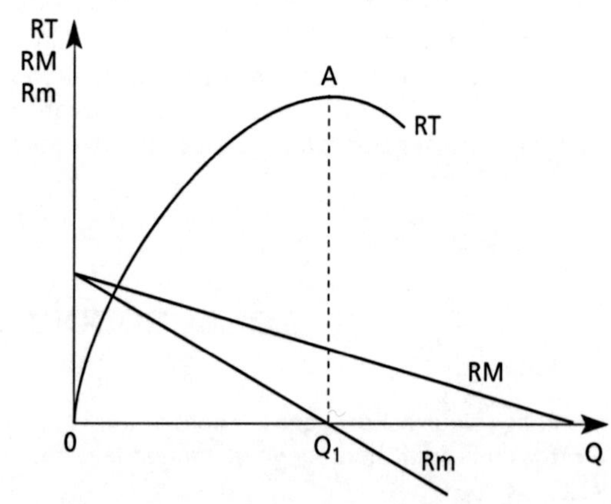

La **recette marginale** est égale à la ***dérivée de la fonction de recette totale par rapport à la quantité***. Une fonction de la forme $y = ax^2 + bx$ admettant pour dérivée $y' = 2ax + b$, on peut écrire :

$$Rm = \frac{dRT}{dQ} = -2a'Q + b'.$$

Par approximation, on peut définir la recette marginale comme la mesure de la variation de la recette totale entraînée par la vente d'une unité supplémentaire du produit ($Rm = \Delta RT / \Delta Q$).

Remarques :

– En valeur absolue, la pente de la droite de recette marginale est deux fois plus grande que celle de la droite de recette moyenne.

– La recette totale passe par un extremum : pour $Q = Q_1$, $Rm = 0$. On peut observer sur la figure 4.1 qu'il s'agit d'un maximum (point A).

– On peut mettre en évidence la relation qui lie la recette marginale (Rm) et l'élasticité-prix de la demande (ep) :

$$Rm = P\left(1 + \frac{1}{ep}\right), \quad \text{avec} \quad ep = \frac{dQ}{dP} \cdot \frac{P}{Q}.$$

En effet, $$Rm = \frac{dRT}{dQ} \quad \text{avec} \quad RT = P \cdot Q \quad \text{et} \quad P = RM = f(Q).$$

Une fonction de la forme $y = uv$ admet pour dérivée $y' = u'v + uv'$, on a donc :

$$Rm = \frac{dRT}{dQ} = \frac{dP}{dQ} \cdot Q + \frac{dQ}{dQ} \cdot P = \frac{dP}{dQ} \cdot Q + P;$$

soit : $$Rm = P\left(1 + \frac{dP}{dQ} \cdot \frac{Q}{P}\right);$$

or : $$ep = \frac{dQ}{dP} \cdot \frac{P}{Q},$$

donc : $$\frac{dP}{dQ} \cdot \frac{Q}{P} = \frac{1}{ep}$$

et $$Rm = P\left(1 + \frac{1}{ep}\right).$$

On peut noter les résultats suivants selon la valeur de ep :

$$\left.\begin{array}{lll} \text{si } -\infty < ep < -1 & : & Rm > 0 \\ \text{si } ep = -1 & : & Rm = 0 \\ \text{si } -1 < ep < 0 & : & Rm < 0 \end{array}\right\} \text{ et } Rm < P.$$

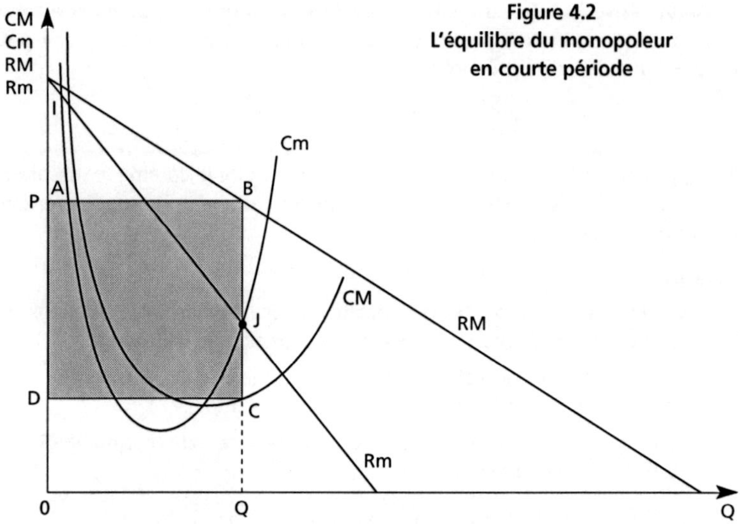

Figure 4.2
L'équilibre du monopoleur en courte période

LE PROFIT TOTAL MAXIMAL RÉALISÉ EN COURTE PÉRIODE

Le **profit total** de l'entreprise est égal à la ***différence entre la recette totale et le coût total***, soit ΠT = RT – CT. Le profit total peut aussi être défini comme étant égal au ***produit du profit moyen par la quantité produite et vendue***, soit :

$$\Pi T = \Pi M \cdot Q, \quad \text{avec } \Pi M = RM - CM.$$

Les coûts de production du monopoleur sont connus. Le coût moyen CM et le coût marginal Cm sont représentés sur la figure 4.2.

Le producteur qui recherche le maximum de profit total compare, pour chaque unité supplémentaire du produit, l'augmentation de la recette totale induite à l'augmentation du coût total induite; il compare donc la recette marginale au coût marginal.

Il réalise le **maximum de profit total** en produisant ***la quantité OQ qui permet d'égaliser la recette marginale et le coût marginal*** (Rm = Cm au point J).

Le prix de vente P correspondant est égal à l'ordonnée du point B situé sur la droite de recette moyenne.

Le profit moyen réalisé (ΠM) est représenté par le segment de droite BC et le profit total (ΠT = ΠM . Q) est représenté par la surface du rectangle ABCD.

Remarque :

Sur la figure 4.2, on observe que la recette marginale coupe le coût marginal en deux points (les points I et J). Seule l'égalité de la recette marginale et du coût marginal au point J détermine la quantité qui permet à l'entreprise de réaliser le maximum de profit total. En effet, pour la quantité correspondant au point I, la recette moyenne est inférieure au coût moyen et l'entreprise réalise une perte, alors que pour la quantité OQ, l'entreprise réalise un profit positif (RM > CM).

B. Le profit total maximal réalisé en longue période

Le monopoleur qui réalise un profit en courte période réalise aussi un profit en longue période, s'il n'est toujours pas soumis à la concurrence d'autres producteurs.

Soit une situation initiale d'équilibre de courte période caractérisée par les points suivants (figure 4.3) :

– La production est obtenue pour un niveau constant K_1 du capital associé à un facteur de production variable, le travail.

– Les coûts de courte période de l'entreprise sont représentés par les courbes de coût moyen (CM_1) et de coût marginal (Cm_1).

– Le monopoleur connaît ses courbes de recettes moyenne (RM) et marginale (Rm).

Figure 4.3
L'équilibre du monopole pur en longue période

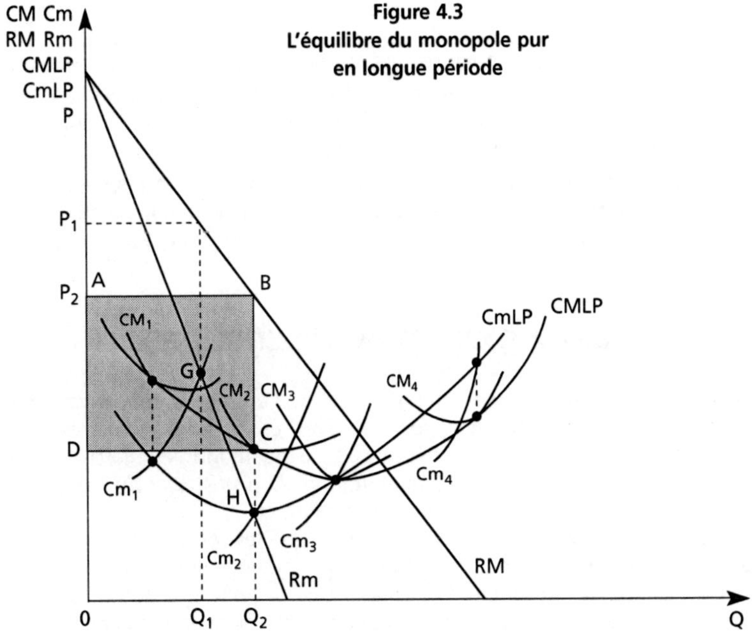

– Le monopoleur maximise son profit total en produisant la quantité Q_1, pour laquelle Rm = Cm_1 (point G, figure 4.3). La quantité Q_1 est vendue au prix P_1.

En longue période, tous les facteurs de production sont variables. L'entrepreneur peut modifier la taille de son équipement, et à chacune des tailles possibles K_1, K_2, K_3 et K_4 sont associées une courbe de coût moyen et une courbe de coût marginal de courte période (CM_1 et Cm_1, CM_2 et Cm_2, etc.).

Sur la figure 4.3, on observe que :

• la ***courbe de coût moyen de longue période*** (CMLP) est l'enveloppe des courbes de coût moyen de courte période. Elle indique le coût moyen minimal que l'entreprise supporte selon la quantité produite, quand elle peut modifier la taille de son équipement ;

• la ***courbe de coût marginal de longue période*** (CmLP) mesure l'accroissement du coût total de longue période provoqué par la production d'une unité supplémentaire du produit.

En longue période, le monopoleur choisit la quantité et le prix qui lui permettent d'***égaliser la recette marginale et le coût marginal de longue période***. On observe que Rm = CmLP (point H) pour la quantité Q_2 et pour le prix P_2.

Pour produire la quantité Q_2 en supportant le coût moyen le plus faible possible, l'entrepreneur doit choisir la taille 2 de l'équipement (niveau K_2 d'utilisation du capital). Pour cette quantité, la courbe de coût moyen CM_2 est tangente à la courbe de coût moyen de longue période CMLP (point C) et l'égalité Rm = CmLP = Cm_2 est réalisée. L'augmentation de la taille de l'équipement (passage de K_1 à K_2) et la réalisation d'***économies d'échelle*** (abaissement du coût moyen de longue période) ont permis à l'entreprise de réaliser un profit total de longue période égal à la surface du rectangle ABCD.

Il faut remarquer qu'en longue période, l'équilibre du monopoleur ne se traduit pas par le choix de la taille et de la quantité correspondant au minimum de la courbe CMLP, comme c'était le cas en situation de concurrence pure et parfaite.

2. Le monopole discriminant

Quand son pouvoir de monopole est important, l'entreprise peut ***vendre le même produit à des prix différents***, sur des marchés disjoints caractérisés par des demandes aux élasticités-prix différentes. La segmentation du marché avec discrimination par les prix permet l'***augmentation du profit total du monopoleur*** et entraîne la ***réduction du surplus du consommateur***.

Les marchés doivent être disjoints pour que les consommateurs ne puissent pas se porter acquéreurs du produit sur le marché où le prix est le plus bas, que ce soit en vue d'une consommation personnelle ou pour le revendre sur un autre marché, à un prix inférieur au prix pratiqué mais supérieur à celui de l'achat.

La séparation des marchés, qui conditionne l'efficacité de la politique de discrimination par les prix, peut être géographique ou/et se fonder sur une distinction des consommateurs en fonction de leurs caractéristiques professionnelles, sociales, etc. (par exemple, les tarifs réduits pour les étudiants dans les salles de spectacle).

A. L'équilibre de l'entreprise

Le produit est homogène. Le coût de production de l'entreprise varie avec le nombre d'unités produites, mais n'est pas affecté par la destination de ces unités. En effet, l'entreprise fabrique un seul et même produit, qu'elle vend ensuite sur les différents marchés. Le coût moyen et le coût marginal de l'entreprise sont représentés sur la figure 4.4 (a).

Les courbes de recette moyenne totale (RM) et de recette marginale totale (Rm) de l'entreprise sont coudées [figure 4.4 (a)]. Elles correspondent respectivement à l'addition horizontale des courbes de recette moyenne RM_1 et RM_2 et de recette marginale Rm_1 et Rm_2, propres à chacun des deux marchés distingués par l'entreprise [figure 4.4 (b)].

Figure 4.4
Le monopole discriminant

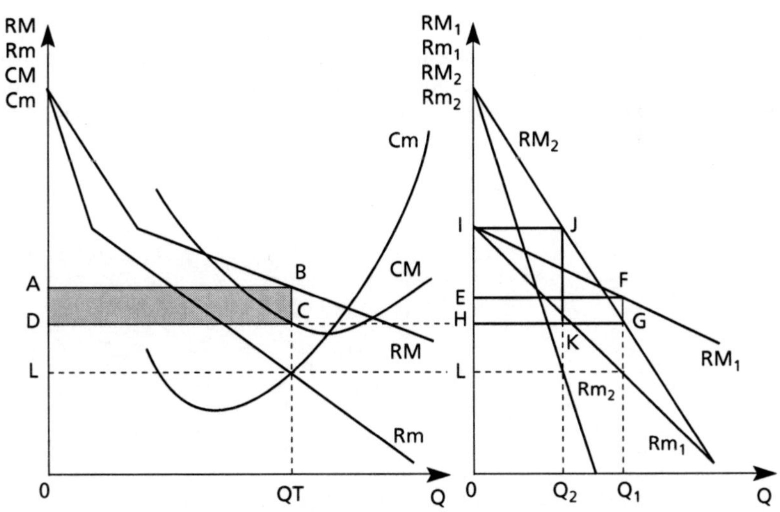

a) L'équilibre du marché non segmenté b) L'équilibre du marché segmenté

Le monopoleur doit produire la quantité qui maximise le profit total en égalisant le coût marginal et la recette marginale totale relative au marché non segmenté. Il doit donc choisir la quantité Q = QT, pour laquelle Rm = Cm [figure 4.4 (a)].

B. La répartition des quantités produites entre les marchés

L'adoption d'un prix unique P = OA [ordonnée du point B sur RM, figure 4.4 (a)] entraîne l'apparition d'un surplus pour les consommateurs. L'entrepreneur peut réduire ce surplus en segmentant le marché autant qu'il est possible de le faire, de façon à vendre le produit à des prix différents sur chacun des marchés distingués.

Si l'entreprise distingue deux marchés caractérisés par des demandes différentes, chaque marché peut être caractérisé par sa recette moyenne et sa recette marginale [figure 4.4 (b) : marché 1 : RM_1 et Rm_1; marché 2 : RM_2 et Rm_2].

Les quantités écoulées sur chacun des deux marchés doivent être choisies de telle manière que les recettes marginales sur ces marchés soient égales entre elles et égales à la valeur de la recette marginale totale correspondant à l'équilibre de l'entreprise sur le marché global.

L'examen de la figure 4.4 (b) révèle que la quantité $Q = Q_1$ doit être offerte sur le marché 1 et que la quantité $Q = Q_2$ doit être offerte sur le marché 2.

Le choix de ces quantités permet en effet que soit réalisée l'égalité :

$$Rm_1 = Rm_2 = Rm = Cm = OL.$$

La somme des profits totaux réalisés sur les deux marchés [figure 4.4 (b) : surfaces EFGH pour le marché 1 et IJKH pour le marché 2] ***est supérieure au profit total qui serait réalisé sur le marché non segmenté*** [figure 4.4 (a) : surface ABCD].

3. Exercices

Exercice n° 14 Le monopole pur

Une entreprise est en situation de monopole sur le marché d'un produit parfaitement divisible. En courte période, elle supporte un coût fixe total égal à 50 et un coût variable total (CVT), fonction de la quantité produite Q :

$$CVT = Q^3 - 10\,Q^2 + 70\,Q.$$

La demande du produit sur le marché est exprimée par la relation :

$$Q = -\frac{1}{9}P + 15,$$

où Q est le nombre d'unités demandées et P le prix unitaire du produit.

a) Calculer et représenter graphiquement le coût moyen et le coût marginal de l'entreprise.

b) Calculer et représenter sur le graphique de la question précédente la recette moyenne et la recette marginale de l'entreprise.

c) Analyser le comportement de l'entreprise qui recherche le maximum de profit total et calculer la quantité produite, le prix de vente adopté et le montant du profit total réalisé.

d) Démontrer graphiquement et par le calcul que le profit total calculé dans la question précédente est bien maximal.

e) Quelles sont, pour l'entreprise, les conséquences d'une tarification au coût marginal ?

CORRIGÉ

a) Le coût total supporté par l'entreprise est égal à la somme du coût fixe total et du coût variable total :

$$CT = CF + CVT,$$

soit :

$$CT = Q^3 - 10\,Q^2 + 70\,Q + 50.$$

Le **coût moyen** est le coût supporté pour la production d'une unité du produit. Il varie avec la quantité produite :

$$CM = \frac{CT}{Q} = \frac{Q^3 - 10\,Q^2 + 70\,Q + 50}{Q},$$

soit :

$$CM = Q^2 - 10\,Q + 70 + \frac{50}{Q}.$$

Le **coût marginal** est égal à la dérivée de la fonction de coût total par rapport à la quantité produite. On peut donc écrire, sachant qu'une fonction de la forme $y = ax^3 + bx^2 + cx + d$ admet pour dérivée $y' = 3ax^2 + 2bx + c$:

$$\text{Cm} = \frac{dCT}{dQ} = 3\,Q^2 - 20\,Q + 70.$$

Exemples de calcul :

– si Q = 1, CM = 1 – 10 + 70 + 50 = 111 et Cm = 3 – 20 + 70 = 53;

– si Q = 10, CM = 100 – 100 + 70 + 5 = 75 et Cm = 300 – 200 + 70 = 170.

Le tableau suivant regroupe les valeurs calculées du coût moyen et du coût marginal pour Q variant de 1 à 10 unités.

Q	1	2	3	4	5	6	7	8	9	10
CM	111	79	65,57	58,50	55	54,33	56,14	60,25	66,56	75
Cm	53	42	37	38	45	58	77	102	133	170

Les courbes CM et Cm sont **représentées sur la figure 1**.

b) Les recettes moyenne et marginale de l'entreprise

• ***Calcul et représentation graphique de la recette moyenne du monopoleur***

Quand l'entreprise vend une quantité donnée du produit, elle perçoit, en contrepartie de chaque unité cédée, une somme égale au prix unitaire du produit. La recette unitaire ou recette moyenne de l'entreprise est donc égale au prix unitaire du produit (RM = P).

La courbe de demande à l'entreprise, établissant une relation « prix-quantités demandées », est aussi la courbe de recette moyenne de l'entreprise. La recette moyenne peut en effet être exprimée en fonction de la quantité, à partir de la fonction de demande du produit :

$$Q = f(P) = -\frac{1}{9}P + 15 \Rightarrow P = RM = g(Q).$$

Soit : $\frac{1}{9}P = -Q + 15,$

donc : $P = (-Q + 15)9$ et $P = RM = -9Q + 135.$

La demande à l'entreprise est linéaire (équation de la forme $y = ax + b$). On peut calculer les coordonnées de deux points de cette droite. Par exemple :

– pour Q = 0, on peut écrire : $0 = -\frac{1}{9}P + 15,$

soit : $P = 15 \times 9 = 135 \Rightarrow (P = 135, Q = 0);$

– de même, pour P = 0, on écrira : $Q = 0 + 15 = 15 \Rightarrow (P = 0, Q = 15).$

Figure 1
Le monopole pur en courte période

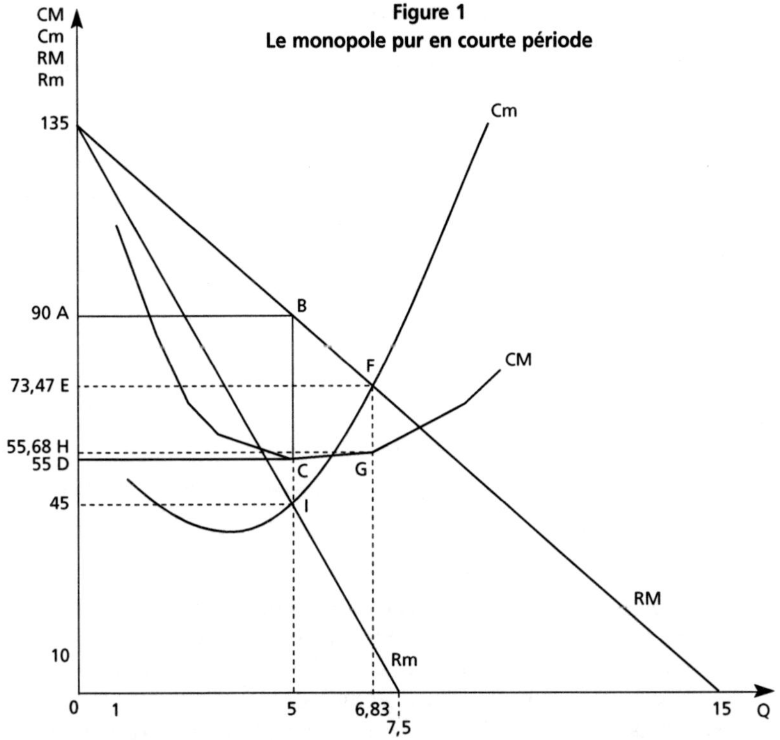

• ***Recette marginale de l'entreprise***

La recette marginale est égale à la dérivée de la fonction de recette totale par rapport à la quantité : $Rm = \frac{dRT}{dQ}$.

La recette totale est égale au produit de la recette moyenne par la quantité totale vendue, soit : $RT = RM \,.\, Q = P \,.\, Q$ (on rappelle que RM = P).

Donc : $RT = P \,.\, Q = -9\,Q^2 + 135\,Q$.

C'est une équation de la forme $y = ax^2 + bx$, qui admet pour fonction dérivée $y' = 2ax + b$. La recette marginale est donc égale à :

$$Rm = -18\,Q + 135.$$

Il s'agit, là encore, de l'équation d'une droite. Les coordonnées de deux de ses points sont : (Q = 0 et Rm = 135) et (Rm = 0 et $Q = \frac{135}{18} = 7{,}5$).

c) Le profit total maximal du monopoleur

Pour maximiser son profit total, l'entrepreneur doit produire et vendre la quantité qui lui permet d'égaliser le coût marginal et la recette marginale.

En effet :

– tant que Rm > Cm, la production et la vente d'une unité supplémentaire du produit induit un profit marginal positif (Πm > 0) qui accroît le profit total,

– dès que Rm < Cm, la prise en compte d'une unité supplémentaire du produit induit une perte marginale (Πm < 0) qui diminue d'autant le profit total.

On peut lire sur la figure 1 que l'égalité Rm = Cm = 45 est réalisée pour la production et la vente de 5 unités du produit (point I). Le prix correspondant, P = 90, se lit sur la droite de recette moyenne et correspond à l'ordonnée du point B.

Le profit moyen réalisé, ΠM = RM – CM, peut être calculé à partir de la figure 1.

Pour Q = 5, on lit : RM = 90 et CM = 55.

On a donc : ΠM = 90 – 55 = 35 (segment de droite BC, figure 1).

Le profit total est égal à : ΠT = ΠM . Q = 35 × 5 = 175. Il est matérialisé, sur la figure 1, par la surface du rectangle ABCD.

d) Vérification graphique de la solution optimale

On peut représenter sur un même graphique le coût total et la recette totale de l'entreprise afin de faire apparaître leur différence, c'est-à-dire le profit total.

Les valeurs du coût total et de la recette totale sont calculées à partir des fonctions CT(Q) et RT(Q), en remplaçant la quantité Q par ses valeurs entières successives. Le tableau suivant regroupe ces résultats.

Q	1	2	3	4	5	6	7	8	9	10
CT	111	158	197	234	275	326	393	482	599	750
RT	126	234	324	396	450	486	504	504	486	450
ΠT	15	76	127	162	175	160	111	22	– 113	– 300

Les courbes CT et RT sont représentées sur la figure 2. La zone grise comprise entre les deux courbes représente la zone de profit total positif (RT > CT).

La courbe de profit total, construite sur la figure 2, passe par un maximum pour Q = 5. On observe ici encore que :

– ne pas produire la quantité Q = 5 revient à ne pas maximiser le profit total,

– produire une quantité Q > 8 entraîne la réalisation d'une perte (ΠT < 0).

Figure 2
Le profit total de l'entreprise

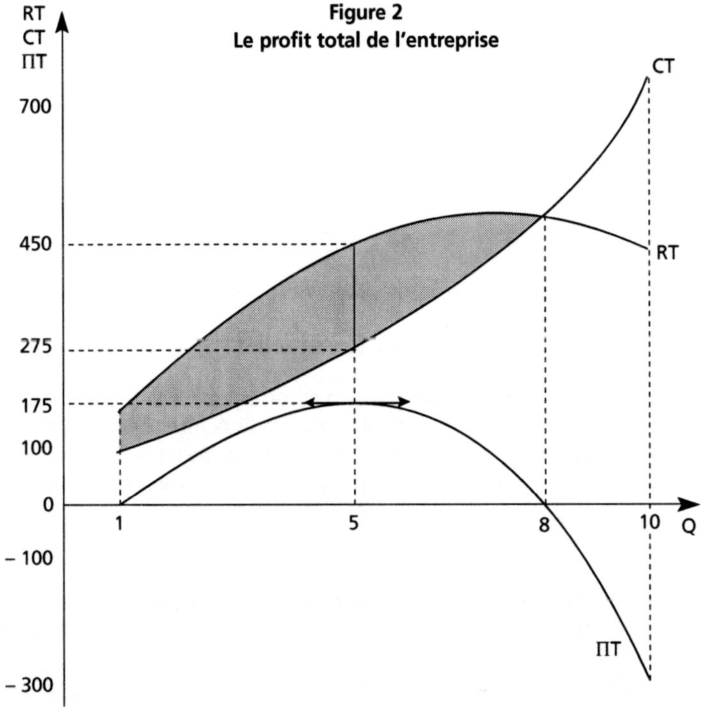

La solution précédente peut être vérifiée en calculant la quantité Q pour laquelle la fonction de profit total admet un maximum.

La fonction de profit total ΠT(Q) présente un maximum si sa dérivée première s'annule (condition d'existence d'un extremum) et si sa dérivée seconde est négative, soit :

– condition du premier ordre : $\Pi T' = \dfrac{d\Pi T}{dQ} = 0$;

– condition du second ordre : $\Pi T'' = \dfrac{d^2 \Pi T}{dQ^2} < 0$.

Pour le monopoleur considéré, $\Pi T = \Pi T(Q) = RT - CT$:

$$\Pi T = -9\,Q^2 + 135\,Q - (Q^3 - 10\,Q^2 + 70\,Q + 50);$$

$$\Pi T = -9\,Q^2 + 135\,Q - Q^3 + 10\,Q^2 - 70\,Q - 50;$$

soit : $$\Pi T = -Q^3 + Q^2 + 65\,Q - 50.$$

– Condition du premier ordre : $\Pi T' = \dfrac{d\Pi T}{dQ} = -3\,Q^2 + 2\,Q + 65 = 0.$

Les deux racines de l'équation du second degré sont :

$$Q_1 = \frac{-1+\sqrt{1+195}}{-3} = -4{,}33 \quad \text{et} \quad Q_2 = \frac{-1-\sqrt{1+195}}{-3} = \frac{15}{3} = 5.$$

– Condition du second ordre : $\Pi T'' = \dfrac{d^2\Pi T}{dQ^2} = -6\,Q + 2;$

$$\Pi T'' < 0 \Rightarrow Q > \frac{1}{3}.$$

Pour Q = 5, la courbe de profit total passe donc par un maximum ($\Pi T' = 0$ et $\Pi T'' < 0$),

soit : $\Pi T = -5^3 + 5^2 + (65 \times 5) - 50 = -125 + 25 + 325 - 50 = 175.$

e) La tarification au coût marginal correspond à la fixation d'un prix de vente unitaire égal au coût marginal. Un tel prix ***permet de faire supporter au consommateur le coût de production effectivement supporté par l'entreprise.***

On observe sur la figure 1 (p. 161) que l'entreprise doit produire et vendre la quantité Q = 6,83 pour que le prix unitaire du produit (lu sur la droite de demande) soit égal au coût marginal de l'entreprise : P = Cm = 73,47 (ordonnée du point F d'intersection de la droite RM et de la courbe Cm).

En adoptant la règle de tarification au coût marginal, l'entreprise produit une quantité plus grande et vend à un prix moins élevé qu'en poursuivant un objectif de maximisation du profit.

Le prix P = 73,47 étant supérieur au coût moyen, l'entreprise réalise encore un profit :

Pour Q = 6,83 $\Rightarrow$ CM = 55,68, on a donc :

$$\Pi M = RM - CM = 73{,}47 - 55{,}68 = 17{,}79$$

et : $$\Pi T = \Pi M \,.\, Q = 17{,}79 \times 6{,}83$$
$$= 121{,}51 \approx 121 \quad \text{(rectangle EFGH sur la figure 1).}$$

Remarque : cet exemple n'est qu'un cas particulier. Quand le prix qui résulte de la tarification au coût marginal est inférieur au coût moyen, l'entreprise réalise une perte et non un profit.

Exercice n° 15 Le monopole discriminant

Un monopoleur envisage de vendre un produit homogène sur deux marchés distincts. La demande s'établit comme suit sur chacun des deux marchés :

– Marché 1 : $Q_1 = -0{,}1\ P_1 + 8,$

– Marché 2 : $Q_2 = -\frac{1}{3}P_2 + \frac{50}{3},$

avec : Q_1 et P_1 : quantité demandée et prix unitaire sur le marché 1
Q_2 et P_2 : quantité demandée et prix unitaire sur le marché 2.

Le coût total supporté par l'entreprise varie avec la quantité produite, comme l'indique le tableau suivant :

Q	1	2	3	4	5	6	7	8	9	10	11	12	13
CT	134	174	198	208	215	210	220	240	270	310	362	432	532

a) Calculer et représenter sur un même graphique les recettes moyenne et marginale de l'entreprise correspondant à chacun des marchés.

b) Calculer et représenter sur un même graphique le coût moyen et le coût marginal de l'entreprise, ainsi que sa recette moyenne totale et sa recette marginale totale.

c) L'entreprise ne segmente pas le marché. Quelle quantité l'entreprise doit-elle produire et vendre pour maximiser son profit total ? À quel prix unitaire cette quantité est-elle vendue et quel est le montant du profit total maximal réalisé ?

d) L'entreprise segmente le marché :

1°) Quelle quantité l'entreprise doit-elle produire pour maximiser son profit total et comment cette quantité est-elle répartie entre les deux marchés ?

2°) Quel est le prix pratiqué sur chacun des deux marchés ?

3°) Quel profit total maximal l'entreprise réalise-t-elle en vendant le même produit à des prix différents sur les deux marchés ?

CORRIGÉ

a) Les recettes de l'entreprise sur chacun des deux marchés

Sur chaque marché *i*, pour *i* = [1, 2], la demande est exprimée en fonction du prix. Soit $Q_i = f(P_i)$.

• ***Sur le marché 1***, l'équation de la demande est : $Q_1 = -0{,}1\ P_1 + 8$.

On peut exprimer la recette moyenne en fonction de la quantité à partir de l'équation de la demande : $RM_1 = P_1 = g(Q_1)$.

Soit : $Q_1 = -0{,}1\ P_1 + 8 \Rightarrow 0{,}1\ P_1 = 8 - Q_1$

et $P_1 = \frac{8 - Q_1}{0{,}1},$

soit : $RM_1 = P_1 = -10\ Q_1 + 80.$

Il s'agit de l'équation d'une droite dont deux points ont pour coordonnées ($Q_1 = 0$, $P_1 = 80$) et ($Q_1 = 8$, $P_1 = 0$).

La recette totale sur ce marché est égale à :

$$RT_1 = RM_1 \,.\, Q_1 = (-10\,Q_1 + 80)Q_1.$$

L'équation de la recette totale est donc :

$$RT_1 = -10\,Q_1^2 + 80\,Q_1.$$

La recette marginale est mesurée par la dérivée de la recette totale (une fonction de la forme $y = ax^2 + bx$ admet pour dérivée $y' = 2ax + b$), soit :

$$Rm_1 = \frac{dRT_1}{dQ_1} = -20\,Q_1 + 80.$$

Elle est représentée par une droite que l'on peut tracer à partir de deux de ses points. Par exemple, les points de coordonnées ($Q_1 = 0$, $P_1 = 80$) et ($Q_1 = 4$, $P_1 = 0$).

• ***Sur le marché 2***, la demande est égale à : $Q_2 = -\frac{1}{3}P_2 + \frac{50}{3}$.

On procède comme précédemment pour le marché 1.

L'équation de la recette moyenne est :

$$RM_2 = -3\,Q_2 + 50.$$

Il s'agit d'une droite dont deux points ont pour coordonnées ($Q_2 = 0$, $P_2 = 50$) et ($Q_2 = 5$, $P_2 = 35$).

L'équation de la recette totale est :

$$RT_2 = RM_2 \,.\, Q_2 = (-3\,Q_2 + 50)Q_2,$$

soit :

$$RT_2 = -3\,Q_2^2 + 50\,Q_2.$$

La recette marginale est une droite d'équation :

$$Rm_2 = \frac{dRT_2}{dQ_2} = -6\,Q_2 + 50.$$

Cette droite passe par les deux points de coordonnées respectives :

($Q_2 = 0$, $P_2 = 50$) et ($Q_2 = 5$, $P_2 = 20$).

Les quatre droites précédemment définies sont **représentées sur la figure 1 (a).**

b) Les coûts et les recettes de l'entreprise

1°) ***Calcul des coûts***

Les valeurs calculées de CM et Cm sont présentées dans le tableau suivant pour Q variant de 1 à 13 unités.

Q	1	2	3	4	5	6	7	8	9	10	11	12	13
CT	134	174	198	208	215	210	220	240	270	310	362	432	532
CM	134	87	66	52	43	35	31,43	30	30	31	32,91	36	40,92
Cm	–	40	24	10	7	5	10	20	30	40	52	70	100

Exemples de calcul :

• ***Coût moyen***, $CM = \frac{CT}{Q}$:

– pour Q = 1, $CM = \frac{134}{1} = 134$;

– pour Q = 10, $CM = \frac{310}{10} = 31$.

• ***Le coût marginal*** mesure l'accroissement du coût total induit par la production d'une unité supplémentaire du produit :

$$Cm = \frac{\Delta CT}{\Delta Q}.$$

Comme on ne connaît pas la fonction de coût total, on ne peut pas calculer le coût marginal par dérivation. On le calcule donc en mesurant l'accroissement du coût total par unité supplémentaire produite. Par exemple :

– quand Q passe de 1 à 2 unités :

$$Cm = \frac{\Delta CT}{\Delta Q} = 174 - 134 = 40;$$

– quand Q passe de 7 à 8 unités :

$$Cm = \frac{\Delta CT}{\Delta Q} = 240 - 220 = 20.$$

Les coûts de l'entreprise sont **représentés sur la figure 1 (b).**

2°) *Calcul des recettes de l'entreprise pour l'ensemble du marché*

• ***La recette moyenne totale*** de l'entreprise (RM) s'obtient par addition horizontale des courbes RM_1 et RM_2 tracées sur la figure 1 (a). Il suffit pour cela d'associer à chaque niveau de la recette moyenne totale la quantité vendue, égale à la somme des quantités écoulées sur les deux marchés ($Q = Q_1 + Q_2$).

Par exemple :

– à RM = 80 correspond Q = 0 car $Q_1 = Q_2 = 0$ et $Q_1 + Q_2 = 0$,

– à RM = 50 correspond Q = 3 car $Q_1 = 3$, $Q_2 = 0$ et $Q_1 + Q_2 = 3$,

– à RM = 20 correspond Q = 16 car $Q_1 + Q_2 = 6 + 10 = 16$ et ainsi de suite.

En joignant les points ainsi déterminés, on obtient la courbe RM représentée sur la figure 1 (b). Cette courbe présente un coude pour Q = 3.

Détermination de l'équation de RM :

– Pour $50 \leq P \leq 80$: la demande sur le deuxième marché est nulle [*cf.* figure 1 (a)], la demande totale est donc égale à la demande sur le premier marché :

$$Q = -0{,}1\,P + 8$$

et la recette moyenne totale correspond à celle réalisée sur le premier marché :

$$RM = -10\,Q + 80 \quad \text{pour} \quad 0 \leq Q \leq 3.$$

Figure 1
Le monopole discriminant

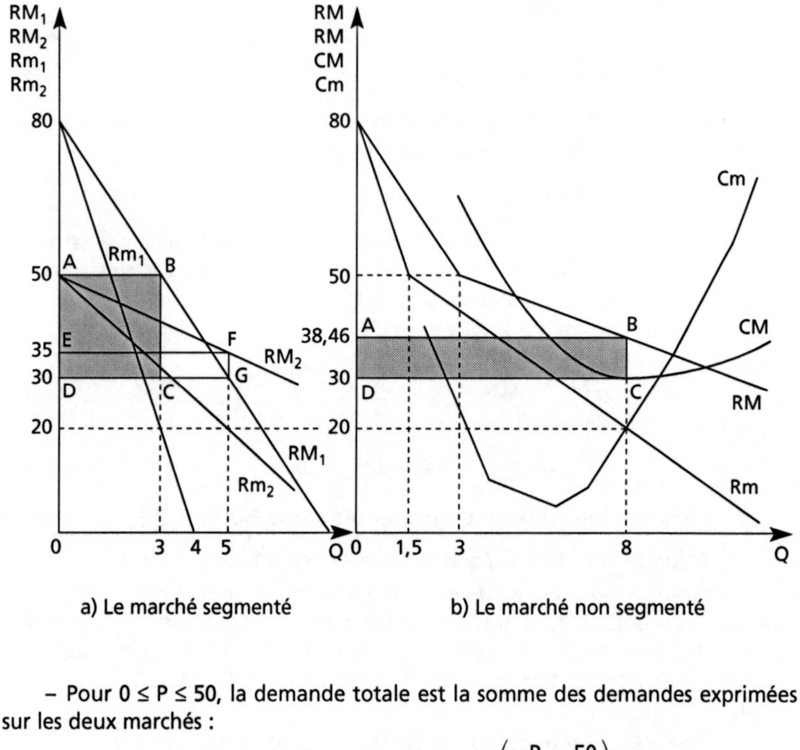

a) Le marché segmenté b) Le marché non segmenté

– Pour $0 \leq P \leq 50$, la demande totale est la somme des demandes exprimées sur les deux marchés :

$$Q = Q_1 + Q_2 = (-0{,}1\ P + 8) + \left(-\frac{P}{3} + \frac{50}{3}\right)$$

$$= -\frac{P}{10} - \frac{P}{3} + \frac{24 + 50}{3} = \frac{-3\ P - 10\ P}{30} + \frac{74}{3},$$

soit : $$Q = \frac{-13\ P}{30} + \frac{74}{3},$$

ou encore, si l'on veut l'expression de la recette moyenne totale en fonction de la quantité :

$$\frac{13\ P}{30} = \frac{74}{3} - Q,$$

soit : $$P = \left(\frac{74}{3} - Q\right)\frac{30}{13},$$

ou : $$RM = P = \frac{740 - 30\,Q}{13}, \quad \text{pour } 3 \leq Q \leq \frac{74}{3}.$$

• ***La recette marginale totale*** Rm s'obtient par addition horizontale des courbes Rm_1 et Rm_2.

Par exemple :

– à Rm = 80 correspond Q = 0 car $Q_1 = Q_2 = 0$ et $Q_1 + Q_2 = 0$,

– à Rm = 50 correspond Q = 1,5 car $Q_1 = 1{,}5$, $Q_2 = 0$ et $Q_1 + Q_2 = 1{,}5$,

– à Rm = 20 correspond Q = 8 car $Q_1 = 3$, $Q_2 = 5$ et $Q_1 + Q_2 = 8$; etc.

Détermination de l'équation de Rm :

– Pour $50 \leq P \leq 80$, la demande sur le second marché est nulle, la recette marginale totale est égale à celle enregistrée sur le premier marché :

$$Rm = -20\,Q + 80 \quad \text{pour } 0 \leq Q \leq 1{,}5.$$

– Pour $0 \leq P \leq 50$, on sait que la recette moyenne totale est :

$$RM = P = \frac{740 - 30\,Q}{13};$$

La recette totale est donc :

$$RT = RM\,.\,Q = \frac{740 - 30\,Q}{13}\,.\,Q = \frac{740\,Q - 30\,Q^2}{13}$$

et la recette marginale totale est :

$$Rm = \frac{dRT}{dQ} = \frac{740 - 60\,Q}{13} \quad \text{pour } 1{,}5 \leq Q \leq \frac{37}{3}.$$

c) Le profit total maximal réalisé sur le marché non segmenté

Pour maximiser son profit total sur le marché non segmenté, l'entreprise choisit la quantité qui égalise la recette marginale et le coût marginal. On peut lire sur la figure 1 (b) qu'à la quantité Q = 8, correspond l'égalité : Rm = Cm = 20.

Le prix de vente unique du produit se lit sur la courbe de recette moyenne totale pour Q = 8, ou se calcule à partir de l'équation de la recette moyenne totale, en remplaçant Q par sa valeur : pour Q = 8, P = 38,461 (point B).

La valeur du coût moyen pour Q = 8 se lit également sur la figure 1 (b) : CM = 30 (point C).

Le profit moyen est égal à :

$$\Pi M = RM - CM = 38{,}461 - 30 = 8{,}461 \quad \text{[segment BC, figure 1(b)].}$$

Le profit total maximal réalisé est donc égal à :

$$\Pi T = \Pi M \times Q = 8{,}461 \times 8 = 67{,}69 \quad \text{[surface ABCD, figure 1(b)].}$$

d) Le profit total maximal réalisé quand l'entreprise distingue les deux marchés

1°) ***Quantité à produire***

Dans la mesure où elle produit indifféremment pour les deux marchés, l'entreprise doit produire une quantité globale lui permettant d'égaliser le coût marginal total et la recette marginale totale, soit Q = 8 unités (résultat obtenu dans la question précédente).

La répartition de ces 8 unités entre les deux marchés doit se faire de telle façon que la recette marginale sur chaque marché soit égale au coût marginal de l'entreprise. On doit donc avoir l'égalité : $Rm_1 = Rm_2 = Cm = 20$.

L'examen des figures 1 (a) et (b), p. 168, permet de noter que l'égalité précédente est obtenue si 3 unités sont vendues sur le marché 1 et 5 unités sur le marché 2.

Cette répartition des ventes est-elle la meilleure possible ?

Supposons que l'entreprise décide d'écouler 4 unités sur chaque marché. Une modification de cette répartition des ventes ($Q_1 = Q_2 = 4$) peut être envisagée si elle permet d'accroître la recette totale correspondant à l'ensemble des deux marchés.

Si, à partir de cette répartition égalitaire ($Q_1 = Q_2 = 4$) :

– l'entrepreneur décide d'augmenter la quantité Q_1 et donc de diminuer la quantité Q_2 : la recette totale réalisée sur le marché 1 ne varie pas, alors que celle qui est réalisée sur le marché 2 diminue. En effet pour $Q_1 = 4$, la diminution de la quantité Q_1 induit une variation nulle de la recette totale ($Rm_1 = 0$); et, pour $Q_2 = 4$, la diminution de la quantité Q_2 induit une diminution de la recette totale ($Rm_2 = 26$). Pour l'ensemble des deux marchés, la recette totale diminue [(0 – 26) = – 26] : la modification de la répartition ne peut donc pas être envisagée dans ce sens;

– l'entrepreneur décide de diminuer la quantité Q_1 et d'augmenter la quantité Q_2 : la recette totale n'augmente toujours pas sur le marché 1 ($Rm_1 = 0$), mais elle augmente de 26 sur le marché 2 ($Rm_2 = 26$). La recette totale pour l'ensemble des deux marchés augmente donc de (0 + 26) = 26. L'entrepreneur trouve donc un avantage à modifier la répartition égalitaire dans ce sens.

Si la répartition est $Q_1 = 3$ et $Q_2 = 5$, avec, pour ces valeurs de Q_1 et Q_2 : $Rm_1 = Rm_2 = 20$, l'entrepreneur ne trouve plus aucun avantage à modifier la répartition existante. En effet, s'il diminue la quantité Q_1 sur le marché 1, il doit augmenter la quantité Q_2 sur le marché 2. La recette totale sur le marché 1 diminue de 20 et la recette totale sur le marché 2 augmente de 20 ($Rm_1 = Rm_2 = 20$). Au total, pour l'ensemble des marchés, la recette totale ne varie pas (+ 20 – 20 = 0).

La répartition $Q_1 = 3$ et $Q_2 = 5$ est donc la meilleure possible.

2°) *Prix de vente pratiqués sur les deux marchés*

– Pour les 3 unités écoulées sur le marché 1, le prix est calculé à partir de la fonction de recette moyenne correspondant à ce marché, soit :

$$RM_1 = -10\,Q_1 + 80.$$

Pour $Q_1 = 3 \Rightarrow RM_1 = P_1 = -30 + 80 = 50.$

– Pour les 5 unités écoulées sur le marché 2, le prix est calculé à partir de l'équation de la recette moyenne correspondant à ce marché, soit :

$$RM_2 = -3\,Q_2 + 50.$$

Pour $Q_2 = 5 \Rightarrow RM_2 = P_2 = -15 + 50 = 35.$

Remarque : on connaît la relation qui lie la recette marginale Rm, l'élasticité-prix ep et le prix P :

$$Rm = P\left(1 + \frac{1}{ep}\right).$$

Les quantités Q_1 et Q_2 ont été déterminées de telle façon que :

$$Rm_1 = Rm_2 = Cm = 20$$

et donc de telle façon que :

$$Rm_1 = P_1\left(1 + \frac{1}{ep_1}\right) = Rm_2 = P_2\left(1 + \frac{1}{ep_2}\right),$$

avec ep_1 et ep_2 : élasticités-prix des demandes respectivement exprimées sur le marché 1 et le marché 2.

On vérifie ainsi que les élasticités ep_1 et ep_2 doivent être différentes pour que des prix P_1 et P_2 différents soient fixés.

3°) *Calcul du profit total réalisé dans le cas de la discrimination par les prix*

– *Sur le marché 1* : l'entreprise vend la quantité $Q_1 = 3$ au prix unitaire $P_1 = 50$. La recette totale réalisée sur ce marché est égale à :

$$RT_1 = P_1 \cdot Q_1 = 50 \times 3 = 150.$$

– *Sur le marché 2* : l'entreprise vend la quantité $Q_2 = 5$ au prix unitaire $P_2 = 35$. La recette totale réalisée sur ce marché est égale à :

$$RT_2 = P_2 \cdot Q_2 = 35 \times 5 = 175.$$

La recette totale réalisée sur l'ensemble des marchés est égale à :

$$RT = RT_1 + RT_2 = 150 + 175 = 325.$$

Le coût total supporté pour la production de 8 unités est : CT = 240.

Lorsque l'entreprise applique une politique de discrimination par les prix, le profit total réalisé sur l'ensemble des marchés est égal à :

$$\Pi T = RT - CT = 325 - 240 = 85.$$

Remarque : en ne pratiquant pas la discrimination par les prix, l'entreprise ne réalise qu'un profit total maximal égal à 67,69 [voir question **c)**].

5

La concurrence monopolistique et l'oligopole

Ce chapitre est consacré à l'analyse de la concurrence monopolistique et à celle de l'oligopole.

La ***concurrence monopolistique*** (E. H. Chamberlin, 1933) présente à la fois des caractéristiques de la concurrence pure et parfaite et du monopole. En effet, dans cette situation de marché, le nombre de participants est grand et les entreprises peuvent acquérir un certain pouvoir de monopole.

En régime d'***oligopole***, quelques offreurs interdépendants sont présents sur le marché du produit. Ils peuvent, à des degrés divers, s'affronter ou au contraire s'entendre.

1. La concurrence monopolistique

Une situation de concurrence monopolistique présente les caractéristiques suivantes :

– ***un grand nombre d'offreurs et un grand nombre d'acheteurs*** présents sur le marché ;

– ***un produit différencié***. Dans cette situation, le produit n'est pas homogène comme il l'est en situation de concurrence pure et parfaite et en situation de monopole. Chaque entreprise mène une politique de différenciation de son produit afin de le rendre particulier aux yeux des acheteurs.

La différenciation est ***objective*** quand elle porte sur certaines caractéristiques du produit telles que sa composition, ses performances, son mode d'utilisation ; elle peut cependant être plus ***subjective*** quand elle est obtenue en jouant par exemple sur la présentation du produit, sur son emballage, ou en créant un effet de marque.

Chaque entreprise offrant un produit différencié enregistre une demande qui lui est propre;

– ***la liberté, pour les entreprises, d'accéder au marché et d'en sortir.***

Les entreprises présentes sur le marché sont rationnelles et ont pour objectif la recherche du profit total maximal.

A. Le comportement de l'entreprise en courte période

En courte période, la situation de l'entreprise en régime de concurrence monopolistique est proche de celle du monopoleur.

LES COÛTS DE PRODUCTION ET LES RECETTES DE L'ENTREPRISE

• Le ***coût moyen*** (CM) et le ***coût marginal*** (Cm) sont connus. Ils sont représentés sur la figure 5.1.

• Le produit étant différencié, la ***demande adressée à l'entreprise*** est une fonction décroissante du prix du produit :

$$Q = f(P) \text{ et } f'(P) < 0.$$

Plus la différenciation du produit est poussée, plus la demande à l'entreprise est inélastique au prix.

La demande à l'entreprise peut être représentée par une droite (figure 5.1).

• Le ***prix de vente unitaire*** P, fonction décroissante de la quantité demandée Q, ***est égal à la recette moyenne de l'entreprise***, soit :

$$P = g(Q) = RM.$$

Figure 5.1
L'équilibre de l'entreprise en courte période

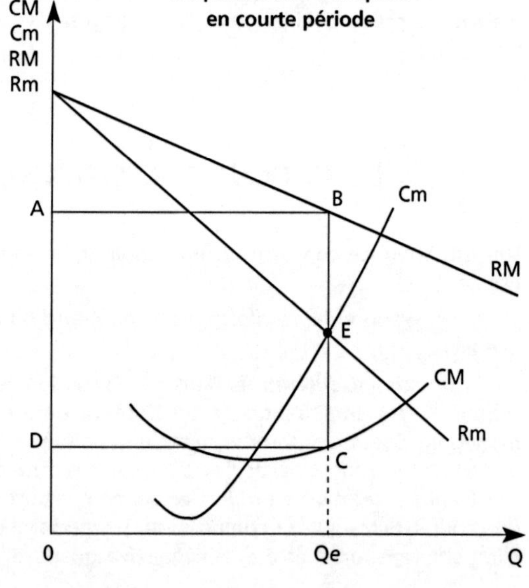

La demande adressée à l'entreprise et la recette moyenne sont représentées par la même droite (figure 5.1).

La recette marginale, représentée sur la figure 5.1, est la dérivée de la fonction de recette totale RT(Q) = RM(Q) . Q,

soit : $$Rm = \frac{dRT}{dQ}.$$

L'ÉQUILIBRE DE L'ENTREPRISE EN COURTE PÉRIODE

Pour la quantité Qe (figure 5.1) :

• ***La recette marginale est égale au coût marginal*** (point E) et ***le profit total est maximal.***

• ***Le prix de vente s'impose à l'entreprise.*** Il est égal à l'ordonnée du point B de la droite de demande, soit : P = OA.

• Le ***profit moyen*** (ΠM = RM – CM) et le ***profit total*** (ΠT = ΠM . Q) réalisés sont respectivement représentés par le segment BC et la surface du rectangle ABCD.

B. Le comportement de l'entreprise en longue période

En longue période, tous les facteurs de production sont variables, la taille de l'équipement peut être modifiée.

LES COÛTS DE PRODUCTION EN LONGUE PÉRIODE

• La ***courbe de coût moyen de longue période (CMLP)*** est représentée sur la figure 5.2. Elle est l'enveloppe des courbes de coût moyen de courte période et indique le coût moyen minimal que l'entreprise supporte selon la quantité produite, quand elle peut modifier la taille de son équipement. À la courbe CM_1, par exemple, correspond la taille K_1 de l'équipement (le niveau K_1 d'utilisation du capital).

• La ***courbe de coût marginal de longue période (CmLP)*** indique, pour chaque volume de production, l'accroissement du coût total de longue période entraîné par la production d'une unité supplémentaire du produit. Elle coupe la courbe CMLP en son minimum.

L'ÉQUILIBRE DE L'ENTREPRISE EN LONGUE PÉRIODE

Le profit réalisé, en courte période, par l'entreprise considérée, incite d'autres entreprises à pénétrer sur le marché. Chaque nouvelle entreprise offre sur le marché un produit comparable (un substitut proche) et détourne donc à son profit une partie de la clientèle de l'entreprise considérée. La demande adressée à l'entreprise considérée diminue à mesure que ces stratégies d'imitation réussissent (pour un prix donné, la quantité demandée est moindre). La diminution de la demande se traduit graphiquement par un déplacement de la droite RM vers la gauche, parallèlement à elle-même si l'on suppose que sa pente n'est pas modifiée.

Figure 5.2
L'équilibre de l'entreprise en longue période

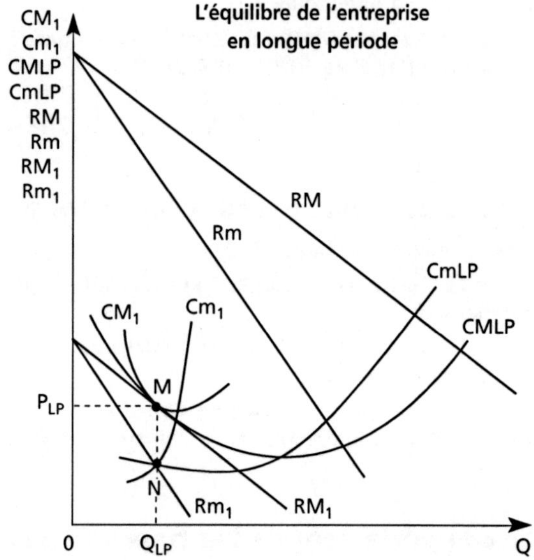

Quand la demande atteint la position RM_1 où elle est tangente à la courbe de coût moyen de longue période au point M, le profit moyen et le profit total de longue période deviennent nuls :

$$RM_1 = CMLP \Rightarrow \Pi M = RM_1 - CMLP = 0 \text{ et } \Pi T = 0.$$

De nouvelles entreprises n'étant plus incitées à détourner la demande de ce produit différencié, la situation de l'entreprise considérée se stabilise au niveau de production $Q = Q_{LP}$, pour lequel le profit est nul.

Le déplacement de la demande à l'entreprise a provoqué le déplacement de la recette marginale jusqu'à la position Rm_1. Pour la quantité produite $Q = Q_{LP}$, on note l'égalité $Rm_1 = CmLP$, l'entreprise atteint son optimum et choisit la taille K_1 (CM_1 est tangente à CMLP au point M : $CM_1 = CMLP$).

En régime de concurrence monopolistique et en longue période, les superprofits tendent à disparaître, comme cela se produit en régime de concurrence pure et parfaite, en longue période.

Enfin, soulignons que l'entreprise, en régime de concurrence monopolistique et en longue période, n'atteint pas la taille minimale optimale (*min* [CMLP]), comme c'est le cas en régime de concurrence pure et parfaite, en longue période.

2. L'oligopole

L'oligopole est une forme de marché sur lequel se rencontrent ***un grand nombre d'acheteurs et un petit nombre d'offreurs interdépendants*** qui agissent dans un ***univers incertain***.

À la différence des situations de marché précédemment analysées, ***la demande adressée à l'entreprise n'est plus une donnée pour elle***. En supposant que le prix soit la seule arme effective dont dispose l'entreprise pour agir sur sa demande et maximiser son profit total, l'efficacité d'une action sur le prix décidée par l'une des entreprises dépend des réactions de ses concurrents. Ces derniers peuvent en effet l'imiter ou, au contraire, ne pas réagir. L'entreprise qui agit, ne connaissant pas les réactions qu'elle peut susciter chez ses concurrents, doit les anticiper avant d'agir ; on parle d'« ***interdépendance conjecturale*** ». Cette même entreprise doit aussi réagir aux actions engagées par l'un, certains ou l'ensemble de ses concurrents ; l'interdépendance est alors qualifiée de « ***conjoncturelle*** ».

La conjonction de l'interdépendance des entreprises et de l'incertitude dans laquelle elles agissent rend délicate l'analyse de l'oligopole. De nombreuses analyses existent, qui présentent des situations oligopolistiques fondées sur des hypothèses limitant le degré d'interdépendance des firmes en présence, réduisant le nombre des armes utilisées dans la concurrence, définissant d'autres objectifs que la recherche du maximum de profit total.

Afin de mettre en évidence les notions d'interdépendance des firmes et d'incertitude au sein d'un oligopole, seules sont retenues ici les analyses de l'***oligopole non coordonné*** et de l'***oligopole avec accord de cartel***.

A. L'oligopole non coordonné

Dans ce modèle d'oligopole, le produit considéré est différencié et le prix est la seule arme active à la disposition des entreprises à la recherche du maximum de profit total.

LA DEMANDE ADRESSÉE À L'ENTREPRISE

1°) Les différentes formes possibles de la demande

On peut mettre en évidence l'interdépendance des entreprises de l'oligopole et l'incertitude dans laquelle elles se trouvent, en analysant la situation suivante :

Au sein de l'oligopole, ***l'entreprise considérée ne connaît que son point d'équilibre*** E (Pe, Qe) représenté sur la figure 5.3.

Pe est le prix unitaire retenu par les firmes de l'oligopole.

Qe est la quantité du produit demandée à la firme considérée, au prix Pe.

Pour modifier son prix de vente, l'entreprise considérée doit tenir compte des réactions possibles de ses concurrents. En effet, ces derniers influencent la demande adressée à l'entreprise considérée en imitant son action sur le prix ou, au contraire, en ne réagissant pas.

Figure 5.3
La demande adressée à l'entreprise

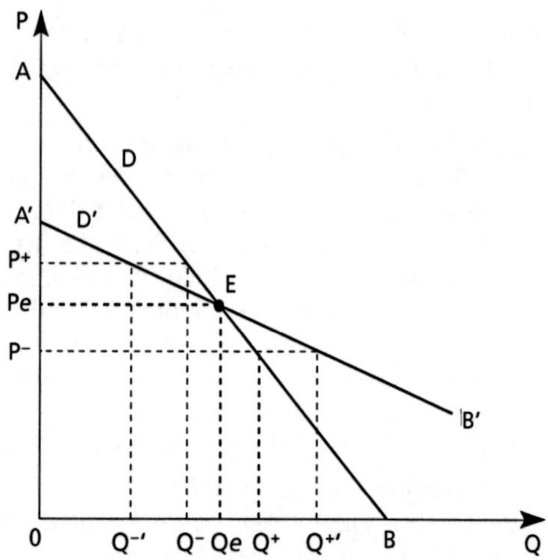

- ***L'entreprise considérée décide d'augmenter son prix, qui passe de Pe à P⁺ :***

– Si l'entreprise qui agit n'est ***pas suivie*** par ses concurrents, une partie de sa clientèle doit logiquement s'orienter vers les autres entreprises. La hausse du prix provoque une forte baisse de la quantité demandée, qui devient égale à $Q^{-\prime}$. La courbe de demande adressée à l'entreprise considérée est, dans ce cas, représentée par la droite D'.

– Si l'entreprise considérée est ***suivie*** par ses concurrents, tous les prix augmentent, la clientèle de l'entreprise n'est plus incitée, comme dans le cas précédent, à s'adresser aux autres entreprises. La baisse de la quantité demandée provoquée par l'augmentation du prix est moins forte que dans le cas précédent et la quantité demandée devient égale à Q^-. La demande à l'entreprise considérée est représentée par la droite D.

- ***L'entreprise considérée décide de baisser son prix, qui passe de Pe à P⁻ :***

– Si l'entreprise qui agit est ***imitée***, la baisse de son prix de vente ne provoque pas de détournement de clientèle à son profit. Dans ce cas, l'augmentation de la quantité demandée est peu élevée ($Q = Q^+$) et la courbe de demande à l'entreprise est représentée par la droite D.

– Si l'entreprise considérée n'est ***pas imitée***, les écarts de prix se creusent à son avantage. L'entreprise considérée doit donc bénéficier d'une partie de la demande qui était adressée à ses concurrents. La quantité demandée devient égale à $Q^{+\prime}$ et la demande est alors représentée par la droite D'.

La demande à l'entreprise n'est pas une donnée. Les performances des entreprises dépendent des actions et des réactions possibles de leurs concurrents et chaque entreprise doit imaginer la demande qui lui est adressée. La demande adressée à l'entreprise qui agit est représentée par la droite AB (figure 5.3) si l'action sur le prix est imitée, et par la droite A'B' si cette action n'est pas imitée.

2°) La « courbe de demande coudée » (P. Sweezy, 1939)

Retenons l'un des cas possibles représenté sur la figure 5.3.

L'entreprise considérée, qui connaît sa situation de demande d'équilibre (point E), pense être suivie quand elle abaisse son prix et ne pas l'être quand elle l'augmente. La demande à l'entreprise présente donc un coude au point E (Pe, Qe).

Une telle « demande coudée » n'incite pas l'entreprise à modifier son prix de vente. Les réactions prévues des autres entreprises impliquent en effet qu'une baisse du prix provoque une faible augmentation de la quantité demandée et qu'une augmentation du prix provoque une baisse importante de la quantité demandée. On peut donc mettre en évidence, dans ce cas, une tendance à la stabilité des prix d'un oligopole, à partir de la forme de la courbe de demande.

L'ÉQUILIBRE DE L'ENTREPRISE

On sait que le prix de vente est égal à la recette moyenne de l'entreprise (P = RM) et que la « courbe de demande coudée » est aussi celle de la recette moyenne de l'entreprise (figure 5.4, page suivante).

La recette marginale de l'entreprise (Rm) présente une discontinuité IJ qui correspond au coude E de la courbe de demande. Cette discontinuité est d'autant plus grande que le coude E est prononcé, c'est-à-dire d'autant plus grande que le nombre de concurrents est important, que les tailles des entreprises sont comparables et que la différenciation des produits est faible.

On observe sur la figure 5.4 :

– que l'entreprise maximise son profit total en produisant la quantité Qe pour laquelle le coût marginal coupe la recette marginale, dans sa partie discontinue IJ ;

– que le prix de vente correspondant, Pe, se lit sur la courbe de demande (ordonnée du point E).

Cette situation a une conséquence importante. ***Une modification des coûts de production de l'entreprise n'entraîne pas automatiquement une modification du prix d'équilibre Pe.*** En effet, quel que soit le point, situé entre I et J, où Cm « coupe » Rm, la solution optimale est définie par le couple (Pe, Qe).

Figure 5.4
La « courbe de demande coudée » et l'équilibre de l'entreprise

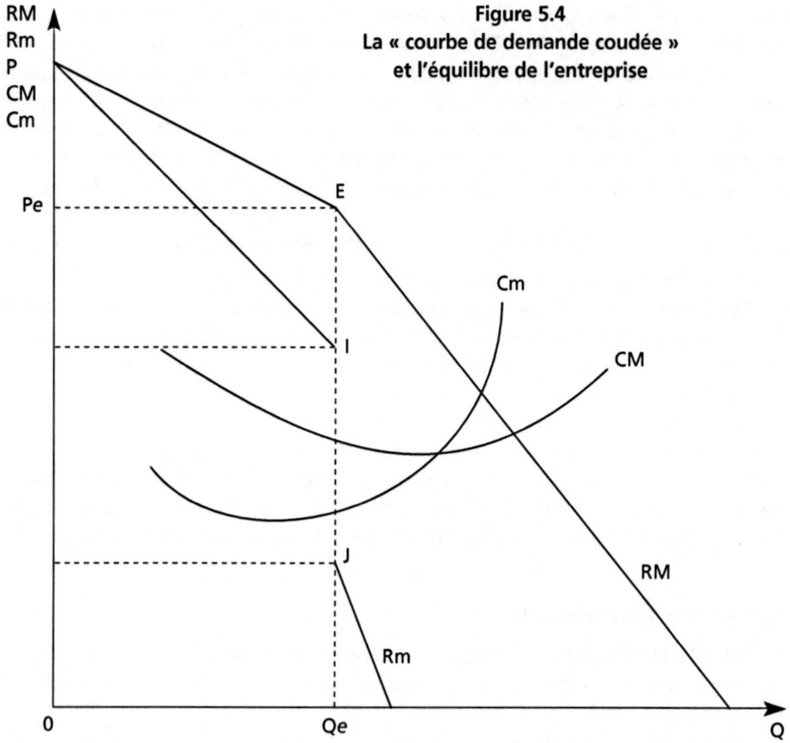

B. L'oligopole avec accord de cartel

Dans ce modèle où l'on retrouve l'hypothèse d'***homogénéité du produit***, les entreprises de l'oligopole s'entendent pour constituer un cartel. ***La situation du cartel est comparable à celle d'un monopoleur à la recherche du maximum de profit.***

Pour que le profit total du cartel soit maximisé, la quantité globale produite par l'ensemble des membres du cartel et le prix de vente du produit doivent être choisis ***de telle manière que la recette marginale du cartel soit égale à son coût marginal.***

On peut observer sur la figure 5.5 que la courbe de coût marginal du cartel (Cmc) est obtenue en additionnant horizontalement les courbes de coût marginal des trois entreprises du cartel (Cm_1, Cm_2, Cm_3). La connaissance de la demande du

Figure 5.5
L'équilibre du cartel et les quotas de production

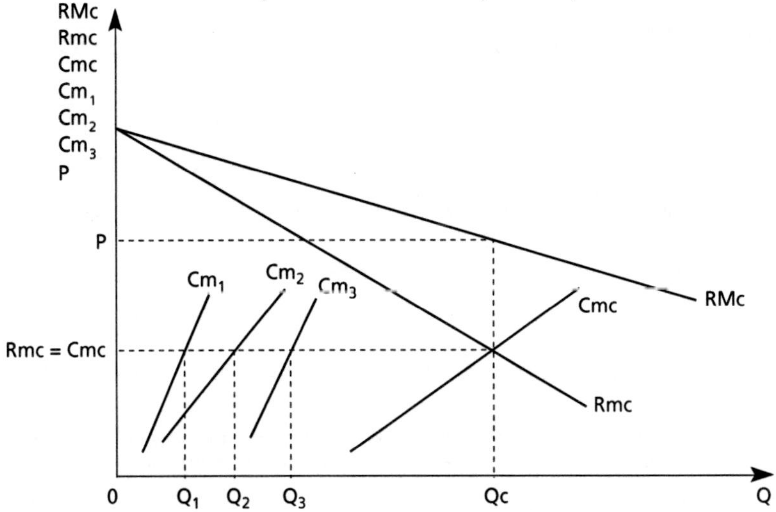

produit adressée à l'ensemble des entreprises permet de construire les courbes de recettes moyenne et marginale du cartel, respectivement RMc et Rmc.

Le cartel réalise un profit total maximal en produisant une quantité Q = Qc, pour laquelle Rmc = Cmc. ***Le prix de vente P correspondant à cet équilibre est adopté par chacune des entreprises du cartel.***

Les entreprises du cartel se voient attribuer des ***quotas de production*** permettant au cartel de minimiser ses coûts. Chaque firme doit produire la quantité pour laquelle son coût marginal est égal au coût marginal du cartel et à la recette marginale du cartel. La figure 5.5 illustre cette répartition de la quantité globale Qc entre les trois entreprises de l'oligopole ($Qc = Q_1 + Q_2 + Q_3$), de façon à obtenir :

$$Cm_1 = Cm_2 = Cm_3 = Cmc = Rmc.$$

Le profit réalisé par le cartel est égal à la somme des profits réalisés par chacun de ses membres.

3. Exercices

Exercice n° 16 La concurrence monopolistique

Une entreprise en situation de concurrence monopolistique supporte un coût total qui varie en fonction de la quantité produite comme l'indique le tableau suivant :

Q	1	2	3	4	5	6	7	8	9	10
CT	80	110	138	172	215	270	350	454	585	742

La demande adressée à l'entreprise varie en fonction du prix unitaire P du produit, selon la relation : $Q = -\frac{P}{6} + \frac{82}{3}$, où Q représente la quantité demandée.

a) Calculer et représenter graphiquement le coût moyen et le coût marginal de l'entreprise.

b) Représenter sur le graphique de la question précédente la demande adressée à l'entreprise ainsi que les recettes moyenne et marginale de l'entreprise.

c) Comment l'entreprise atteint-elle, en courte période, son objectif de profit total maximal ? Calculer le montant de ce profit.

d) Comment évolue la situation de l'entreprise en longue période, si l'on suppose ses coûts de production inchangés ?

CORRIGÉ

a) Les coûts de l'entreprise

• ***Le coût moyen (CM)*** ou coût unitaire varie avec la quantité produite. Il est égal au coût total divisé par la quantité produite :

$$CM = \frac{CT}{Q}.$$

• ***Le coût marginal (Cm)*** mesure l'accroissement du coût total engendré par la production d'une unité supplémentaire du produit :

$$Cm = \frac{\Delta CT}{\Delta Q}.$$

Le tableau suivant regroupe les valeurs prises par CM et Cm lorsque Q varie de 1 à 10 unités :

Q	1	2	3	4	5	6	7	8	9	10
CM	80	55	46	43	43	45	50	56,75	65	74,20
Cm	–	30	28	34	43	55	80	104	131	157

Les courbes CM et Cm sont représentées sur la figure 1 (voir page suivante).

b) La demande à l'entreprise et les recettes moyenne et marginale

• ***La demande adressée à l'entreprise***, d'équation $Q = -\frac{P}{6} + \frac{82}{3}$, est représentée par une droite (équation de la forme *y* = *ax* + *b*).

Le prix unitaire du produit étant égal à la recette moyenne (P = RM), la droite de demande représente aussi la recette moyenne de l'entreprise.

• On peut exprimer ***la recette moyenne*** en fonction de la quantité produite et vendue à partir de l'équation de la demande :

$$Q = -\frac{P}{6} + \frac{82}{3},$$

d'où : $$\frac{P}{6} = \frac{82}{3} - Q \quad \text{et} \quad P = 6\left(\frac{82}{3} - Q\right),$$

soit : $$RM = P = -6\,Q + 164.$$

La droite de recette moyenne, représentée sur la figure 1, est construite à partir de deux de ses points. Par exemple, les points de coordonnées (Q = 0, P = 164) et (Q = 14, P = 80).

• ***La recette marginale (Rm)*** est égale à la dérivée de la fonction de recette totale par rapport à la quantité :

$$Rm = \frac{dRT}{dQ}.$$

La recette totale est égale au produit de la recette moyenne par la quantité vendue :

$$RT = RM \,.\, Q,$$

soit : $$RT = (-6\,Q + 164)Q = -6\,Q^2 + 164\,Q.$$

La recette marginale est donc définie par la relation :

$$Rm = \frac{dRT}{dQ} = -12\,Q + 164.$$

La droite de recette marginale est construite sur la figure 1, à partir de deux de ses points de coordonnées (Q = 0, Rm = 164) et (Q = 12, Rm = 20).

c) L'observation de la figure 1 permet de noter que, **pour maximiser son profit total**, l'entreprise doit produire la quantité Q = 7, pour laquelle la recette marginale est égale au coût marginal (point I sur la figure 1). En effet :

$$Rm = -12\,Q + 164$$

et, pour Q = 7 : $$Rm = -84 + 164 = 80 = Cm.$$

Pour Q = 7, le prix de vente est égal à l'ordonnée du point B de la droite de recette moyenne (figure 1), soit P = 122.

Figure 1
L'équilibre de l'entreprise en courte période et en longue période

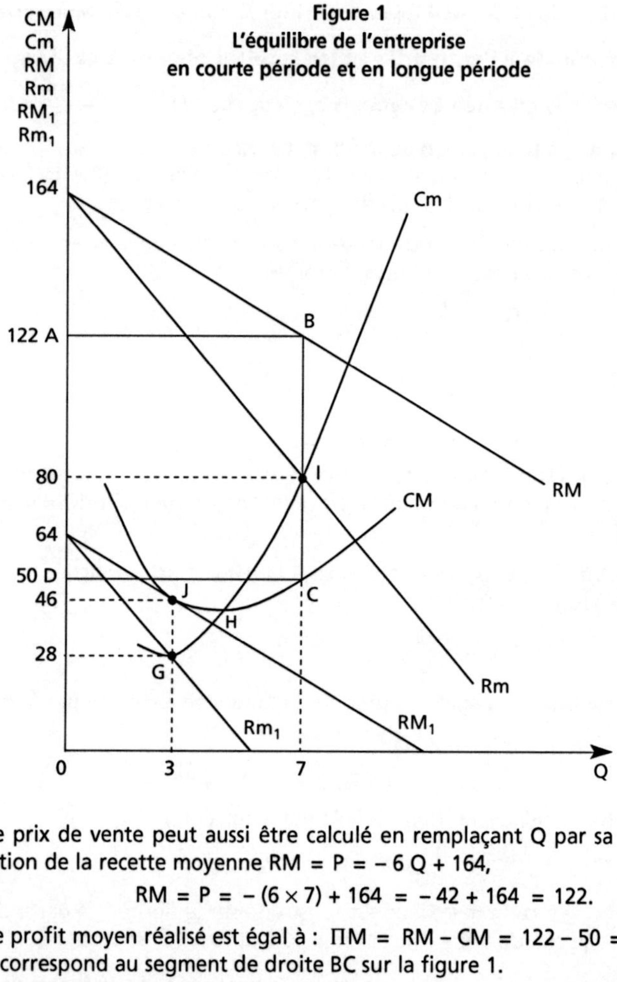

Le prix de vente peut aussi être calculé en remplaçant Q par sa valeur dans l'équation de la recette moyenne RM = P = – 6 Q + 164,

soit : $$RM = P = -(6 \times 7) + 164 = -42 + 164 = 122.$$

Le profit moyen réalisé est égal à : $\Pi M = RM - CM = 122 - 50 = 72$.

Il correspond au segment de droite BC sur la figure 1.

Le **profit total** est égal à :

$$\Pi T = \Pi M \cdot Q = 72 \times 7 = 504.$$

Il est représenté, sur la figure 1, par la surface du rectangle ABCD.

d) Le profit total réalisé par l'entreprise en courte période ($\Pi T = 504$) incite d'autres entreprises à offrir des substituts étroits sur le marché afin de détourner une partie, aussi grande que possible, de la demande adressée à l'entreprise considérée. À mesure que les nouvelles entreprises s'imposent sur le marché, la demande à l'entreprise considérée diminue, ce qui correspond graphiquement au déplacement de la droite de demande vers la gauche, parallèlement à elle-même si l'on suppose qu'elle conserve la même pente (figure 1).

Quand la droite RM se trouve dans la position RM_1 où elle est tangente à la courbe de coût moyen au point J ($Q = 3$, $RM_1 = CM = 46$) – lecture graphique –, le profit total est nul.

L'entreprise considérée ne réalisant plus de profit, elle cesse d'être un exemple à suivre pour d'autres entreprises et sa demande se stabilise à ce niveau.

Accompagnant la demande dans sa diminution, la recette marginale se stabilise dans la position Rm_1. On remarque sur la figure 1 que pour $Q = 3$, $Rm_1 = Cm = 28$.

La firme atteint son **équilibre de longue période** pour la quantité produite $Q = 3$ et le prix $P = 46$, pour lesquels $Rm_1 = Cm$ [point G ($Q = 3$, $P = 28$), figure 1]. Le profit total réalisé est nul ($RM_1 = CM$).

Exercice n° 17 L'oligopole non coordonné. La « courbe de demande coudée »

L'une des entreprises d'un oligopole non coordonné vend, pendant une période de temps donnée, 50 unités de son produit au prix unitaire $P = 15$. Le dirigeant de cette entreprise pense être confronté à une « demande coudée » correspondant aux deux équations suivantes :

– pour $P \geq 15$: $Q = -10P + 200$;

– pour $P \leq 15$: $Q = -4P + 110$,

Q étant la quantité demandée en nombre d'unités, et P, le prix unitaire du produit.

Le coût moyen et le coût marginal de l'entreprise varient avec la quantité produite, comme l'indique le tableau suivant :

Q	10	20	30	40	50	60	70	80
CM	11,5	9,5	8,5	8,13	8	8	8,2	8,7
Cm	–	7,5	6,5	7	7,5	8	9,4	12,2

a) Représenter graphiquement la demande adressée à la firme et commenter rapidement la « courbe coudée » obtenue.

b) Représenter sur le graphique de la question précédente la recette moyenne, la recette marginale, le coût moyen et le coût marginal de l'entreprise.

c) Quelle quantité l'entreprise doit-elle produire et quel prix de vente doit-elle fixer pour réaliser le maximum de profit total ? Quel est le montant du profit total réalisé ?

d) L'entreprise doit-elle modifier son prix de vente si ses coûts de production sont modifiés ?

e) Envisageons une diminution de la demande adressée à l'entreprise. L'équation de la « courbe coudée » devient :

– pour $P \geq 15$: $Q = -10P + 190$;

– pour $P \leq 15$: $Q = -4P + 100$.

La diminution de la demande modifie-t-elle l'équilibre de l'entreprise (quantité produite, prix de vente pratiqué et profit total réalisé) ?

CORRIGÉ

a) Construction de la courbe de demande (figure 1, p. 188)

– Pour $P \geq 15$, l'équation de la demande est $Q = -10P + 200$. Il s'agit d'une droite dont deux des points ont pour coordonnées : ($P = 20$, $Q = 0$) et ($P = 15$, $Q = 50$).

– Pour $P \leq 15$, l'équation de la demande est $Q = -4P + 110$. Il s'agit d'une droite dont deux des points ont pour coordonnées : ($P = 15$, $Q = 50$) et ($P = 0$, $Q = 110$).

La demande, qui présente un coude au point E ($P = 15$, $Q = 50$), n'est pas une donnée pour l'entrepreneur, mais correspond à l'idée qu'il s'en fait, compte tenu des réactions possibles de ses concurrents.

Le coude E traduit la ***crainte de l'entrepreneur*** d'être imité s'il baisse son prix (segment EB) et de ne pas être suivi s'il augmente son prix (segment AE).

– Si la baisse du prix est suivie par ses concurrents (segment EB), l'entrepreneur doit s'attendre à une très faible augmentation de la quantité qui lui est demandée : les prix relatifs ne varient pas si toutes les entreprises baissent leur prix dans la même proportion.

– Si la hausse du prix n'est pas suivie par les autres entreprises (segment AE), le nouveau prix de l'entreprise considérée devient relativement moins avantageux, ce qui doit entraîner une forte baisse de la quantité qui lui est demandée.

b) Représentation graphique des recettes et des coûts

• ***Représentation graphique de la recette moyenne et de la recette marginale***

La courbe de recette moyenne est aussi celle de la demande à l'entreprise, le prix de vente étant égal à la recette moyenne de l'entreprise ($P = RM$). En partant de l'équation de la demande, on peut exprimer la ***recette moyenne en fonction de la quantité*** :

– Pour $P \geq 15$: si $Q = -10\,P + 200$, on peut écrire :

$$10\,P = -Q + 200 \quad \text{ou} \quad P = \frac{-Q + 200}{10},$$

soit : $P = RM = -0{,}10\,Q + 20$, pour $0 \leq Q \leq 50$.

– Pour $P \leq 15$: si $Q = -4\,P + 110$, on peut écrire :

$$4\,P = -Q + 110 \quad \text{ou} \quad P = \frac{-Q + 110}{4},$$

soit : $P = RM = -0{,}25\,Q + 27{,}5$, pour $50 \leq Q \leq 110$.

La ***recette marginale*** est égale à la dérivée de la fonction de recette totale par rapport à la quantité : $Rm = \frac{dRT}{dQ}$.

La recette totale RT est égale au produit de la recette moyenne par la quantité : $RT = RM\,.\,Q$.

– Pour $0 \leq Q \leq 50$: $RT = (-0{,}10\,Q + 20)Q = -0{,}10\,Q^2 + 20\,Q$

et $Rm = \frac{dRT}{dQ} = 2(-0{,}10\,Q) + 20$,

soit : $Rm = -0{,}20\,Q + 20$, pour $0 \leq Q \leq 50$.

La recette marginale correspond au ***segment AI*** (figure 1).

Les coordonnées des points A et I peuvent être calculées : A ($Q = 0$, $Rm = 20$) et I ($Q = 50$, $Rm = 10$).

– Pour $50 \leq Q \leq 110$: $RT = (-0{,}25\,Q + 27{,}5)Q$,

soit : $RT = -0{,}25\,Q^2 + 27{,}5\,Q$

et $Rm = \frac{dRT}{dQ} = 2(-0{,}25\,Q) + 27{,}5$,

soit : $Rm = -0{,}50\,Q + 27{,}5$, pour $50 \leq Q \leq 55$.

La recette marginale correspond, dans ce cas, au ***segment de droite JH***, avec : J ($Q = 50$, $Rm = 2{,}5$) et H ($Q = 55$, $Rm = 0$). On ne retient pas la partie négative de Rm pour $Q > 55$.

Pour $Q = 50$, la recette marginale présente une discontinuité (IJ) qui correspond au coude E ($P = 15$, $Q = 50$) de la courbe de demande.

• ***Représentation graphique des coûts***

Le coût moyen CM et le coût marginal Cm sont représentés sur la figure 1 (voir page suivante).

Figure 1
L'équilibre de l'entreprise

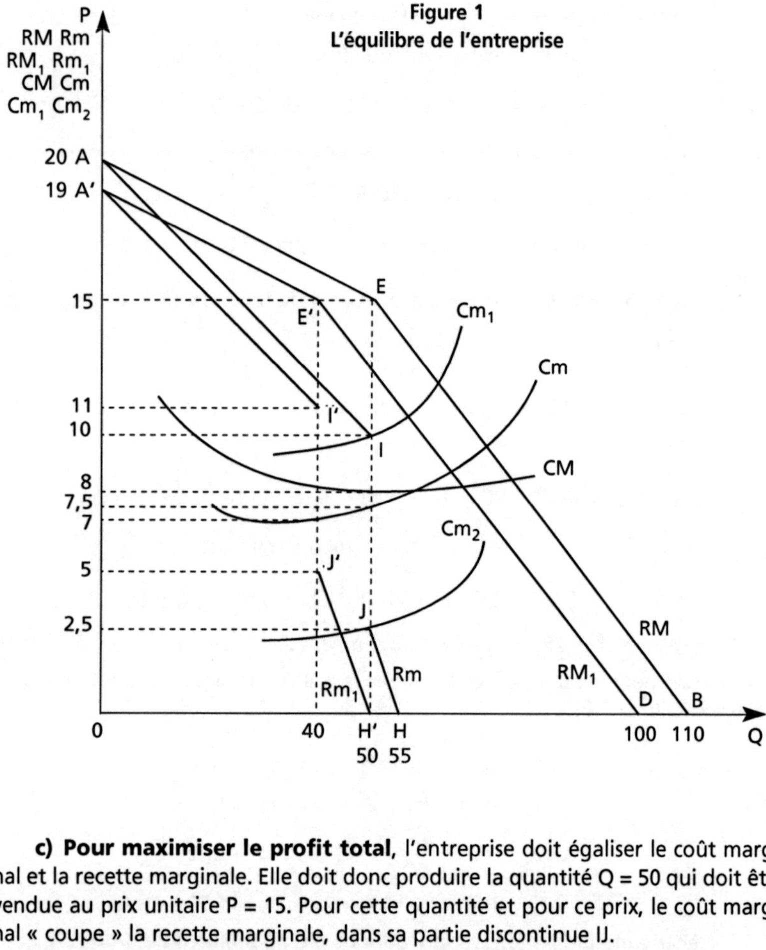

c) Pour maximiser le profit total, l'entreprise doit égaliser le coût marginal et la recette marginale. Elle doit donc produire la quantité Q = 50 qui doit être vendue au prix unitaire P = 15. Pour cette quantité et pour ce prix, le coût marginal « coupe » la recette marginale, dans sa partie discontinue IJ.

En produisant ***50 unités du produit au prix unitaire P = 15***, on obtient :

– le profit moyen réalisé : $\Pi M = RM - CM = 15 - 8 = 7$;

– le profit total correspondant : $\Pi T = \Pi M \,.\, Q = 7 \times 50 = 350$.

d) On observe sur la figure 1 que la discontinuité de la recette marginale est telle que **plusieurs niveaux de coût sont compatibles** avec la quantité d'équilibre Q = 50 et le prix d'équilibre P = 15.

L'entrepreneur n'a pas intérêt à modifier le prix de vente et la quantité produite tant que le coût marginal se situe entre les deux positions extrêmes suivantes (figure 1) :

– la position Cm_1, telle que Cm_1 « coupe » Rm au point I,

– la position Cm_2, telle que Cm_2 « coupe » Rm au point J.

e) Les effets d'une diminution de la demande adressée à l'entreprise

• ***Construction de la courbe de demande***

En employant la même méthode que dans la réponse à la question **a**, construisons la nouvelle courbe de demande sur la figure 1.

– Pour $P \geq 15$: l'équation de la demande est $Q = -10\,P + 190$. La droite de demande (équation de la forme $y = ax + b$) passe par deux points qui ont pour coordonnées : (P = 19, Q = 0) et (P = 15, Q = 40).

– Pour $P \leq 15$: la droite de demande, d'équation $Q = -4\,P + 100$, passe par deux points dont les coordonnées sont (P = 15, Q = 40) et (P = 0, Q = 100).

La nouvelle demande présente un coude au point E' (P = 15, Q = 40).

• ***Calcul et représentation graphique de la nouvelle recette marginale (Rm_1)***

– pour $15 \leq P \leq 19$, l'équation de la demande est $Q = -10\,P + 190$.

On peut écrire : $-10\,P = -Q + 190$,

soit : $$P = \frac{-Q + 190}{10}$$

ou : $$P = RM_1 = -0{,}10\,Q + 19, \quad \text{pour } 0 \leq Q \leq 40.$$

La recette marginale Rm_1 est égale à la dérivée de la fonction de recette totale par rapport à la quantité.

$$RT_1 = RM_1 \,.\, Q = -0{,}10\,Q^2 + 19\,Q.$$

Et donc : $$Rm_1 = -0{,}20\,Q + 19, \quad \text{pour } 0 \leq Q \leq 40.$$

La recette marginale correspond au ***segment A'I'*** (figure 1) avec : A' (Q = 0, Rm_1 = 19) et I' (Q = 40, Rm_1 = 11).

– Pour $0 \leq P \leq 15$, l'équation de la demande est $Q = -4\,P + 100$.

On peut écrire : $$RM_1 = P = -0{,}25\,P + 25, \quad \text{pour } 40 \leq Q \leq 100.$$

$$RT_1 = RM_1 \,.\, Q = -0{,}25\,Q^2 + 25\,Q$$

et $$Rm_1 = \frac{dRT_1}{dQ} = -0{,}5\,Q + 25, \quad \text{pour } 40 \leq Q \leq 50.$$

La recette marginale correspond dans ce cas au ***segment J'H'***, avec : J' (Q = 40, Rm_1 = 5) et H' (Q = 50, Rm_1 = 0) ; on ne retient pas la partie négative de Rm_1 pour Q > 50.

• ***Nouvelle situation d'équilibre***

L'entreprise maximise son profit total en produisant 40 unités, quantité pour laquelle le coût marginal coupe la recette marginale, dans sa partie discontinue I'J'. La diminution de la demande impose donc à l'entrepreneur une diminution de sa production qui passe de 50 à 40 unités.

La production de 40 unités n'amène pas l'entreprise à modifier son prix de vente, qui reste fixé à P = 15 [lecture du prix sur la nouvelle droite de demande au point E' (P = 15, Q = 40)].

Le profit moyen et le profit total réalisés diminuent :

$$\Pi M = P - CM = 15 - 8{,}13 = 6{,}87 ;$$

$$\Pi T = \Pi M \, . \, Q = 6{,}87 \times 40 = 274{,}8$$ (avant la diminution de la demande : $\Pi T = 350$).

Exercice n° 18 L'accord de cartel

Les trois entreprises d'un oligopole ont constitué un cartel. Cet accord a pour but la fixation du prix de vente du produit et l'attribution de quotas de production aux entreprises permettant de maximiser le profit total de l'oligopole, c'est-à-dire les profits joints.

On est en présence de deux firmes de type A, qui ont la même taille et supportent les mêmes coûts de production, et d'une firme de type B. Les coûts de production des deux catégories d'entreprises varient avec la quantité produite comme l'indique le tableau suivant.

Coûts de chacune des deux entreprises de type A				**Coûts de l'entreprise de type B**			
QA	**CT**	**CM**	**Cm**	**QB**	**CT**	**CM**	**Cm**
1	115	115	–	**1**	85	85	–
2	170	85	55	**2**	130	65	45
3	235	78,33	65	**3**	185	61,67	55
4	310	77,5	75	**4**	250	62,5	65
5	395	79	85	**5**	325	65	75
6	490	81,67	95	**6**	410	68,33	85
7	595	85	105	**7**	505	72,14	95
8	710	88,75	115	**8**	610	76,25	105

Avec : QA : quantité produite par chaque firme de type A,
QB : quantité produite par la firme de type B,
CT = coût total, CM = coût moyen, Cm = coût marginal.

La demande du produit sur le marché est donnée par l'équation :

$$Q = -0{,}2\,P + 33,$$ où P est le prix unitaire du produit.

a) Les coûts de production, les recettes et la demande du produit :

1°) Représenter sur le même graphique les coûts moyens et marginaux d'une entreprise de type A et de l'entreprise de type B.

2°) Représenter sur un autre graphique la demande du produit sur le marché et la courbe de recette marginale correspondante.

b) Quelle quantité le cartel doit-il produire globalement et quel prix de vente doit-il fixer pour maximiser son profit total ?

c) Quels sont les quotas de production attribués aux entreprises du cartel ?

d) Quel est le montant du profit total réalisé par le cartel ?

CORRIGÉ

a) Les coûts de production, les recettes et la demande du produit

1°) Les coûts moyens et marginaux des deux catégories d'entreprises sont ***représentés sur la figure 1***, p. 192, à partir des données fournies dans l'énoncé.

2°) ***Représentation graphique de la demande du produit sur le marché***

La demande du produit sur le marché, d'équation $Q = -0{,}2\,P + 33$, est représentée par une droite. Deux points de cette droite ont pour coordonnées $(P = 165,\ Q = 0)$ et $(P = 65,\ Q = 20)$.

Le prix de vente unitaire étant égal à la recette moyenne, on peut exprimer la recette moyenne en fonction de la quantité, à partir de l'équation de la demande :

$$P = RMc = \frac{-Q + 33}{0{,}2},$$

soit : $$RMc = -5\,Q + 165.$$

La recette marginale est égale à la dérivée de la fonction de recette totale par rapport à la quantité.

La recette totale admet pour équation :

$$RT = P\,.\,Q = (-5\,Q + 165)Q,$$

soit : $$RT = -5\,Q^2 + 165\,Q,$$

donc : $$Rmc = \frac{dRT}{dQ} = -10\,Q + 165.$$

La recette marginale est représentée par une droite dont deux points ont pour coordonnées $(Q = 0,\ Rmc = 165)$ et $(Q = 10,\ Rmc = 65)$.

La courbe de demande ou de recette moyenne et la courbe de recette marginale du cartel sont représentées sur la figure 2 (voir page suivante).

b) Pour décider de la **quantité à produire** et du **prix de vente** à fixer, le cartel compare sa recette marginale à son coût marginal.

Figure 1
Les quotas de production

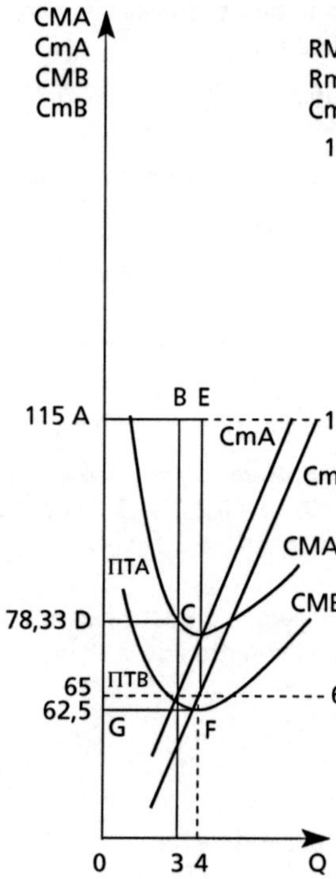

Figure 2
L'équilibre du cartel

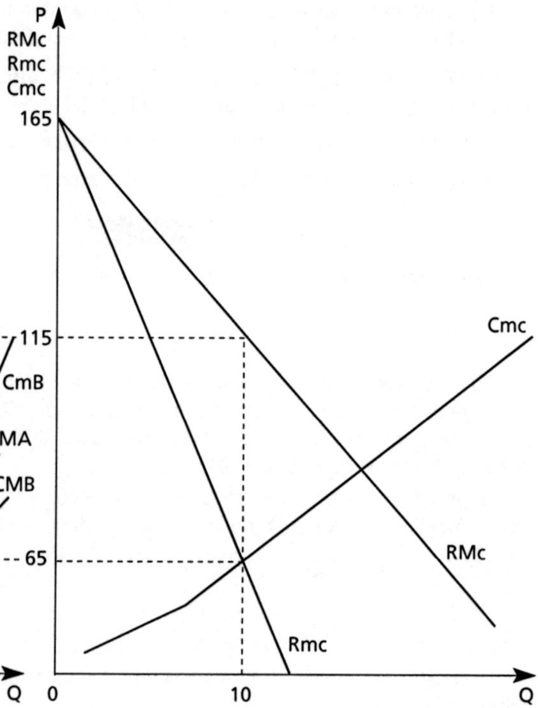

Le coût marginal du cartel (Cmc), représenté sur la figure 2, est obtenu par addition horizontale des courbes de coût marginal des trois firmes. Il suffit pour cela d'associer à chaque valeur du coût marginal du tableau de l'énoncé la somme des quantités produites correspondantes.

Par exemple :

– La plus petite valeur exprimée du coût marginal est CmB = 45 pour la quantité Q = 2; il faut donc associer la quantité Q = 2 à la valeur du coût marginal du cartel Cmc = 45.

– La deuxième valeur exprimée du coût marginal est CmA = 55 pour Q = 2 et CmB = 55 pour Q = 3; il faut donc associer à Cmc = 55 la quantité Q = 7 (car 2 QA = 2 × 2 = 4 pour les deux firmes du type A et QB = 3 pour la firme du type B, soit : 2 QA + QB = QC = 7).

Les valeurs du coût marginal du cartel ainsi calculées sont regroupées dans le tableau suivant :

Q	2	7	10	13	16	19	22	25
Cmc	45	55	65	75	85	95	105	115

Le cartel doit choisir une production de 10 unités, au prix unitaire P = 115. Cette quantité et ce prix permettent d'égaliser la recette marginale et le coût marginal du cartel :

$$\text{pour } Q = 10 \text{ et } P = 115 \Rightarrow Rmc = Cmc = 65.$$

Remarque : le comportement du cartel rejoint celui d'une entreprise unique en situation de monopole.

c) Pour pouvoir maximiser le profit global, le cartel doit minimiser son coût total. Il doit donc attribuer aux entreprises des **quotas de production** tels que le coût marginal de chacune des trois entreprises soit égal au coût marginal et à la recette marginale du cartel.

Soit : $CmA = CmB = Cmc = Rmc = 65.$

On lit sur la figure 1 ou sur le tableau des coûts que les quotas de production attribués aux entreprises du cartel sont : Q = 3 pour chacune des deux firmes du type A et Q = 4 pour la firme du type B, soit 6 unités pour les deux firmes A et 4 unités pour la firme B, donc 10 unités en tout.

d) Le maximum de profit total réalisé par le cartel est égal à la ***somme des profits réalisés par les firmes***. Toutes les entreprises vendent le produit au même prix unitaire P = 115 précédemment déterminé.

• ***Chaque entreprise de type A*** vend au prix unitaire P = 115 et supporte un coût moyen égal à 78,33 (figure 1).

Le profit unitaire réalisé est égal à $\Pi MA = P - CMA$,

soit : $\Pi MA = 115 - 78{,}33 = 36{,}67$ (segment BC, figure 1).

Le profit total réalisé par chaque firme de type A est égal à :

$$\Pi TA = 36{,}67 \times 3 = 110{,}01 \approx 110 \text{ (surface ABCD, figure 1).}$$

• ***Pour la firme de type B***, CMB = 62,5 pour Q = 4,

donc : $\Pi MB = 115 - 62{,}5 = 52{,}5$ (segment EF, figure 1)

et $\Pi TB = 52{,}5 \times 4 = 210$ (surface AEFG, figure 1).

Le cartel réalise donc un **profit total** (ΠTc) :

$$\Pi Tc = 2\,\Pi TA + \Pi TB = 430{,}02 \approx 430.$$

6

Le marché du travail en régime de concurrence pure et parfaite

Le marché du travail est le lieu de rencontre théorique de l'***offre de travail des individus*** et de la ***demande de travail des entreprises***.

L'offreur individuel de travail est un agent rationnel qui partage son temps disponible entre le loisir et le travail, et qui recherche la satisfaction maximale (l'utilité totale maximale).

L'entreprise achète du travail pour fabriquer un produit et pour percevoir des recettes en le vendant. Comme dans les analyses précédentes, l'entreprise est un agent rationnel à la recherche du profit total maximal.

Le marché du travail et le marché du produit, fabriqué à partir du travail considéré, sont des marchés ***en situation de concurrence pure et parfaite***.

Dans ce chapitre, la demande individuelle de travail, l'offre individuelle de travail et l'équilibre du marché du travail sont analysés ***en courte période***.

1. La demande individuelle de travail en courte période

En courte période, pour un état donné et constant de la technique, une entreprise fabrique un produit en combinant des facteurs de production, dont un seulement est variable. Par mesure de simplification, on considère ici deux facteurs : ***un facteur fixe, le capital, et un facteur variable, le travail (L).***

La demande de travail est une « demande dérivée » de la demande du produit. Le travail n'est en effet demandé que parce qu'il permet de fabriquer un produit dont la vente procure ses recettes à l'entreprise.

Le travail et le produit considérés sont ***homogènes*** puisqu'ils s'échangent sur des marchés en situation de concurrence pure et parfaite.

A. La condition d'équilibre de l'entreprise

L'entreprise considérée doit déterminer le nombre d'unités de travail à employer pour réaliser le maximum de profit total. Le raisonnement à la marge conduit donc l'entreprise à comparer la recette marginale du travail (RmL) au coût marginal du travail (CmL).

LA RECETTE MARGINALE DU TRAVAIL

La recette marginale du travail (RmL) mesure l'augmentation de la recette totale de l'entreprise (ΔRT) induite par l'emploi d'une unité supplémentaire de travail (ΔL), soit :

$$RmL = \frac{\Delta RT}{\Delta L}.$$

La recette marginale du travail (RmL) peut aussi être définie comme l'augmentation de la recette totale de l'entreprise due à la vente de la quantité supplémentaire du produit obtenue grâce à l'emploi d'une unité supplémentaire de travail. Elle est donc égale au produit de la recette marginale de l'entreprise (Rm) par la productivité marginale physique du travail (PmL) représentée sur la figure 6.1, soit :

$$RmL = \frac{\Delta PT}{\Delta L} . \frac{\Delta RT}{\Delta PT} = PmL . Rm.$$

Pour des fonctions continues et dérivables et pour des accroissements infinitésimaux de L et de PT, on a :

$$RmL = \frac{dRT}{dL} = PmL . Rm,$$

avec : $PmL = \frac{dPT}{dL}$ et $Rm = \frac{dRT}{dPT}$.

L'entreprise ne retient que la ***phase de production rationnelle***, qui correspond à la partie AB de la courbe de productivité marginale physique du travail PmL pour $L_1 \leq L \leq L_2$ (*cf.* chapitre 2).

Figure 6.1
La production en courte période

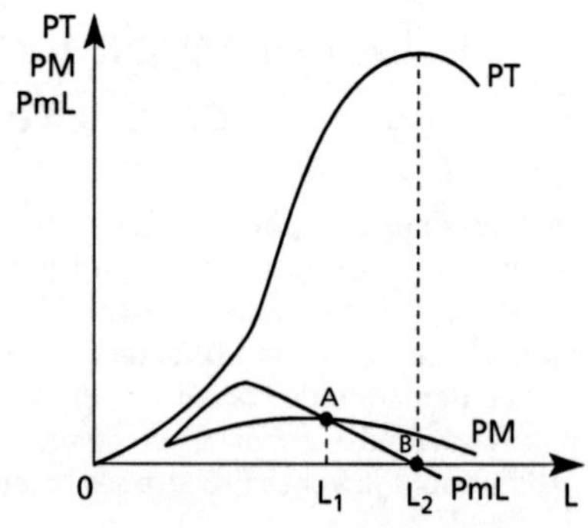

LE COÛT MARGINAL DU TRAVAIL

Le coût marginal du travail (CmL) est le coût marginal lié à l'emploi du facteur travail ; il est égal à l'accroissement du coût total provoqué par l'emploi d'une unité supplémentaire de travail, soit :

$$\text{CmL} = \frac{\Delta \text{CT}}{\Delta \text{L}}.$$

Pour une fonction de coût total continue et dérivable CT = CT(L) et pour des accroissements infinitésimaux de L, on a :

$$\text{CmL} = \frac{d\text{CT}}{d\text{L}}.$$

LA CONDITION D'ÉQUILIBRE DE L'ENTREPRISE

Pour rendre le profit total (ΠT) maximal, l'entreprise doit employer le nombre d'unités de travail pour lequel la recette marginale du travail est égale au coût marginal du travail, soit :

$$\text{RmL} = \text{CmL}.$$

B. La demande individuelle de travail

L'entreprise demande le nombre d'unité de travail qui lui permet de réaliser le maximum de profit total.

LA VALEUR DE LA PRODUCTIVITÉ MARGINALE DU TRAVAIL

Étant en situation de concurrence pure et parfaite sur le marché du produit, l'entreprise considérée ne peut qu'adopter le prix de marché du produit (P). La demande du produit adressée à l'entreprise est parfaitement élastique.

La recette moyenne (RM) et la recette marginale (Rm) de l'entreprise sont égales au prix d'équilibre P du produit (cf. chapitre 3) ; on peut écrire :

$$\text{P} = \text{RM} = \text{Rm} = \text{constante}.$$

La recette marginale de l'entreprise étant égale au prix du produit P, la recette marginale du travail (RmL = PmL . Rm) devient : RmL = PmL . P.

Le produit (PmL . P) est égal à la valeur de la productivité marginale du travail, notée VPmL. On peut donc écrire :

$$\text{RmL} = \text{PmL} \,.\, \text{P} = \text{VPmL}.$$

La courbe de la valeur de la productivité marginale du travail (VPmL), représentée sur la figure 6.2 (b), appelle les remarques suivantes :

– La courbe VPmL peut être construite à partir de la courbe de productivité marginale physique du travail (PmL), en multipliant la productivité marginale physique du travail (PmL) par le prix constant du produit (P).

– La valeur de la productivité marginale du travail (VPmL) n'est considérée que pour les quantités de travail qui définissent la phase de production rationnelle de l'entreprise. En se reportant à la figure 6.1, on voit que cette phase correspond à la courbe de productivité marginale physique du travail (PmL), dans sa partie positive, décroissante et inférieure à la productivité moyenne du travail (partie AB), pour $L_1 \leq L \leq L_2$.

LE TAUX DE SALAIRE NOMINAL

Le taux de salaire nominal est la rémunération d'une unité de travail exprimée en unités monétaires courantes.

Le marché du travail est en situation de concurrence pure et parfaite. Le taux de salaire nominal d'équilibre (W) assure l'égalité de l'offre et la demande de travail sur le marché [figure 6.2 (a)]. Au taux W, une offre de travail parfaitement élastique est donc adressée à l'entreprise (toutes les unités de travail disponibles sont offertes à ce taux). Cette offre de travail à l'entreprise est représentée par une droite parallèle à l'axe des abscisses, au niveau du taux W [figure 6.2 (b)].

Pour l'entreprise, le taux de salaire W étant constant, il correspond au coût moyen du travail (CML) et au coût marginal du travail (CmL),

soit : $$W = CML = CmL = \text{constante}.$$

Figure 6.2
La courbe de demande de travail de l'entreprise

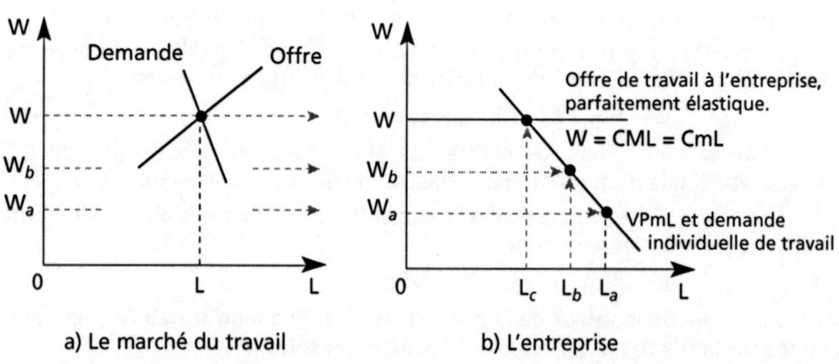

LA COURBE DE DEMANDE INDIVIDUELLE DE TRAVAIL EN FONCTION DU SALAIRE NOMINAL

La courbe VPmL [figure 6.2 (b)] indique, pour les valeurs d'équilibre possibles du taux de salaire (W_a, W_b, ..., W), le nombre correspondant d'unités de travail (L_a, L_b, ..., L_c) que l'entreprise désire employer parce qu'il lui permet de maximiser son profit total en assurant l'égalité de la valeur de la productivité marginale du travail et du taux de salaire d'équilibre : VPmL = W.

La courbe VPmL représente donc la courbe de demande de travail de l'entreprise, quand le prix du produit est constant.

La demande individuelle de travail est une fonction décroissante du taux de salaire nominal, l'entreprise étant soumise à la loi des rendements décroissants (décroissance de PmL – *cf.* chapitre 2).

LA COURBE DE DEMANDE INDIVIDUELLE DE TRAVAIL EN FONCTION DU SALAIRE RÉEL

La demande individuelle de travail peut aussi être exprimée ***en fonction du taux de salaire réel, qui mesure le pouvoir d'achat du salaire nominal***.

Dans cette analyse, le travail ne permettant de fabriquer qu'un seul produit vendu au prix P, le taux de salaire réel *w* est égal au taux de salaire nominal divisé par le prix du produit, soit : $w = \frac{W}{P}$.

On sait que pour un taux de salaire nominal W fixé sur le marché du travail, l'entreprise demande le nombre d'unités de travail qui permet l'égalité :

$$W = VPmL = PmL\,.\,P,$$

ou :

$$\frac{W}{P} = PmL.$$

Pour un taux de salaire réel $w = \frac{W}{P}$ fixé, l'entreprise à la recherche du profit total maximal demande ***le nombre d'unités de travail pour lequel la productivité marginale physique du travail est égale au taux de salaire réel***.

La courbe de productivité marginale physique du travail représente la demande de travail de l'entreprise, ***fonction décroissante du salaire réel,*** quand le prix du produit est constant.

2. L'offre individuelle de travail

L'individu rationnel envisage la répartition des heures disponibles (H) d'un intervalle de temps donné (une journée : H = 24 heures, une semaine : H = 168 heures) entre le travail (*d* heures) et le loisir, c'est-à-dire le non-travail (*l* heures).

Le taux de salaire horaire nominal, fixé sur le marché du travail, est égal à W.

A. Les préférences de l'individu

Les courbes d'indifférence représentées sur la figure 6.3 illustrent les préférences de l'individu devant différentes combinaisons d'heures de loisir (*l*) et de rémunération du temps de travail (R = W*d*).

Ces courbes présentent les mêmes caractéristiques que les courbes d'indifférence du consommateur (cf. chapitre 1). Elles sont ***décroissantes, convexes*** et ***ne peuvent pas se couper***.

Chaque courbe traduit un niveau de satisfaction (d'utilité totale) pouvant être atteint pour différentes combinaisons de temps de loisir et de niveau de revenu. ***Plus une courbe est éloignée de l'origine, plus le niveau de satisfaction qu'elle traduit est élevé.***

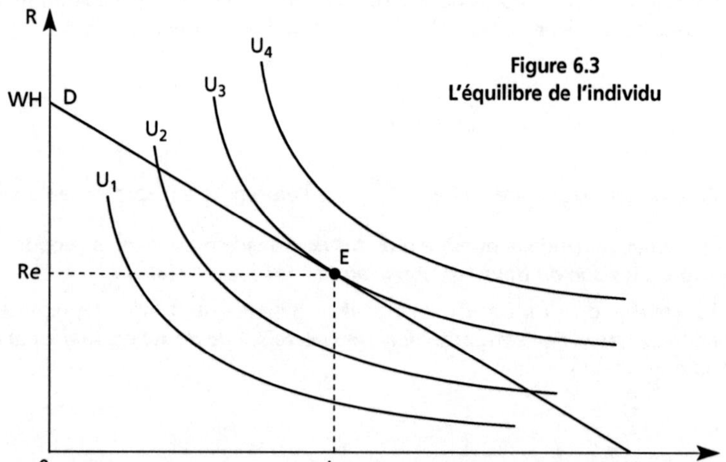

Figure 6.3
L'équilibre de l'individu

B. L'équilibre de l'individu

L'individu cherche à atteindre le maximum de satisfaction compte tenu de ses goûts (carte d'indifférence) et de la contrainte budgétaire qui s'impose à lui.

LA CONTRAINTE BUDGÉTAIRE DE L'INDIVIDU

Par hypothèse, tout le temps disponible est réparti entre le travail et le loisir, soit :

$$H = d + l.$$

Le taux de salaire horaire étant égal à W :

– si l'individu choisit de ne pas consacrer de temps au loisir : $l = 0$, $d = H$ et le revenu R qu'il perçoit est alors : $R = Wd = WH$,

– si le temps disponible H est totalement consacré au loisir : $l = H$ et le revenu perçu est nul : $R = 0$.

Entre ces deux solutions extrêmes, d'autres combinaisons « temps de loisir-revenu » sont possibles. La droite de contrainte budgétaire D (figure 6.3), qui représente l'ensemble de ces combinaisons, fait correspondre au revenu le plus élevé possible (WH) la somme de la rémunération du travail (W*d*) et du montant de revenu non perçu en raison du temps consacré au loisir $[(H - d)W = Wl]$.

L'équation de la contrainte rencontrée par l'individu (droite D, figure 6.3) est donc :

$$WH = Wd + Wl.$$

Comme $Wd = R,$

on peut écrire : $WH = R + Wl,$

ou encore : $R = -Wl + WH,$

soit : $R = W(H - l).$

La droite D passe par les points de coordonnées : ($l = 0$, $R = WH$) et ($l = H$, $R = 0$).

L'ÉQUILIBRE DE L'INDIVIDU (figure 6.3)

Pour l'individu considéré, la solution optimale correspond au point d'équilibre E, de coordonnées (le, Re).

En ce point, la droite de contrainte budgétaire D est tangente à la courbe U_3 : l'individu respecte sa contrainte budgétaire (le point E est sur la droite D) et atteint la satisfaction la plus élevée possible (le point E se situe sur la courbe la plus éloignée possible de l'origine, soit la courbe U_3).

Figure 6.4
Les équilibres successifs de l'individu liés à l'augmentation du taux de salaire

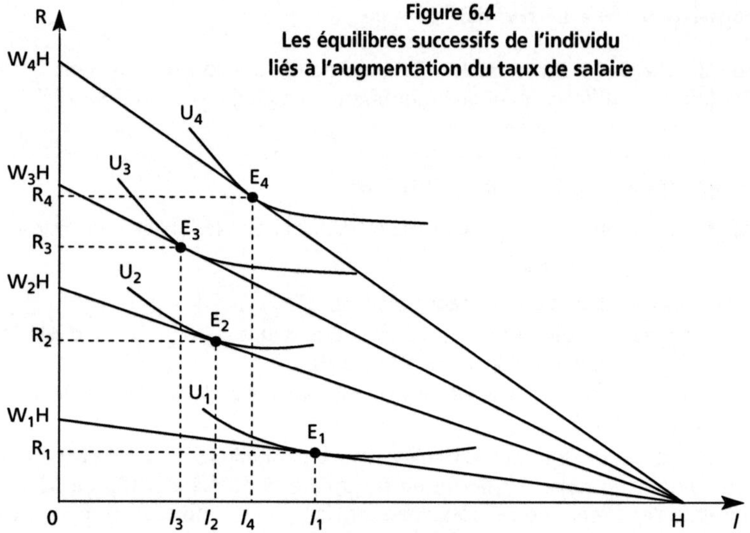

C. La courbe d'offre individuelle de travail

Toute modification du taux de salaire modifie la pente de la droite de contrainte budgétaire D. Quand W augmente, la droite de contrainte pivote dans le sens des aiguilles d'une montre, autour du point H (l = H, R = 0), comme l'illustre la figure 6.4.

Pour des augmentations successives de W, l'équilibre de l'individu évolue et passe successivement de E_1 (pour $W = W_1$) à E_2 (pour $W = W_2$), de E_2 à E_3 (pour $W = W_3$) et de E_3 à E_4 (pour $W = W_4$).

Chaque point d'équilibre définit un revenu $R = Wd$, un temps de loisir l et donc un temps de travail d, que l'on peut définir comme suit :

$$d = H - l \quad \text{ou} \quad d = \frac{R}{W}.$$

En chaque point d'équilibre, on dispose du nombre d'heures de travail (d) que l'individu est prêt à offrir au taux de salaire donné (W) ; on dispose donc de la fonction d'offre individuelle de travail (figure 6.5 page suivante).

La courbe d'offre montre que l'attitude de l'individu devant le loisir ou le travail est différente selon la valeur du taux de salaire W et selon le niveau du revenu, qui varie avec W. Pour expliquer ces différences d'attitude, il faut analyser l'évolution des points d'équilibre liée à l'augmentation du taux de salaire W.

Une augmentation de taux de salaire horaire produit deux effets :

• un ***effet de substitution*** : le coût W d'une heure de loisir s'élevant (W est le revenu dont l'individu se prive en ne travaillant pas pendant une heure), à satisfaction égale, l'individu est conduit à délaisser le loisir au profit du revenu;

• un ***effet de revenu*** : le revenu de l'individu augmente avec le taux de salaire ($R = Wd$), ce qui lui permet généralement d'augmenter le nombre d'heures de loisir et d'accroître sa satisfaction.

La combinaison de ces deux effets explique le passage d'un point d'équilibre à un autre quand le taux de salaire augmente.

Figure 6.5
L'offre individuelle de travail

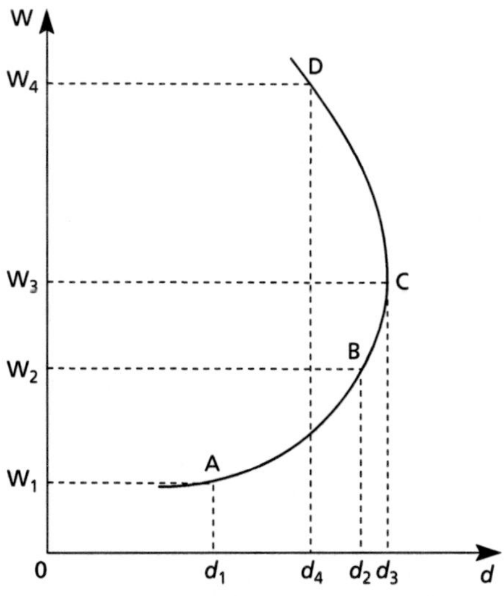

D. L'offre individuelle de travail et le taux de salaire réel

Dans cette analyse, l'individu établit sa carte d'indifférence en considérant le temps de loisir (l) et la quantité consommée Q d'un produit (ou d'un ensemble de produits) que son revenu lui permet d'acquérir (figure 6.6 page suivante).

Le travail est rémunéré au taux de salaire nominal W, la contrainte budgétaire est connue [$R = W(H - l)$] et le revenu ($R = Wd$) est utilisé pour acheter la quantité Q du produit considéré, au prix unitaire P. On peut donc écrire :

$$R = PQ = Wd = W(H - l),$$

Ou encore : $\frac{R}{P} = Q = \frac{W}{P}(H - l)$, avec $\frac{R}{P}$: le revenu réel.

La droite de contrainte budgétaire D, représentée sur la figure 6.6, a pour pente l'opposé du taux de salaire réel $\left(-\frac{W}{P}\right)$.

L'équilibre de l'individu est atteint au point E_1 (l_1, Q_1), pour une satisfaction totale U_1.

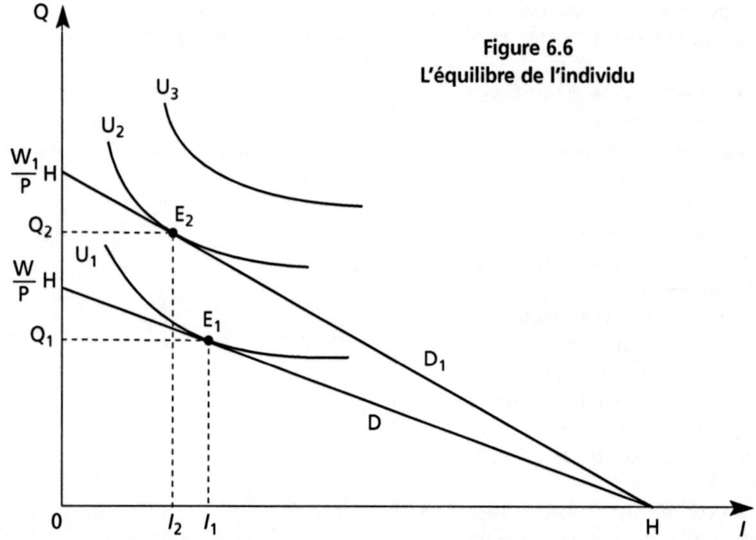

Figure 6.6
L'équilibre de l'individu

Une augmentation du taux de salaire réel $\left(\frac{W_1}{P} > \frac{W}{P}\right)$ déplace la droite de contrainte budgétaire (de D en D_1). Le nouvel équilibre de l'individu est atteint au point E_2 (l_2, Q_2), pour un niveau de satisfaction plus élevé.

Remarque :
Le déplacement du point d'équilibre de E_1 à E_2 est expliqué par la combinaison d'un effet de substitution et d'un effet de revenu, qui est bien, ici, un effet induit par une augmentation du pouvoir d'achat de l'individu.

À chaque valeur possible du taux de salaire réel $\frac{W}{P}$ sont associés une combinaison optimale (l, Q) et un temps de travail correspondant (d = H – l). À partir des points d'équilibre de l'individu, il est donc possible de construire la courbe d'offre individuelle de travail en fonction du taux de salaire réel.

3. L'équilibre du marché du travail

A. L'offre de travail sur le marché

L'offre de travail sur le marché résulte de ***l'ensemble des offres individuelles de travail***, et sa courbe représentative est obtenue en additionnant les courbes d'offre individuelle.

Les courbes d'offre individuelle de travail pouvant avoir des formes diverses selon les catégories de travail et les individus considérés, il est difficile de définir l'allure générale de leur somme. On peut cependant penser qu'***en règle générale, l'offre de travail sur le marché est une fonction croissante du taux de salaire W***. Il arrive, comme l'illustre la figure 6.5, que l'offre finisse par ***décroître*** à partir d'une valeur élevée du taux de salaire.

B. La demande de travail sur le marché

La demande de travail sur le marché regroupe les demandes de l'ensemble des entreprises utilisatrices, mais ne correspond pas simplement à leur somme. La demande individuelle de travail est en effet définie comme étant une fonction décroissante du taux de salaire W, quand le prix P du produit, que ce travail sert à produire, est constant. Or toute modification du taux de salaire se répercute sur le prix P du produit.

Considérons la demande individuelle de travail L_i^D représentée sur la figure 6.7 (a). Pour $W = W_b$, la quantité de travail demandée par l'entreprise est égale à L_1 (point d'équilibre E sur la droite L_i^D). Les *n* entreprises qui utilisent cette catégorie de travail expriment une demande collective égale à *n* fois L_1, soit ΣL_1 (figure 6.7 (b) : point G de coordonnées $[W_b, \Sigma L_1]$).

Figure 6.7
La demande de travail sur le marché

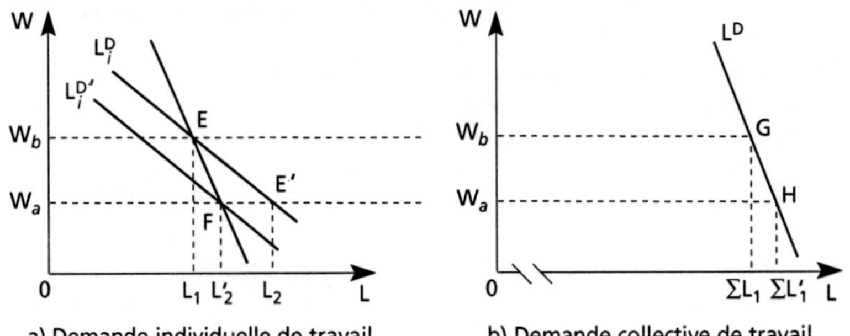

a) Demande individuelle de travail

b) Demande collective de travail

• Si le taux de salaire diminue et devient égal à W_a et si l'on suppose que le prix du produit (P) n'est pas affecté par la variation de W, la quantité de travail demandée par l'entreprise devient égale à L_2 (point E' sur la droite L_i^D) et la demande de travail sur le marché est égale, dans ce cas, à la somme des *n* courbes de demande individuelle du type de L_i^D.

• Mais, en fait, la diminution du taux de salaire, qui passe de W_b à W_a, provoque à la fois une augmentation de la demande de travail de l'ensemble des entreprises utilisatrices de cette catégorie de travail et une augmentation de l'emploi de cette même catégorie de travail. La production du produit, incorporant ce facteur de production, augmente donc elle aussi et détermine une augmentation de l'offre totale du produit sur son marché (sur la figure 6.8, l'offre du produit passe de la position O à la position O'). Pour une demande totale du produit inchangée, l'augmentation de l'offre provoque une baisse du prix unitaire P, qui passe de P_b à P_a. La courbe de demande de travail de l'entreprise étant la même que celle qui représente la valeur de la productivité marginale du travail (VPmL = PmL . P), la baisse de P se répercute sur la courbe VPmL. La courbe de demande individuelle diminue donc et vient occuper la position $L_i^{D\prime}$ [figure 6.7 (a)]. Pour W_a, la quantité demandée par l'entreprise n'est plus égale qu'à L'_2 (point F sur la nouvelle droite de demande de travail $L_i^{D\prime}$).

Figure 6.8
Le marché du produit

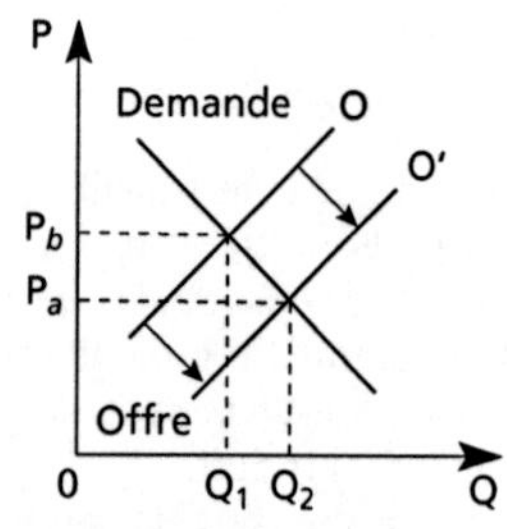

La prise en compte des valeurs possibles de W permet de déterminer l'ensemble des points de la droite de demande individuelle de travail qui passent par les points E et F. La courbe L^D de demande de travail sur le marché est obtenue en additionnant les *n* courbes EF, comme l'illustre la figure 6.7 (b).

C. L'équilibre du marché du travail

Sur le marché du travail, l'intersection de l'offre et de la demande de travail détermine le taux de salaire d'équilibre W* et l'emploi L* de cette catégorie de travail (figure 6.9).

Figure 6.9
Le marché du travail

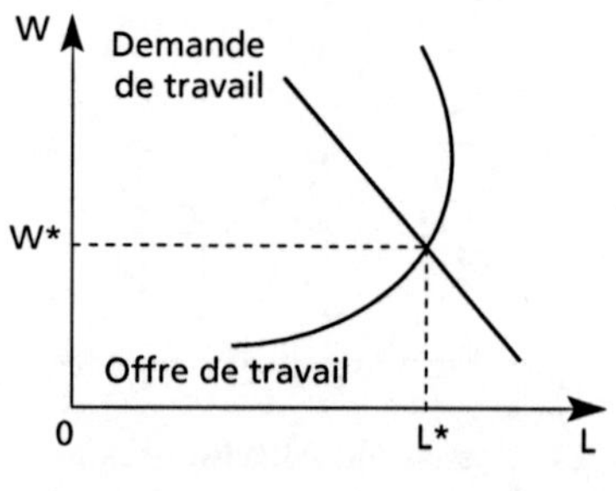

4. Exercices

Exercice n° 19 La demande de travail de l'entreprise

Soit une entreprise en situation de concurrence pure et parfaite sur le marché d'un produit. En courte période, la production totale de l'entreprise (PT) varie avec le nombre d'unités de travail employées (L), comme l'indique le tableau suivant :

Tableau n° 1

L	1	2	3	4	5	6	7	8	9	10	11
PT	22	46	72	100	125	146	163	176	185	190	190

Le travail auquel l'entreprise a recours est homogène et s'échange sur un marché de concurrence pure et parfaite où le taux de salaire nominal W est fixé à 26€.

L'entreprise supporte un coût de production fixe égal à 44 € et un coût variable égal au seul coût salarial.

a) Calculer et représenter graphiquement la productivité moyenne et la productivité marginale physique du travail.

b) Sachant que la phase de production rationnelle de l'entreprise est définie pour $5 \leq L \leq 11$ et que le prix unitaire P du produit est fixé à 2 € sur son marché, combien d'unités de travail l'entreprise doit-elle employer pour maximiser son profit total ? Calculer le montant du profit total réalisé.

c) Définir et représenter graphiquement la demande de travail de l'entreprise.

d) Souligner la relation qui existe entre la recherche de la quantité de travail optimale et celle de la production optimale.

e) On sait que la phase de production de l'entreprise, définie pour $0 \leq L \leq 5$, est techniquement inefficace. Montrer que l'entrepreneur rationnel ne doit pas se situer dans cette phase parce qu'elle est aussi économiquement inefficace.

Corrigé

a) La productivité moyenne et la productivité marginale physique du travail

• ***La productivité moyenne (PM)*** est égale à la production par unité de facteur variable employée, soit :

$$PM = \frac{PT}{L}.$$

Par exemple : pour L = 2, $PM = \frac{46}{2} = 23$.

• ***La productivité marginale physique du travail*** mesure l'accroissement du produit total induit par l'emploi d'une unité supplémentaire de travail, soit :

$$PmL = \frac{\Delta PT}{\Delta L}.$$

Par exemple : pour L = 2, PT = 46 et pour L = 3, PT = 72 ; quand L passe de 2 à 3 unités :

$$PmL = \frac{\Delta PT}{\Delta L} = \frac{72 - 46}{3 - 2} = 26.$$

Les valeurs calculées des productivités moyenne (PM) et marginale (PmL), pour L variant de 1 à 11 unités, sont regroupées dans le tableau n° 2 :

Tableau n° 2

L	1	2	3	4	5	6	7	8	9	10	11
PM	22	23	24	25	25	24,33	23,29	22	20,55	19	17,27
PmL	–	24	26	28	25	21	17	13	9	5	0

La productivité moyenne et la productivité marginale physique du travail sont ***représentées sur la figure 1***.

Figure 1
Le productivité moyenne et la productivité marginale physique du travail

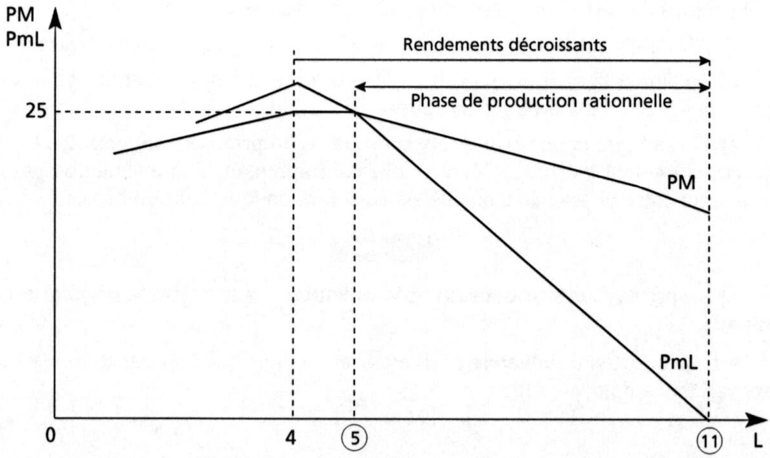

On note sur la figure 1 que l'entreprise est soumise à la loi des rendements décroissants à partir de L = 4 (décroissance de PmL). Entre 0 et 4 unités de travail, l'entreprise est soumise aux rendements croissants (croissance de PmL).

b) La recherche du profit total maximal

L'objectif de l'entreprise est de maximiser le profit total, qui est égal à la différence entre la recette totale et le coût total, soit : $\Pi T = RT - CT$,

avec : $RT = PT \,.\, P$,
$CT = CVT + CF$,
P : prix unitaire du produit,
$CVT = W \,.\, L$,
CF : coût fixe associé au facteur fixe.

Pour déterminer la quantité de travail qui maximise le profit total, l'entreprise raisonne « à la marge ». ***Elle doit égaliser la recette marginale du travail (RmL) et le coût marginal du travail (CmL),***

soit : $RmL = CmL$,

avec : $RmL = \dfrac{\Delta RT}{\Delta L}$ et $CmL = \dfrac{\Delta CT}{\Delta L}$.

• ***La recette marginale du travail*** mesure l'accroissement de la recette totale induit par la vente d'une quantité supplémentaire de produit, obtenue grâce à l'emploi d'une unité supplémentaire de travail. Elle est égale au produit de la productivité marginale physique du travail par la recette marginale de l'entreprise,

soit : $RmL = \dfrac{\Delta RT}{\Delta L} = \dfrac{\Delta PT}{\Delta L} \,.\, \dfrac{\Delta RT}{\Delta PT} = PmL \,.\, Rm.$

Le produit s'échangeant sur un marché de concurrence pure et parfaite, son prix, P = 2 €, résulte de la rencontre de l'offre et de la demande totales du produit sur le marché. Ce prix s'impose à l'entreprise à laquelle est adressée une demande parfaitement élastique (demande horizontale). Le prix du produit est constant et égal à la recette moyenne et à la recette marginale de l'entreprise :

$P = RM = Rm = 2$ €.

On peut écrire : $RmL = PmL \,.\, P$.

La recette marginale du travail (RmL) devient donc égale à la valeur de la productivité marginale du travail (VPmL),

soit : $RmL = PmL \,.\, P = VPmL$.

Et, pour P = 2 € : $RmL = 2\ PmL = VPmL$.

La condition de profit total maximal devient donc :

$$VPmL = 2\ PmL = CmL.$$

• ***La notion de coût marginal du travail*** est bâtie, non sur l'augmentation de la quantité produite, mais sur l'augmentation de la quantité de travail utilisée,

soit : $$CmL = \frac{\Delta CT}{\Delta L} ;$$

or : $$CT = CF + CVT,$$

donc : $$CmL = \frac{\Delta CVT}{\Delta L}.$$

Le travail s'échangeant sur un marché de concurrence pure et parfaite, son prix, le taux de salaire nominal W = 26 €, est déterminé par la rencontre de l'offre et de la demande totales de travail sur le marché. Ce taux de salaire s'impose aux entreprises qui utilisent cette catégorie de travail.

Pour l'entreprise, le taux de salaire nominal est constant; quelle que soit la quantité de travail employée, le coût moyen du travail (CML) et son coût marginal (CmL) sont donc égaux au taux de salaire :

$$CML = CmL = W = 26\ €.$$

• ***Le profit total est maximal pour :*** RmL = CmL, donc pour : VPmL = CmL (1).

Avec : VPmL = 2 PmL et CmL = W = 26 €, l'égalité (1) devient :

$$2\ PmL = 26, \quad \text{soit : } PmL = \frac{26}{2} = 13.$$

On note que PmL = 13 pour 8 unités de travail (*cf.* tableau n° 2). L'entreprise demande donc 8 unités de travail pour maximiser son profit total.

Pour 8 unités de travail, le produit total (PT) est égal à 176 (*cf.* tableau n° 1). On peut donc calculer la recette totale (RT) et le coût total (CT) de l'entreprise :

$$RT = PT \cdot P,$$

soit : $$RT = 176 \times 2 = 352\ €.$$

$$CT = CF + CVT = CF + W \cdot L,$$

soit : $$CT = 44 + (26 \times 8) = 252\ €.$$

Le profit total réalisé est donc :

$$\Pi T = RT - CT = 352 - 252 = 100\ €.$$

c) La demande de travail de l'entreprise

Observons la courbe VPmL représentée sur la figure 2 à partir des valeurs fournies par le tableau n° 3, pour $5 \leq L \leq 11$ (phase de production rationnelle).

Tableau n° 3

L	5	6	7	8	9	10	11
PmL	25	21	17	13	9	5	0
P	2	2	2	2	2	2	2
VPmL	50	42	34	26	18	10	0

L'entreprise maximise son profit total en choisissant le nombre d'unités de travail L qui réalise l'égalité VPmL = W.

On vérifie que :

- pour W = 26 €, on a VPmL = W = 26 € pour L = 8 ;
- pour W = 42 € ------------------------➤ L = 6 ;
- pour W = 10 € ------------------------➤ L = 10, etc.

Figure 2
La demande individuelle de travail

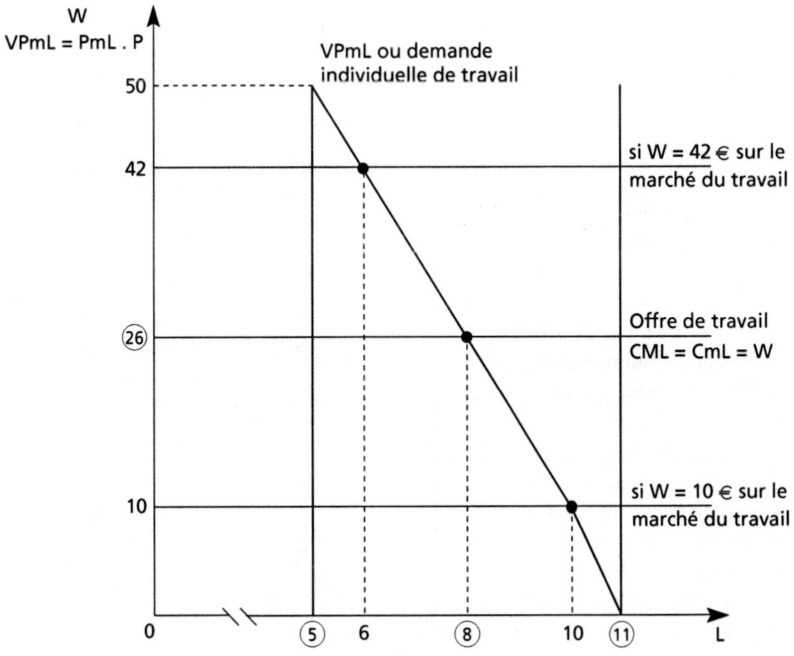

Chaque point de la courbe VPmL associe à un taux de salaire donné W le nombre d'unités de travail (L) que l'entreprise demande à employer parce qu'il lui permet de maximiser son profit total.

La courbe VPmL représente donc la courbe de demande de travail de l'entreprise, quand le prix du produit qu'elle fabrique est constant.

Remarque : la demande de travail de l'entreprise peut aussi être définie en fonction du salaire réel.

Pour maximiser son profit total l'entreprise demande le nombre d'unités de travail pour lequel :

$$\text{VPmL} = W \ (\textit{cf. supra}),$$

ou :

$$\text{PmL} \,.\, P = W,$$

ou encore :

$$\text{PmL} = \frac{W}{P}.$$

On vérifie que :

– pour W = 26 € et $\frac{W}{P} = \frac{26}{2} = 13$, on a $\text{PmL} = \frac{W}{P} = 13$ pour L = 8 ;

– pour W = 42 € et $\frac{W}{P} = \frac{42}{2} = 21$, ------------------> L = 6 ;

– pour W = 10 € et $\frac{W}{P} = \frac{10}{2} = 5$, ------------------> L = 10, etc.

Chaque point de la courbe de productivité marginale physique du travail (figure 3) associe à un taux de salaire réel donné W/P le nombre d'unités de travail (L) que l'entreprise demande à employer parce qu'il lui permet de maximiser son profit total.

La courbe PmL représente donc la courbe de demande de travail de l'entreprise exprimée en fonction du salaire réel, quand le prix du produit est constant.

Figure 3
La demande individuelle de travail en fonction du salaire réel

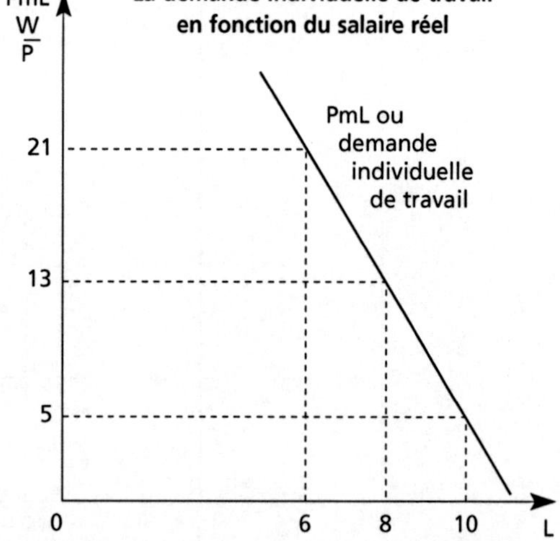

d) La recherche du maximum de profit total menée dans la question **b)** repose sur le choix d'une quantité optimale de travail (L = 8) ; cependant, l'entrepreneur peut aussi déterminer la quantité du produit lui permettant de maximiser son profit total. Les deux démarches conduisent évidemment au même montant de profit total maximal.

On sait que le maximum de profit total est atteint pour la quantité produite et vendue qui permet d'égaliser la recette marginale et le coût marginal de l'entreprise.

• ***La recette marginale***

En concurrence pure et parfaite, le prix de marché du produit est constant et égal aux recettes moyenne et marginale de l'entreprise :

$$P = RM = Rm = 2\ €.$$

• ***Le calcul du coût marginal***

Le coût marginal, défini en fonction de la quantité produite, mesure l'accroissement du coût total lié à la production d'une unité supplémentaire du produit,

soit : $$Cm = \frac{\Delta CT}{\Delta PT},$$

avec : $$CT = CF + CVT = CF + W \cdot L,$$

donc : $$Cm = \frac{\Delta CVT}{\Delta PT} = \frac{\Delta (W \cdot L)}{\Delta PT} = W \frac{\Delta L}{\Delta PT}.$$

Comme : $$\frac{\Delta L}{\Delta PT} = \frac{1}{PmL}$$

on peut écrire : $$Cm = \frac{W}{PmL}.$$

Pour *w* = 26 : $$Cm = \frac{26}{PmL}.$$

• ***Le profit total maximal :*** *max* [ΠT] pour Cm = Rm, soit : $\frac{W}{PmL} = P.$

Pour W = 26 € et P = 2 €, on peut écrire :

$$\frac{26}{PmL} = 2,$$

et $$PmL = \frac{26}{2} = 13.$$

Le profit total est donc maximal pour PmL = 13, donc pour L = 8 et PT = 176 (*cf.* tableaux n° 1 et 2).

Le calcul des valeurs prises par la productivité marginale physique du travail en fonction de L (question **b**) confirme que :

PmL = 13, pour L = 8 et PT = 176.

e) On sait qu'il existe une relation inverse entre le coût moyen et le produit moyen de l'entreprise :

$$CM = \frac{CT}{PT} = \frac{CF + CVT}{PT}$$

$$= \frac{CF + W \cdot L}{PT} = \frac{CF}{PT} + \frac{W \cdot L}{PT}.$$

Comme : $\frac{L}{PT} = \frac{1}{PM}$,

on peut écrire : $CM = \frac{CF}{PT} + \frac{W}{PM}$.

Pour CF = 44 € et W = 26 € :

$$CM = \frac{44}{PT} + \frac{26}{PM}.$$

Pour L variant de 0 à 5 unités, alors que le produit total et le produit moyen sont croissants, le coût moyen est décroissant.

Le prix du produit étant constant et égal à la recette moyenne de l'entreprise (P = RM = 2 €), quand L augmente de 0 à 5 unités, le profit moyen (ΠM = RM – CM = 2 – CM) augmente aussi. Le profit total (ΠT = ΠM . PT) augmente également sur cet intervalle puisque PT croît avec L.

Au regard d'un critère économique (maximum de profit monétaire), il est irrationnel pour l'entrepreneur de produire dans la phase de production considérée.

Exercice n° 20 L'offre individuelle de travail

Un individu exprime ses goûts pour les différentes combinaisons de temps de loisir hebdomadaire (l heures) et de revenu (R euros) correspondant au nombre d'heures consacrées au travail pendant la semaine. Le tableau suivant présente quelques-unes de ces combinaisons regroupées par niveau d'utilité totale Uj pour j = [1, ..., 6].

U_1	l	50	90	119	140	U_2	l	50	90	112	135
	R	1 100	500	245	200		R	1 600	820	560	440
U_3	l	50	85	105	125	U_4	l	50	80	98	120
	R	2 100	1 300	945	780		R	2 800	1 860	1 400	1 100
U_5	l	55	80	95	105	U_6	l	70	90	100	120
	R	3 200	2 240	1 825	1 600		R	3 400	2 400	2 040	1 800

Sachant que :
- le temps total disponible dans la semaine est : H = 168 heures,
- la durée hebdomadaire du travail est : d (en heures),
- le temps hebdomadaire de loisir est : $l = H - d$ (en heures),
- le taux de salaire horaire nominal W est exprimé en euros,
- le revenu hebdomadaire est : $R = Wd$ (exprimé en euros),

répondre aux questions suivantes :

a) À partir des données disponibles, représenter les six courbes d'indifférence.

b) Après avoir défini la notion de contrainte budgétaire imposée à l'individu considéré, déterminer les équations de cette contrainte pour un taux de salaire W successivement égal à 5 €, 10 €, 15 €, 20 €, 25 € et 30 €. Utiliser le graphique de la question précédente pour représenter les six courbes de contrainte budgétaire.

c) Déterminer la solution optimale qui s'impose à l'individu considéré, pour un taux de salaire horaire W égal à 5 €. Préciser la signification économique du résultat obtenu.

d) Déterminer les solutions d'équilibre correspondant aux valeurs successives suivantes du taux de salaire horaire nominal : 10 €, 15 €, 20 €, 25 € et 30 €.

e) En utilisant les résultats obtenus en réponse aux questions précédentes, déterminer la courbe d'offre de travail de l'individu considéré.

f) Analyser la courbe d'offre de travail obtenue.

CORRIGÉ

a) Les courbes d'indifférence, établies à partir des données disponibles, sont **représentées sur la figure 1**.

Les points d'une même courbe correspondent à des combinaisons différentes de temps de loisir (l) et de revenu hebdomadaire (R), qui satisfont également l'individu considéré. Par exemple, il lui est indifférent de percevoir un revenu de 1 100 € et de bénéficier de 50 heures de loisir durant la semaine ou de percevoir un revenu de 245 € et de bénéficier de 119 heures de loisir hebdomadaire. Ces deux combinaisons, comme toutes celles de la première courbe d'indifférence, lui procurent un niveau U_1 d'utilité totale.

Plus une courbe est éloignée de l'origine, plus la satisfaction qu'elle traduit est grande.

b) La contrainte budgétaire de l'individu

• ***Équations des droites de contrainte budgétaire***

Par hypothèse, l'individu répartit les 168 heures de la semaine entre le travail et le non-travail, c'est-à-dire le loisir.

– Le travail lui procure un revenu (R) égal au produit du taux de salaire horaire W par le nombre d'heures de travail hebdomadaire (d), soit : $R = Wd$.

– Le loisir le prive d'un revenu possible. Si le nombre d'heures de loisir dans la semaine est $l = H - d$, le revenu hebdomadaire auquel il renonce, en ne travaillant pas l heures, est égal à Wl.

– Le temps limité dont l'individu dispose est réparti entre le travail et le loisir, soit : $H = d + l$.

Cette contrainte de temps peut être traduite en termes de revenu. Le revenu hebdomadaire maximal que l'individu peut percevoir est égal au revenu qu'il percevrait en contrepartie de 168 heures de travail, soit : $WH = 168\ W$. On peut considérer que ce revenu hebdomadaire maximal (WH) correspond à la somme de la rémunération des heures de travail de la semaine ($R = Wd$) et du revenu (Wl) auquel l'individu a renoncé en consacrant l heures au loisir durant la semaine (Wl mesure le coût d'opportunité du loisir).

On peut donc écrire l'égalité :

$$WH = Wd + Wl. \quad (1)$$

Comme $Wd = R$, l'équation de la contrainte budgétaire (1) peut être exprimée sous la forme :

$$WH = R + Wl,$$

ou encore :

$$R = -Wl + WH.$$

Le revenu hebdomadaire reçu (R) est égal au revenu hebdomadaire maximal (WH) moins le manque à gagner dû au temps consacré au loisir (Wl).

Il s'agit d'une équation d'une droite (forme $y = ax + b$) qui représente l'ensemble des combinaisons « heures de loisir-revenu » qui peuvent être choisies,

Figure 1
L'équilibre de l'individu

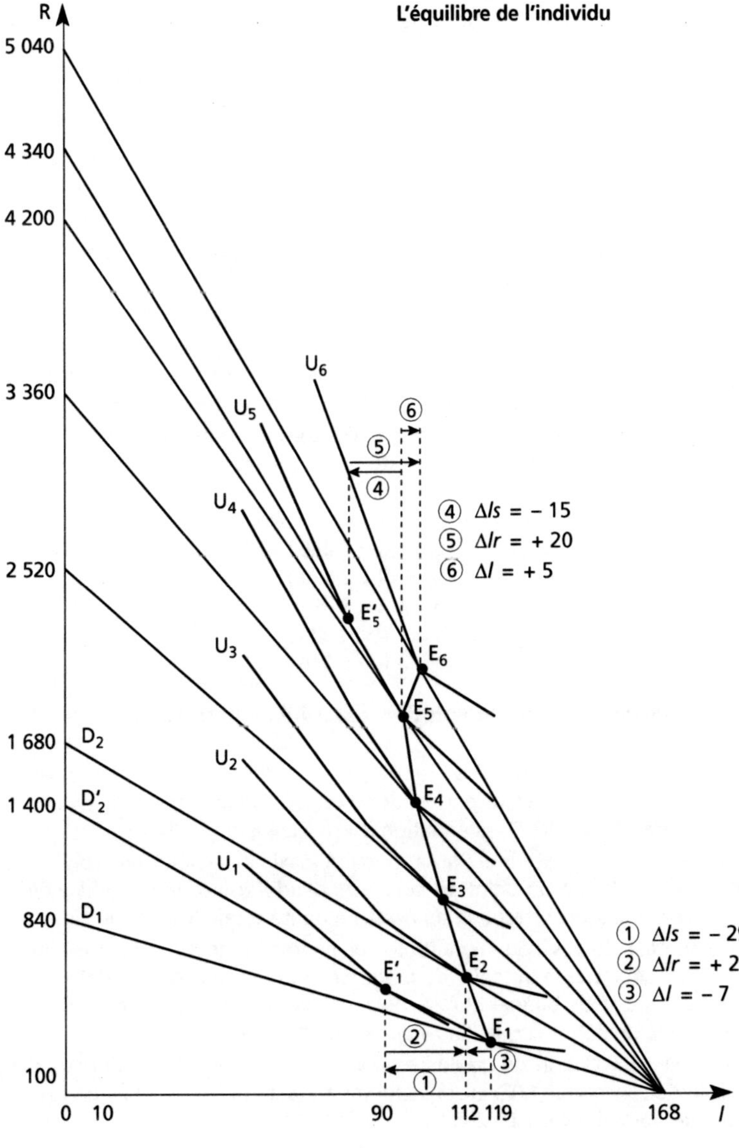

dans la limite des 168 heures disponibles de la semaine et compte tenu du taux de salaire horaire W.

Les droites de contrainte budgétaire, liées aux différentes valeurs du taux de salaire, ont donc pour équation :

– Si le taux de salaire W = 5 ⇒ R = – 5 l + 840 ;
– " " W = 10 ⇒ R = – 10 l + 1 680 ;
– " " W = 15 ⇒ R = – 15 l + 2 520 ;
– " " W = 20 ⇒ R = – 20 l + 3 360 ;
– " " W = 25 ⇒ R = – 25 l + 4 200 ;
– " " W = 30 ⇒ R = – 30 l + 5 040 ;

La pente de la droite de contrainte budgétaire est égale, en valeur absolue, au taux de salaire W et varie avec lui.

• ***Représentation graphique des droites de budget (figure 1)***

Quelle que soit la valeur de W, si l'individu ne travaille pas, il consacre tout son temps au loisir. Donc : si d = 0 ⇒ l = H = 168 et R = 0. Les six droites de budget passent toutes par le même point de coordonnées : (l = 168, R = 0).

Si l'individu travaille 168 heures et ne consacre pas de temps au loisir : d = 168, l = 0 et R = WH. Chaque droite passe par un second point de coordonnées (l = 0, R = WH), soit :

– pour W = 5 ⇒ R = WH = 840 ;
– pour W = 10 ⇒ R = 1 680 ;
– pour W = 15 ⇒ R = 2 520 ;
– pour W = 20 ⇒ R = 3 360 ;
– pour W = 25 ⇒ R = 4 200 ;
– pour W = 30 ⇒ R = 5 040.

c) Détermination de la solution d'équilibre pour un taux de salaire horaire W = 5 €

L'individu doit, pour respecter sa contrainte budgétaire, choisir l'une des combinaisons « temps de loisir-revenu » correspondant à l'un des points de la droite de contrainte budgétaire D_1, d'équation R = – 5 L + 840.

Il doit aussi, pour atteindre la satisfaction maximale, choisir une combinaison (l, R) correspondant à un point de la courbe d'indifférence la plus éloignée possible de l'origine (qui correspond au niveau d'utilité totale le plus élevé possible).

Le respect de ces deux conditions lui impose donc de choisir le point E_1 (l = 119, R = 245), commun (point de tangence pour une courbe non polygonale) à la première droite de budget et à la courbe d'indifférence U_1, qui est la courbe la plus éloignée de l'origine que l'individu puisse atteindre dans ce cas.

Pour W = 5 €, l'individu maximise sa satisfaction (niveau U_1 d'utilité totale) en choisissant de consacrer 119 heures au loisir pendant la semaine et de percevoir un revenu hebdomadaire égal à 245 €.

d) Pour un taux de salaire horaire égal à 10 €, le point E_1 ne correspond plus à la solution optimale.

La nouvelle droite de contrainte budgétaire à considérer est la droite D_2 d'équation :

$$R = -10\,L + 1\,680.$$

L'individu doit choisir un point commun à cette nouvelle droite de contrainte budgétaire et à la courbe d'indifférence la plus éloignée possible de l'origine. L'équilibre est réalisé au point E_2 où la droite de budget D_2 est « tangente » à la courbe U_2.

Pour chaque augmentation de W, la droite de contrainte se déplace en pivotant, dans le sens des aiguilles d'une montre, autour du point de coordonnées ($l = 168$, $R = 0$) ; l'individu peut alors choisir un point d'équilibre sur la courbe la plus éloignée possible de l'origine et augmenter sa satisfaction. On obtient les points d'équilibre suivants :

W = 5 ⇒ équilibre E_1 ($l = 119$, R = 245) ;
W = 10 ⇒ équilibre E_2 ($l = 112$, R = 560) ;
W = 15 ⇒ équilibre E_3 ($l = 105$, R = 945) ;
W = 20 ⇒ équilibre E_4 ($l = 98$, R = 1 400) ;
W = 25 ⇒ équilibre E_5 ($l = 95$, R = 1 825) ;
W = 30 ⇒ équilibre E_6 ($l = 100$, R = 2 040).

e) Offre individuelle de travail en fonction du taux de salaire horaire W

Un point d'équilibre définit un temps de loisir hebdomadaire et un montant du revenu qui permettent à l'individu d'atteindre une satisfaction maximale, compte tenu de ses préférences et pour une valeur donnée du taux de salaire nominal W. Un point d'équilibre associe aussi à la combinaison optimale (l, R) le temps de travail correspondant d :

$$d = H - l, \quad \text{ou, ce qui est équivalent : } d = \frac{R}{W}.$$

Par exemple, au point d'équilibre E_1, le temps de loisir est égal à $Ol_1 = 119$.

Le temps de travail hebdomadaire correspondant est donc égal à :

$$d = H - l = 168 - 119 = 49.$$

De la même manière, les valeurs du temps de travail d correspondant aux six points d'équilibre sont les suivantes :

- Pour E_1 ⇒ $l = 119$ et $d = 49$;
- Pour E_2 ⇒ $l = 112$ et $d = 56$;
- Pour E_3 ⇒ $l = 105$ et $d = 63$;
- Pour E_4 ⇒ $l = 98$ et $d = 70$;
- Pour E_5 ⇒ $l = 95$ et $d = 73$;
- Pour E_6 ⇒ $l = 100$ et $d = 68$.

Un point d'équilibre étant déterminé à partir d'une valeur donnée du taux de salaire W, on obtient l'offre individuelle de travail en associant aux valeurs successives de W le temps de travail offert d, déduit des solutions d'équilibre successives correspondantes. Le tableau suivant et la figure 2 représentent l'offre de travail de l'individu considéré :

W	**5**	**10**	**15**	**20**	**25**	**30**
d	49	56	63	70	73	68

Figure 2
L'offre individuelle de travail

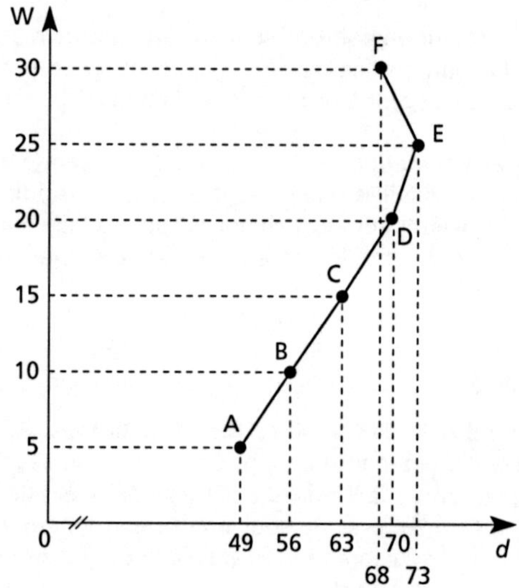

f) Analyse de la courbe d'offre de travail

La fonction d'offre de travail n'étant pas connue, on peut mesurer le taux de variation de l'offre de travail par le rapport de l'accroissement du temps de travail à l'accroissement du taux de salaire, soit $\frac{\Delta d}{\Delta W}$.

Par exemple, lorsque W augmente de 5 € à 10 €, on obtient le taux de variation suivant :

$$\frac{\Delta d}{\Delta W} = \frac{56 - 49}{10 - 5} = \frac{7}{5} = 1{,}4.$$

Remarquons que dans le repère (*d*, W) de la figure 2, le rapport $\frac{\Delta d}{\Delta W} = 1{,}4$ mesure l'inverse de la pente du segment AB (en effet, la pente est égale à $\frac{\Delta W}{\Delta d} = \frac{1}{\frac{\Delta d}{\Delta W}} = 0{,}7$).

Le tableau suivant présente les valeurs du taux de variation $\left(\frac{\Delta d}{\Delta W}\right)$ et celles de son inverse $\left(\frac{\Delta W}{\Delta d}\right)$, qui mesure la pente des segments de droite composant la courbe d'offre de travail :

	Points					
	A	**B**	**C**	**D**	**E**	**F**
W	5	10	15	20	25	30
d	49	56	63	70	73	68
$\frac{\Delta d}{\Delta W}$	–	1,4	1,4	1,4	0,6	– 1
$\frac{\Delta W}{\Delta d}$	–	0,7	0,7	0,7	1,6	– 1

L'offre de travail, qui commence par croître avec le taux de salaire W, décroît quand ce dernier passe de 25 € à 30 € : le taux de variation — d'abord positif (égal à 1,4 puis à 0,6 quand W passe de 20 € à 25 €) — devient négatif et égal à – 1.

La courbe d'offre (figure 2) montre donc que l'attitude de l'individu devant le loisir ou le travail est différente, selon la valeur du taux de salaire W et selon le niveau du revenu (le revenu varie avec W). Pour expliquer ces différences d'attitude, il faut analyser l'évolution des points d'équilibre, liée à l'augmentation du taux de salaire W.

Considérons les effets de substitution et de revenu produits par l'augmentation du taux de salaire horaire de 5 à 10 €.

- ***L'effet de substitution***

Le taux de salaire horaire augmentant de 5 à 10 euros, l'individu choisit une combinaison d'unités de temps de loisir (*l*) et d'unités de revenu (R) en tenant compte de la contrainte de temps H = 168 heures. L'heure de loisir lui coûte plus cher dans la mesure où il se prive d'un revenu plus élevé en ne travaillant pas pendant cette heure (le coût d'opportunité de l'heure de loisir augmente). L'individu est donc conduit à substituer des « unités de revenu » aux heures de loisir, devenues plus chères, sans modifier son niveau de satisfaction U_1 (même courbe d'indifférence).

Sur la figure 1 (p. 217), le point d'équilibre remonte le long de la courbe U_1 à partir de sa position E_1 et se stabilise dans une nouvelle position optimale E'_1. Cette nouvelle position est optimale parce qu'elle concilie le respect de l'hypothèse de constante de la satisfaction (E'_1 reste sur la courbe U_1) et la considération de la nouvelle valeur de W : E'_1 se situe sur une droite de contrainte budgétaire D'_2

(équation $R = -10\,l + 1\,400$), dont la pente est égale, en valeur absolue, à la nouvelle valeur du taux de salaire ($W = 10$).

Le point d'équilibre E'_1 ($l = 90$, $R = 500$) est donc obtenu graphiquement en déplaçant, parallèlement à elle-même, la droite D_2 jusqu'à la position D'_2 où elle est « tangente » à la courbe U_1 (point de tangence pour une courbe non polygonale).

Une augmentation de 5 € du taux W amène l'individu à choisir un revenu plus élevé au détriment du temps de loisir, sans modifier son niveau de satisfaction.

L'effet de substitution (ou effet prix) se traduit donc par une diminution du temps de loisir de 29 heures (90 – 119 = – 29) alors que le revenu augmente de 245 € à 500 €, soit $\Delta R = + 255$€.

• ***L'effet de revenu***

Quand W augmente, le revenu augmente aussi ($R = Wd$). Cette augmentation du revenu amène l'individu à choisir à la fois plus de loisir et plus d'unités de revenu, ce qui lui permet d'atteindre un niveau de satisfaction plus élevé. L'effet de revenu correspond au passage du point E'_1 au point E_2.

Au point E'_1 ($l = 90$, $R = 500$), le temps de travail est égal à : $d = H - l = 168 - 90 = 78$ heures, et le revenu R à 500 €.

Pour un taux de salaire horaire W = 10 €, l'individu doit travailler 50 heures pour percevoir un revenu égal à 500 € :

$$(d = \frac{R}{W} = \frac{500}{10} = 50 \text{ heures}).$$

Dans ce cas, il n'utilise pas du tout son budget temps (H = 168 heures). Il reste en effet 28 heures disponibles dans la semaine sur les 168 (168 – [90 + 50] = 28 heures) que l'individu doit répartir, selon ses préférences, entre le loisir et le travail.

En passant de E'_1 ($l = 90$, $R = 500$) à E_2 ($l = 112$, $R = 560$), il affecte 22 heures au loisir (112 – 90 = 22) et 6 heures au travail (28 – 22 = 6). Les 6 heures de travail sont rémunérées 60 € (6 × 10 = 60 €) et le revenu de l'individu devient égal à 560 €, c'est-à-dire égal à la somme des 500 € de revenu correspondant au point E'_1 et des 60 € (rémunération des 6 heures de travail).

Le revenu R = 560 € permet à l'individu d'atteindre la satisfaction U_2, plus élevée que la satisfaction U_1.

• ***L'effet total***

Les effets de substitution et de revenu ne jouent pas dans le même sens; mesurés pour l :

– effet de substitution : $\Delta ls = 90 - 119 = -29$;
– effet de revenu : $\Delta lr = 112 - 90 = +22$;
– effet total : $\Delta l = 22 - 29 = -7$.

L'augmentation du taux de salaire horaire de 5 € à 10 € amène ainsi l'individu à réduire de 7 heures le temps qu'il consacre au loisir (son temps de travail augmente donc de 7 heures).

La combinaison des deux effets induits par l'augmentation de W ne se traduit pas toujours par une diminution du temps de loisir. Le passage de E_5 à E_6, provoqué par l'augmentation du taux de salaire horaire W de 25 € à 30 €, entraîne une augmentation du nombre d'heures de loisir.

On observe sur la figure 1 :

– un effet de substitution (passage de E_5 à E'_5) : le temps consacré au loisir passe de 95 à 80 heures, soit une diminution de 15 heures ($\Delta ls = -15$);

– un effet de revenu (passage de E'_5 à E_6) : le temps consacré au loisir augmente de 20 heures en passant de 80 à 100 heures ($\Delta lr = +20$);

– au total, le temps de loisir a augmenté de 5 heures ($\Delta l = 20 - 15 = +5$).

L'offre de travail devient une fonction décroissante du taux de salaire horaire.

Exercice n° 21 La fixation d'un salaire minimal

Sur le marché d'une catégorie donnée de travail de nombreux employeurs rencontrent un grand nombre d'individus prêts à offrir leur travail. L'offre et la demande totales de travail varient en fonction du taux de salaire horaire nominal W, selon les relations suivantes :

$$L^O = 100\ W + 2\ 500;$$
$$L^D = -400\ W + 15\ 000.$$

L^O et L^D sont exprimés en heures de travail et W en unités monétaires (U.M.).

a) Représenter graphiquement le marché du travail et déterminer l'équilibre du marché.

b) Quelles conséquences peut avoir la fixation par l'État d'un taux de salaire horaire minimal égal à 30 € ?

Corrigé

a) L'offre et de la demande de travail sont **représentées par deux droites sur la figure 1** (équations de la forme $y = ax + b$). Chaque droite peut être construite à partir de deux de ses points.

Calcul des coordonnées de deux points de chacune des droites :

Pour l'offre : $L^O = 100\ W + 2\ 500$:

– pour W = 5, $L^O = (100 \times 5) + 2\ 500 = 3\ 000$;

– pour W = 35, $L^O = (100 \times 35) + 2\ 500 = 6\ 000$.

Figure 1
Le marché du travail

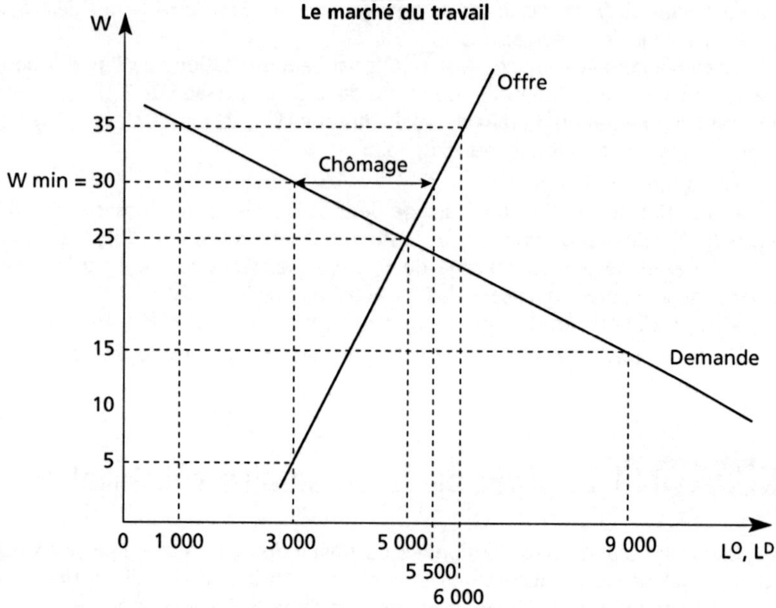

Pour la demande : $L^D = -400\,W + 15\,000$:

– pour W = 35, $L^D = -(400 \times 35) + 15\,000 = 1\,000$;

– pour W = 15, $L^D = -(400 \times 15) + 15\,000 = 9\,000$.

La rencontre de l'offre et de la demande détermine le **taux de salaire d'équilibre** et le **niveau de l'emploi** pour cette catégorie de travail.

À l'équilibre : $L^O = L^D$

soit : $100\,W + 2\,500 = -400\,W + 15\,000$,

$500\,W = 12\,500$

$$W = \frac{12\,500}{500} = 25 \text{ U.M.}$$

Calcul du nombre d'heures de travail d'équilibre pour W = 25 U.M. :

$L^O = (100 \times 25) + 2\,500 = 5\,000$,

ou : $L^D = (-400 \times 25) + 15\,000 = 5\,000$.

On vérifie graphiquement que l'équilibre sur le marché correspond bien à un taux de salaire horaire égal à 25 U.M. et à l'emploi de 5 000 heures de travail.

b) Le taux de salaire horaire minimal imposé par l'État est supérieur au taux de salaire d'équilibre. **Cette mesure modifie les quantités de travail offertes et demandées sur le marché :**

- la quantité offerte : $L^O = (100 \times 30) + 2\,500 = 5\,500$ heures de travail,
- la quantité demandée : $L^D = -(400 \times 30) + 15\,000 = 3\,000$ heures de travail.

Dans cette nouvelle situation, le nombre d'unités de travail demandées a diminué et le nombre d'unités offertes a augmenté. L'offre est excédentaire :

$$L^O > L^D \quad \text{et} \quad L^O - L^D = 5\,500 - 3\,000 = 2\,500 \text{ heures de travail.}$$

Un chômage apparaît pour cette catégorie de travail puisque 2 500 heures offertes ne sont pas demandées. L'examen de la figure 1 permet de vérifier ce résultat.

Remarque : ces conclusions ont une portée limitée dans la mesure où :
- les marchés sont en régime de concurrence pure et parfaite ;
- l'équilibre étudié est un équilibre partiel.

Conseils bibliographiques

Abraham-Frois (G), *Introduction à la micro-économie*, Economica, 2e éd., 2004.

Begg (D.), **Fischer** (S.), **Dornbush** (R.), *Microéconomie*, coll. "Éco Sup." Manuels, Dunod, 2e éd. mise à jour, 2002.

Flouzat (D.), *Analyse économique. Micro-économie et macro-économie. Comptabilité nationale : le système élargi (SECN)*, coll. "Droit-Sciences économiques", Masson, 5e éd., 1993.

Généreux (J.), *Économie politique. T. 2 Microéconomie*, coll. "Les Fondamentaux", Hachette Supérieur, 5e éd., 2008.

Glais (M.), *Microéconomie*, Economica, 1975.

Gould (J.-P.), **Ferguson** (C.-E.), *Théorie microéconomique*, Economica, 5e éd., 1982.

Lecaillon (J.), *Analyse micro-économique*, Cujas, 1985.

Lipsey (R. G.), **Steiner** (P. O.), *Analyse économique – Problèmes généraux microéconomie*, Cujas, 1980.

Samuelson (P. A.), **Nordhaus** (W. D.), *Économie*, Economica, 18e éd., 2005.

Schlacther (D.), *Comprendre la formulation mathématique en économie*, coll. "Les Fondamentaux", Hachette Supérieur, 5e éd., 2008.

Varian (H. R.), *Introduction à la micro-économie*, coll. "Ouvertures économiques. Prémisses", de Bœck Université, Bruxelles, 6e éd., 2006.

Liste des graphiques du cours

Index alphabétique

N.-B. :

- **Les numéros renvoient aux pages.**
- **Les numéros suivis d'un astérisque renvoient à la partie cours.**

Achevé d'imprimer en France
en septembre 2009 par Dupli-Print
Dépôt légal : 09/2009
Collection n°06 – Edition n°03
14/5803/3
N° d'impression : 129797